필사본 『朝鮮地誌資料 경기도편』 연구

신종원 · 정치영 · 허원영 · 이건식
장장식 · 김홍삼 · 정수환   지음

경인문화사

축 사

『필사본『朝鮮地誌資料 경기도편』 연구』는 그간 학계가 公刊을 기다려왔던 작업으로서 출판을 진심으로 축하드립니다.

『조선지지자료』에 대해서 간단히 언급하면, 이 책은 1911년에 완성된 우리나라 최대의 지명집으로서 그에 버금가는 것으로는 해방후 한글학회가 펴낸『한국지명총람』정도가 있을 뿐입니다. 하지만『한국지명총람』은 『조선지지자료』를 참고하지 않았기 때문에 지명집으로서는 시간적으로 연속성이 결여된 작업이라 하겠습니다.『조선지지자료』가 출간됨으로써 비로소 한말 우리나라 지명의 최소단위까지 알게 되었고, 그간『한국지명총람』을 비롯한 각종 지명유래집의 오류도 바로잡게 되었습니다.

『조선지지자료』는 비단 지명뿐만 아니라 각 지역의 물산, 주막, 저수지, 사찰 등 인문사회 분야의 여러 정보를 수록한 귀중한 자료입니다. 따라서 이 책은 지리, 국어, 역사, 민속 등 제반 학문에 중요한 정보를 제공하게 되었으므로 금후 이 책은 학술자료로 크게 공헌할 것입니다. 근래 각 지차체별로 지명을 정비하고, 도로명을 새로이 제정하며, 일본식 지명을 바로잡는 일에 열심인 것으로 알고 있습니다. 이러한 실용적인 면에서도『조선지지자료』는 그 효용가치가 바로 입증되는 책이라 하겠습니다. 물론 이 책을 편찬하게 된 동기는 일본인들이 조선통치를 용이하게 하기 위하여 우리의 모든 지명을 한자로 고쳐 행정고시를 하기 위한 것이었습니다. 하지만 그 근거가 되는 우리의 고유 땅이름을 적어놓았기 때문에 우리는 의외의 소득을 얻은 셈입니다.

이러한 가치를 가진『조선지지자료』라 하더라도 그것은 당시 필경들이 달필로 쓴 것이며, 어떤 글자는 초서로 쓰기도 하였고, 일본어도 적지 않게 있습니다.

이 때문에 이 책을 아는 사람이라 하더라도 그것을 활용하기에는 해독이나 교열의 단계를 거치지 않으면 안 됩니다. 우리 한국학중앙연구원에서는 이 작업을 1년에 걸쳐 지명팀을 운용하여 최종단계로 입력까지 한 뒤 출간함으로써 유일본인 『조선지지자료』를 이제는 누구나 쉽게 이용할 수 있게 되었습니다.

이 책의 출간을 기념하여 그 가치를 전반적으로 조명하기 위해 학술대회를 열었습니다. 각 분야별 학문가치는 주제별 발표와 토론에서 심도있게 논의되었습니다. 그래도 아쉬운 점이 있다면 그것이 일회적인 학술회의로 끝났으니 더 많은 사람들이 그 성과를 누리지 못 한다는 것입니다. 이에 학술대회 때의 발표자가 차분히 원고를 보완하여 이제 세상에 내놓게 된 것입니다.

입력본과 영인본으로 나누어 출간한 『조선지지자료』의 자료편과 이번의 연구편 출간은 그동안 기획하고 물심양면으로 지원을 아끼지 않은 경기문화재단의 안목이 없었더라면 불가능하였습니다.

끝으로 이 사업을 총지휘한 한국학중앙연구원 동아시아역사연구소 신종원 소장에게 致賀를 보내며, 학술발표에 이어 원고를 끝까지 정리해준 연구진들에게도 고마움의 뜻을 전합니다.

2010년 4월
한국학중앙연구원장 김 정 배

책머리에

　전통시대에도 왕조가 바뀌면 새 질서에 맞추어 행정구역을 개편하고 새 지명을 붙인다. 조선시대의 『세종실록지리지』를 위시하여 계속된 지리지 편찬사업을 보면 곧바로 수긍이 갈 것이다. 물론 당시는 한글창제 이전이 거나 이후라 하더라도 한자 일변도의 문자생활이었기 때문에 남아 있는 지명은 모두 한자여서 아쉬움을 자아내게 한다.

　20세기에 들어와 우리 민족이 이웃나라의 지배를 받든가 남의 나라의 영향에서 벗어날 수 없게 되었을 때 지명편찬 사업은 그들에 의해 대대적으로 추진되었다. 당연히 땅이름은 그들의 편의에 의해 고쳐지고 지어질 수밖에 없었다. 1911년에 편찬된 필사본 『조선지지자료』는 일본제국이 조선을 지배하는 과정에서 나온 산물이지만 거기에 수록된 고유지명은 학문 및 실용적 가치가 매우 높은 자료다. 다만 유일본이 국립중앙도서관에 있기 때문에 일반인이 찾아보기가 쉽지 않았다. 근래 이를 도별로 입력하여 공간하는 추세에 있고, 원본은 영인하여 대조·확인할 수 있게 되어서 다행이라 하겠다. 실은 1919년에 임시토지조사국이 『조선지지자료』라는 같은 이름으로 책을 편찬하여 공간한 바가 있다. 이것과 구별하기 위해서도 먼저 나온 『조선지지자료』에 '필사본'이란 수식어를 붙였다.

　필사본 『조선지지자료』 단계를 거쳐 우리나라의 小地名은 거의 한자지명으로 바뀌어 갔다. 역사와 문화를 무시한 채 식민제국은 그들의 행정편의에 따라 땅이름을 고쳤기 때문에 개정된 지명에서 전혀 '역사'를 읽을 수 없다고 일본인 학자조차 개탄을 하곤 하였다.

　더욱 문제는 해방 후이다. 학교이름 개명의 장본인인 일본인이 '국민학교'를 '소학교'로 바꾼 마당에 한국에서는 훨씬 오래도록 바꾸지 않다가 20세기가 거의 다 갈 무렵 '초등학교'라는 말을 쓰게 되었다. 그러나 우리의 땅이름은 일제강점기 때의 형태 그대로 남아 있고, 한자지명을 선호하는 관행은 변하지 않았다. 그래서 '조종내'는 '조종천'이 되었고, '뒷내'가 '북

천', '앞산'이 '남산'에게 자리를 내주고 있다. 이것은 사소한 문제 같지만,
섬 전체가 독('돌'의 경상·전라도 고장말)으로 되어 있어 '독섬'이던 것이
한자로 '獨島'가 되어, 이미 지명으로도 우리 땅임이 분명한 것이 많은 혼
선과 오해를 불러 일으킨 것만 보아도 고유 땅이름의 중요성을 알 것이다.
근년 길이름주소에서 고유한 땅이름이 속속 등장하고 있는 것은 그나마 다
행한 일이다.

필사본『조선지지자료』는 우리 땅이름이 의도적으로 훼손되기 전의 모
습을 고스란히 간직하고 있다. 우리는 지금부터라도 학문과 실용에 이 책
을 적극 활용하여야 한다. 이 연구서는 그 첫 작업으로 필사본『조선지지
자료』의 학문적 가치를 각 분야별로 다룬 책이다.

이 연구는 경기문화재단에서『경기 땅이름의 참모습 – 조선지지자료 경
기도편』을 펴냈기 때문에 가능하였다. 위 책 출간을 기념하여 한국학중앙
연구원에서도 지원을 아끼지 않아 학술대회가 이루어졌고, 그것을 보완한
것이 바로 이 책이다.

앞으로 우리의 지명이 하나 둘씩 원래의 모습을 찾아가서 외국의 지명
처럼 그것을 부르는 사람이나 듣는 사람도 곧바로 그 뜻을 알 수 있게 되
었으면 좋겠다. 새 세기에 들어선지 10년이 다 되어 간다. 우리 세대에도
민족과 역사 앞에 원대한 포부를 가지고 땅이름 같은 적지만 큰 사업을 벌
일 필요가 있다. 이 일이 얼마나 걸릴지는 모르지만 이 길에 연구자나 행정
기관 모두 매진하였으면 하는 바람이다.

2010년 4월
집필자를 대표하여 신 종 원 씀

목 차

필사본 『朝鮮地誌資料 경기도편』의 학술 및 실용가치

신종원

(한국학중앙연구원 교수)

1. 머리말 – 지리지와 경기도

어느 나라나 지역도 마찬가지겠지만 일정한 공간의 지리정보를 주는 것에는 地理誌와 지도가 있다. 우리나라 지리지로서 가장 이른 것은 『삼국사기』지리지이며 이후 『고려사』지리지나 『세종실록지리지』 등이 왕조별 통치영역[영토]과 행정구획을 정리해주고 있다. 이들 지리지는 그 分類史式의 이름에서 보듯이 한 史書의 일개 부분으로 편제되어 있다. 온전히 지리정보만 실은 책으로는 『신증동국여지승람』이[1] 그 효시이며, 그 뒤 『여지도서』 등 官撰 지리지가 있고, 조선후기에 오면 『대동지지』 등 私撰 지리지가 있으며, 실학자들의 지리연구서나 『택리지』 등의 지리지가 전국을 다루고 있다. 한편 지역별로 고장의 지리정보를 담은 관찬의 『경상도지리지』 등이 있고, 사찬으로는 『탐라지』·『임영지』·『척주지』

---

1) 이 지리서에 대해서는 김승필, 『신증동국여지승람에 대한 문헌학적 연구』, 사회과학원, 2001.

등이 있다.2)

　『조선지지자료』는 20세기 벽두에 지명을 위주로 작성한 지리지다. 편찬경위에 대해서는 자세히 알려져 있지 않으나 해방이전 우리나라의 땅이름이 가장 많이 실렸다고 하는 1/5만 지도『朝鮮地形圖』에(1917) 견줄만하다.『조선지형도』는 비록 지명의 숫자는『조선지지자료』보다 많지만 우리말 지명을 일본문자 가나(假名)로 적었기 때문에 음운이 정확하지 않다. 따라서 이제는 音·訓借로 적은 한자지명이나 가나로 쓰인 지명을 기초로 하여 땅이름을 연구하는 불편에서 벗어나게 되었다. 이밖에도 『조선지지자료』의 비고란에는 여러 가지 지리·역사정보를 제공하고 있어서 지도류의 지명나열식 자료와는 비교가 되지 않는다. 이 책에 대한 더 자세한 분석과 소개는 각 방면의 전문가에게 미룬다.

　그러면 우리의 연구 대상이 되는 '경기도'는 언제 어떻게 성립되었으며 그 범위는 어느 정도인가? 경기도는 통일신라의 9州 가운데 漢(山)州에 해당된다. 고려태조 왕건이 후삼국을 통일한 이후, 제6대 성종 14년(995)에는 전국을 10道로 나누었다. 이때 開城府는 赤(京)縣 여섯, 畿縣 일곱 곳을 두었다. '경기'라는 말은 이때부터 쓰였다. 현종 9년(1018)에 종래의 개성부를 폐지하여 현으로 만들고 이 개성현에 정주·덕수·강음의 3개 현을, 장단현에 송림·임진·토산·임강·직성·파평·마전의 7개 현을 소속시켜 이것을 상서도성에 직속시키고 경기라는 행정구역을 설정하였다. 고려중기 이후로는 전국이 五道兩界 체제로 유지되었는데 현재의 경기도 지역은 직할 경기와 楊廣道의 北端이 포함되었다. 그 뒤 11대 문종 23년(1069)에는 종전의 13현이던 경기도는 50현으로 확장되었고, 공양왕 2년(1390)에는 京畿左道와 右道로 나누었다. 경기좌도에는 江華·

────────────────

2) 각종 지리지에 보이는 지명을 시대순으로 종합·연구한 책으로는 다음과 같은 것이 있다.『조선지명변천에 대한 력사문헌학적 연구』, 사회과학출판사, 2005.

廣州·水原·驪州·富平·南陽·利川·仁川·安城·金浦·陽根·安山·龍仁·振威·陽川·砥平·果川·始興·陰竹·陽城 등 25개 군현이 속했고, 우도에는 開城·坡州·楊州·長湍·豊德·喬洞·朔寧·麻田·高陽·交河·加平·抱川·積城·漣川 등이 속하여 이때의 경기도 지역은 현재와 거의 같다. 조선조에 들어와 1398년에 충청도의 진위현을 경기좌도에 소속시켰다. 3대 문종 2년(1402)에는 전국을 8도로 나누었는데, 그 하나가 경기도로서 거의 조선 500년간을 이 상태로 유지하였다. 태종 13년(1473)에 연안·백주(백천)·우봉(토산)·강음(평산)을 풍해도(황해도)에, 이천을 강원도에 넘기고, 충청도의 여흥·안성·양지·양성·음죽과 강원도의 가평을 경기에 소속시켰으며, 좌도와 우도를 하나로 통합시켜 경기하고 칭하였다. 세종 15년(1434)에 안협을 강원도에 넘겼다. 고종 32년(1895)에는 23府制의 한성부·인천부·개성부로 나뉘었고, 이듬해에는 13道制가 실시되어 경기도로 복원되었다. 1914년 행정구획 개편에 따라 종래의 4부 34군이 2부 20군으로 되었다. 1945년 해방과 함께 38도선 이북은 북한에 속하게 되었다. 1946년에 경성부를 서울특별시로 고치고, 1948년 수원군·읍이 수원시가 되었다. 1954년 행정조치법에 따라 연천군과 포천군은 수복이 되었으나 개성·개풍·장단·옹진의 4개 군이 휴전선 북쪽이 되므로 경기도는 2시, 19군, 8읍, 191면으로 되었다. 1981년에는 인천시가 직할시로 승격되어 분리되었다. 1995년에는 강화군과 옹진군이 경기도에서 분리되어 인천광역시에 편입되었다. 2009년 현대 경기도는 27시 4군을 관할하고 있다.

2. 서지사항 및 내용

필사본 『朝鮮地誌資料』(아래 '필사본 『지지자료』'로 줄임)의 서지 사항에 대해서는 잘 정리된 것이 있어 그대로 싣는다.

□조선지지자료(국립중앙도서관 소장. 도서번호 : 古 2703)

□펴낸이 미상. 필사본. 펴낸 곳과 날짜 미상.

□54책. 4주쌍변. 반곽 15.8×21.2㎝. 계선 있음. 반엽 12줄. 각 줄은 조사 항목에 따라 4분 되어 있음. 비고란의 주석은 두 줄로 되어 있음. 판심과 판심제 아래 가로로 두 선이 있음. 책의 크기 20.2× 28.2. 선장.

□판심제 : 조선지지자료   지질 : 닥종이[3]

기재 순서는 道·郡으로 나눈 뒤 항목을 정하였는데 種別 / 地名 / 諺 文 / 備攷로 되어 있다. 이것은 순전히 필사본 『지지자료』를 편찬하기 위해 특별하게 만든 양식이다. 종별은 조사 항목을 말하는데, 중앙에서 지정하여 내려보낸 것 같다. 積城郡을 보면, 山谷名·洞里村名·關防名· 城堡名·野坪名·驛名·酒幕名·寺刹名·江川溪澗名·浦口名·池名·古蹟名 所名·渡津名·站名·堤堰洑名·古碑名·面社坊名·市場名·嶺峙峴名·土産 名 등 20개 분야를 각 면마다 일률적으로 적었고 해당사항이 없으면 빈 칸으로 두었기 때문이다. 하지만 때에 따라 융통성을 발휘한 것 같다. 즉 적성군의 남면에서는 산곡명을 산명과 곡명으로, 동리촌명을 동리명과 촌명으로 나누어 기재하였다.

현재 함경남·북도의 자료가 전하지 않고, 전라북도 편도 1책만 남아 있고, 경기도 편은 1권이 빠진 낙질본이다.

3. 편찬 시기

필사본 『지지자료』 전체 54책 가운데 京畿道篇은 제1에서 7책에 걸 쳐 있다. <京畿道 一－二>가 현재 缺失되어 있는데 여기에는 京城府와

---

3) 임용기, 「『조선지지자료』와 부평의 지명」, 『기전문화연구』 24, 1995, 145쪽. 단기 4282년(1949) 11월 15일 국립중앙도서관에 古 01670으로 등록되었다.

楊州郡이 포함되었을 것이다. 이들을 모두 합하면 경기도편은 2부 36개군
이 된다. 이 숫자는 1912년 1월 1일 현재의 『舊韓國地方行政區域名稱一
覽』(아래 『구한국지명』으로 줄임)과4) 일치한다. 이렇게 보면 필사본 『지
지자료』의 작성시기는 『구한국지명』과 거의 같아 보인다.

　이 책에 실린 事案을 보면, 1901년에 穆淸殿을 重建해 太祖御眞을 봉
안하였다는 기록에서 부터 1908년과 1909년에 발생했던 일을 적고 있
다. 한편 永平郡 一東面 機山里에 '憲兵分遣所'가 있다고 기재하였다.
헌병경찰제도는 1910년 9월 10일 칙령 343호 '朝鮮駐箚憲兵條令' 및 같
은 해 9월 30일 '統監府 警察官署 官制' 중 改正案에 의거하여 설치되었
다.5) 그리고 가장 최근의 정보로 坡州郡 州內面 西部里 社稷壇에서
1911년 봄까지 제사를 지냈다는 것을 알려주고 있다. 결국 필사본 『지지
자료』를 편찬한 시점은 더 좁혀져 1911년 봄 이후가 된다.

　下限에 대하여 보도록 하자. '朝鮮總督府令 第111號 / 道의 位置管轄

---

4) 이 책자는 조선총독부에서 要覽 형식으로 작성한 것인데, 범례에 "本書는
　 明治 45년(1912) 1월 1일 현재에 依하여 朝鮮總督府道,府,郡,面 및 洞里의
　 명칭을 輯錄한 것임. … 道府郡의 명칭 아래에 기재된 지명은 그 道,府,郡
　 廳의 소재를 표시한 것이다.(日文)"라 쓰고 있다. 그 1쪽에 '京畿道(二府三
　 十六郡) 京城府北部禮賓洞(光化門通)'이라는 경기도 전체의 表題를 달아주
　 고 있다. 이 표제로 경기도에는 2부 36군이 설치된 것을 알 수 있고, 뒷부분
　 (밑줄)은 범례의 설명과 같이 경기도 도청이 있는 곳을 알려준다. 수원에
　 있던 도청이 1910년 경성부로 이전한 사실을 확인할 수 있다. 이어서 府와
　 郡別로 큰 구획을 짓고, 그 바깥(오른쪽)에 다시 '○○郡[府] (○○面 ○○
　 洞里)'라는 식으로 해당 군에 소속된 면과 동리의 전체 숫자를 적어둔 뒤,
　 그 아래에 해당 郡의 첫 번째 面·里를 써주었다. 예를 들면 '水原郡(四十面
　 五百六十洞里) 北部面新豊洞'이라고 쓰고 있다. 그러니까 뒷부분(밑줄)은
　 경기도 전체의 표제 때와 마찬가지로 군청의 소재지를 전하는 것이다. 그
　 다음은 郡別, 다시 面別로 구획이 나온다. 이 책자는 1985년에 태학사에서
　 飜刻發行하였다.
5) 山邊健太郎, 『日本統治下の朝鮮』(岩波新書 776), 1971, 14~17쪽.
　 김운태, 『(개정판) 일본제국주의의 한국통치』, 박영사, 1998, 188~189쪽.

區域 및 府郡의 位置管轄區域은 左와 같이 定함 / 大正二年十二月二十
九日 朝鮮總督府 伯爵 寺內正毅(日文)'라고 한 1913년 告示의 행정구역
要覽 『新舊對照 朝鮮全道府郡面里洞名稱一覽』(아래 『신구명칭일람』으
로 줄임)을[6] 보면, 강화와 교동을 합하여 강화군으로, 양천과 김포·통진
을 합하여 김포군으로, … 진위와 충청남도 평택을 합해 진위군으로, …
인천군을 府로 하고, 이외 나머지는 그대로 두어 경기도는 2부 20군 249
면 2741리동이 되었다.[7] 필사본 『지지자료』의 편찬은 물론 이 이후일
수는 없다. 이것은 面 단위로 볼 때도 마찬가지다.
    필사본 『지지자료』와 『구한국지명』을 비교해보겠다. 필사본 『지지자
료』 연천군 군내면의 동리촌명을 모두 뽑아보면 37개로서 다음과 같다.

    邑內里 上洞 南洞 北洞 智惠里 東五里 梧琴里 智惠洞 佛村 鶴洞 山点
里 車灘川 後村 前谷里 德嶺里 東幕里 復武夷 東幕洞 三峰里 富興里 富
興洞 瓦屯里 如乃洞 沙汰洞 通峴里 通峴 孔峴 乾貞里 新村 晩隅里 錦藏
洞 晩隅村 反道里 無愁洞 五峰村 古文里 釜谷

    한편 『구한국지명』의 군내면을 보면 다음과 같이 里數가 '(一○)'이다.

---

6) 책은 大正 6년(1917)에 출간되었다. 『구한국지명』과의 차이로는 面 아래의
   단위가 예외없이 里며, 경성부와 인천부는 동·리와 일본식 지명인 町·丁目
   이 보인다. 개성군에는 일본인이 많이 거주하였던 松都面에만 大坪町·西本
   町·南山町·宮町·京町·南本町·元町·東本町·池町·高麗町·北本町·大和町·
   滿月町 등의 일본식 지명이 보인다.
7) 『신구명칭일람』, 2~4·33~137쪽에 걸쳐 있음. 33쪽을 보면 施行月日은 대정
   3년 4월 1일이다. 이것은 권상로의 『한국지명연혁고』 부록 「隆熙紀元後癸
   丑(1913)改編 행정구역」에서도 확인된다. 다만 잘못하여 김포를 빠뜨려 '2
   부 19군'이라 하였다(402쪽). 조선총독부에서 1914년 4월 1일에 발간한 『朝
   鮮總督府統計年報』에는 경기도 행정구획을 2부 20군 250면 4604동리라 하
   였다. 『신구명칭일람』과 면이 1개가 차이 나나 동리의 수에서는 무려 1863
   개나 차이 난다. 연보에 동리의 구체적인 이름은 없고 숫자만 기술하여 차
   이가 나는 이유를 알 수 없다.

邑內里 智惠里 車灘里 前谷里 東幕里 富興里 通峴里 晩隅里 反道里 古文里

위 필사본 『지지자료』의 동리촌명에는 里名이 아닌 경우도 적어 두었다. 洞名과 村名도 물론 있으나 川名과 峴名·谷名도 있어 行政里가 되기 어려운 조건을 갖추었다 하겠다. 그렇다면 위 필사본 『지지자료』 중에서 車灘川만 行政里로 새로 편입시킨 것이다. 그러므로 필사본 『지지자료』는 『구한국지명』의 바로 앞 시기 것임을 알 수 있다.

앞에서 필사본 『지지자료』의 작성 하한을 『신구명칭일람』이 출간된 1913년 12월로 잠정적으로 추정하였고, 다시 필사본 『지지자료』와 1912년 1월의 『구한국지명』을 비교하여 전자가 앞서는 것으로 보았다. 여기에다 헌병·경찰제도 설립시기와 파주 사직단 제사 폐지 이후를 아울러 생각하면 필사본 『지지자료』의 편찬시기는 1911년 봄이 지난 어느 시점부터 1911년 12월 사이가 된다. 그 기간은 길어야 반년 남짓 되는 단기간이다. 이러한 결론은 이 책의 방대한 분량으로 보아 일견 의아스럽기까지 하다. 하지만 작업의 방식과 의도에서 몇 가지 생각해보지 않으면 안 된다.

첫째, 필사본 『지지자료』 사업은 各郡이 동시다발적으로 착수하였다. 따라서 기재 방식이나 순서가 통일되어 있지 않다. 이 자료가 아무리 방대한 분량이라 하더라도 각군별로 동시에 조사가 시행되어 작성 기간은 모든 군이 같다. 둘째, 필사본 『지지자료』는 자연지명도 섞인 洞里 즉 미완성의 里制가 통일된 行政里로 편제되어 가는 과정 중에 나온 것이다.

4. 한계 및 오류

필사본 『지지자료』는 시간을 가지고 완결된 모습으로 만들어진 것이 아니라는 증거는 다른 데서도 찾아진다. 필사본 『지지자료』의 경기도 부평군을 참고삼아 보면 15개면 가운데 지명조사가 안 된 곳이 21%나 되어, 필사본 『지지자료』는 많은 문제점을 지닌 불완전한 자료라고도 하였다.[8] 이러한 예는 수원군에서도 찾아진다.

한편 필사본 『지지자료』에는 단순한 실수로 글자가 잘못 적힌 것도 있다.

지명항목은 한자로 지명을 기록하는 곳이다. 그럼에도 한글을 쓴 경우가 있다.

반면에 언문란은 한글로 지명을 기록하는 곳이다. 그러나 이곳에 한자를 기재하기도 하였다.

비고 칸의 설명이 잘못 들어간 예가 있다.

종별을 잘못 쓰거나 빠뜨린 경우가 있다.

잘못 쓴 경우 고치기도 하였다. 내용이 틀렸다고 생각되는 곳에는 대부분 붉은 색으로 줄을 그었다. 또 문장부호나 교정부호를 사용한 곳도 있다.

5. 필사본 『지지자료』 앞뒤에 나온 지명집·地誌類

〈경기도의 府郡數 增減과 각종 地誌·地名集 發刊表〉

연·월	경기도의 府郡數	지지·지명집·기타
1888	15부 3목 9군 12현	『朝鮮地誌略』
1895		『朝鮮地誌 全』
1896.08	3부 36군	
1910.09	警視廳 37군	『민적통계표』
.10		(헌병·경찰 설립, 경기도청 경성부 이전)
1911.봄		(파주군 군내면 사직단 제사 폐지)
1911	2부 36군	필사본 『조선지지자료』
1912.01	2부 36군	『舊韓國地方行政區域名稱一覽』

---

8) 임용기, 「『조선지지자료』와 부평의 지명」 『기전문화연구』 24, 1995, 183쪽.

		『最新 朝鮮地誌』(日韓書房)
1914.01	2부 20군	『新舊對照 朝鮮全道府郡面里洞名稱一覽』
1917	2부 20군	『朝鮮道府郡面町洞里改正區域表』
		『俗稱地名一覽』
1918	2부 20군	『最新朝鮮地誌』(朝鮮及滿洲社)
1919	2부 20군	『朝鮮地誌資料』(臨時土地調査局編)
1920		(『조선어사전』)
1921~1923		『諺文朝鮮地名簿』

잇달아 출간된 지지·지명집을 보면 일본이 조선을 알고 통치하기 위해 얼마나 치밀하였던가를 알 수 있다. 그 다음 단계는 자기들이 알기 힘든 고유지명을 한자로 옮기는 작업으로서, 그것은 대다수 주민을 無知한 局外者로 몰아 소외시키는 정책이기도 하다. 이러한 일제식민정책의 의도적 지명개정에 대해서는, 그것이 행정기관의 정비와 토지조사사업의 일환으로 이루어진 것이기 때문에 개정된 지명에서 전혀 '역사'을 읽을 수 없게 되었다고 일본인학자조차 아쉬움과 개탄을 자아내곤 하였다.9) 그 비교의 대상으로 북해도나 사할린의 지명을 한자로 고칠 때는 가급적 종래의 호칭을 살려 다만 日本化만하였을 뿐인데, 조선의 경우 전혀 새로운 지명을 창작하는 사례가 많아 두 지명을 합칠 경우 원래 땅 이름의 반씩이라도 남겨놓았으면 좋았을 것이라고 하였다.10)

이후 1958~9년 즈음에 전국의 지명조사가 「중앙지명제정위원회」가 주축이 되어 이루어졌다. 하지만 그 계기나 목적이 행정의 체계화나 순

---

9) 山田正浩, 「朝鮮における1914年の行政區劃改正について―郡區劃の檢討を中心に」『政治區劃の歷史地理』17, 1975.

10) 川崎繁太郎, 「朝鮮地名の變遷について」『朝鮮』33-12, 1935. 일제강점기에 그들의 편의에 의해 지명을 개정한 사례 연구로는 이경철·윤지현, 「일제의 조선지명 개편유형에 관하여―경성부 종로구를 중심으로―」『일본문화연구』25, 2008 ; 김기혁·심보경, 「우리나라 일본식 지명의 관리와 정비 방안 연구―경기도 여주군 산지 지명을 사례로―」『지명의 지리학』, 푸른길, 2008이 참고가 된다.

수 학문적 동기에서 이루어진 것이 아니라 美軍과의 합동작전에서 땅이
름으로 인한 혼선을 피해보고자 한 데서 출범한 것이어서 국방부가 그
주관부서가 되었다.[11]

6. 필사본 『지지자료』의 값어치

1) 소개 또는 연구된 사례

아마도 필사본 『지지자료』에 대한 종합적 검토는 1994년에 처음 이
루어진 것이 아닌가 한다.[12] 이와 같이 시·군 단위로 작업이 이루어지다
가 2007년에 이르러 도단위로는 처음으로 입력본 『조선지지자료』의 강
원도편이 출간되었다.[13] 입력본 앞부분에는 상세한 해제까지 곁들어져
있어 이 책을 이해하는데 많은 도움이 된다.

2) 역사 자료

(1) 사회경제사

보통 지리지와는 달리 필사본 『지지자료』에는 酒幕과 洑가 많이 실
려 있다. 주막의 생성배경을 알려면 조선시대의 驛院 제도를 알 필요가
있다. 조선시대의 驛[驛站]은 고종 32년(1895)에 郵遞司의 설치로 완전

---

11) 『지명조사사업보고서』참조. 연세대학교 소장의 서지사항을 보면 '발행처
  不明 / 1970?'으로 되어 있다. 이 책에 대한 연구는 범선규, 「≪지명조사사
  업보고서≫가 갖는 지명연구의 자료적 의의」『지명의 지리학 – 한국 지명
  의 역사와 문화』, 한국역사문화지리학회 발표문, 2006이 자세하다. 범선규
  는 이때의 조사가 나중의 『한국지명총람』으로 간행된 것으로 보고 있다.
12) 柳在泳, 「조선지지자료에 대한 고찰」『우리말 연구의 샘터 – 연산도수희선
  생화갑기념논총』, 1994.
13) 신종원 책임편집, 『강원도 땅이름의 참모습 – 조선지지자료 강원도편』, 경인
  문화사, 2007.

히 폐지되었으며, 과거에 역이 지니고 있던 기능은 모두 사라지고 그 지명만 일부 촌락에 계승되었다. 역에 딸린 半官 숙박시설인 院은 18세기 이전에 이미 혁파되어 사설 숙박시설인 夜站·旅店·粘膜·站店 등의 주막시설로 개편되면서 새로운 취락이나 시가지를 형성하였다.14)

보는 둑을 쌓아 물을 가두어 두는 貯水池를 말하는 것으로 농경사회에서는 절대적으로 필요하여 많이 축조하였다. 필사본 『지지자료』에는 보의 축조시기·방법, 소유자를 적어두어 사료로서 가치가 높다. 지금까지 살펴본 바와 같이 보에 대한 한자는 주로 洑를 쓰고 몇 곳에서만 深라고 썼다. 洑는 이미 최남선이 지적했던 바와 같이 보맥이의 뜻을 지닌 우리나라 고유한자이다.15) 경북 영천시의 菁堤碑文에서 이 글자를 확인하여 그 사용시기는 신라시대 이래로 보고 있다.16)

보와 비슷한 기능을 하고 있는 堤堰에 대해 살펴보면 제언은 한자로 防築·坊築 등으로 적는다. 이것이 토박이말 '방죽'을 한자로 바꾸어 적은 것인지에 대해서는 좀더 살펴볼 필요가 있다. 제언에 대해서도 자세한 정보를 담아놓은 필사본 『지지자료』는 최근 화성시의 만년제복원사업에도 중요한 근거를 제공하고 있다. 경기도 기념물 제161호로 지정된 만년제는 1798년에 정조대왕이 축조한 관개시설로서 그 규모나 위치 등에 대하여는 이견이 많았다. 하지만 필사본 『지지자료』 경기 1-1 182쪽의 수원군 문시면 제언명을 보면 다음과 같이 나와 있다.

    萬年堤 所在隆陵 / 遷封ノ時二種蓮スル爲國庫金ヲ以石串洞二支出疏鑿ス

경기문화재단에서는 이 자료까지 활용하여 만년제 복원을 위한 기초연구를 착실히 수행하였다.17)

---

14) 최영준, 「노변취락」『국토와 민족생활사』, 한길사, 1997.
15) 최남선, 『新字典』, 박문서관 ; 『최남선전집』7, 현암사, 1974, 506쪽.
16) 남풍현, 『이두연구』, 태학사, 2000, 358쪽.

② 금석문

위에서 살핀 제언에 관한 내용은 古碑名 항목에서도 살필 수 있다.

面別	種別	地名	諺文	備 攷
吉祥面	古碑	築堰碑		江華郡 吉祥面 船頭洞 所在. 肅宗 丙寅(1686)에 留守 閔鎭遠이 船頭浦에 堤堰을 쌓았던 것을 기념한 事蹟碑.

강화도 길상면에 있던 선두포언은 민진원이 쌓았는데 이를 기념하기 위해 세운 비이다. 강화도에는 이외에 10개의 비가 더 있다.

古碑名에는 미륵과 관련하여 3건이 올라와 있다. 특히 파주군의 미륵에 대해서는 자세한 설명이 덧붙여져 있는데, 지금도 의연히 용암사에 남아 있다. 또 팔당사·현화사·영통사·석남사에 탑비가 있다고 기록하였다.

고려 명종의 능비와 인조의 왕자 낙선 묘비, 영조의 화락·화완옹주의 묘비가 보인다. 그리고 양반의 묘비가 세워진 경우도 기록하였다.

③ 고고학

胎封에 관한 자료도 많이 기록하였다.

面 別	種 別	地 名	諺 文	備 攷
郡內面	山谷名	胎封		漣川郡 郡內面 東幕里 復武夷의 길옆에 매우 우뚝 솟은 한 小峰으로 인해 胎封으로 일컬어졌으므로, 그 지명이 생긴 理由를 알겠다. 금년 봄에 埋葬을 위해 山頂을 發堀하여 石瓮과 덮개 하나, 器缸의 大小 各 하나, 玉板 하나가 있었다. 玉板刻字에 의거해 正德 9年 12月 王女翁主 石環阿只氏의 胎를 매장한 것을 알 수 있다.

---

17) 화성시, 『만년제 복원·정비 연구』, 2007.

仁化面	古蹟名所	胎峰		安山郡 仁化面 古棧里의 東山 위에 있다. 高麗時代에 封하였다고 말한다. 年代는 자세하지 않다.
大月面	古蹟名所	胎峰		安山郡 大月面 石谷里 앞에 있다. 胎峰의 年代는 자세하지 않다.
慶安面	山名	胎峰		廣州郡 慶安面 胎田里. 조선 成宗의 胎室.
津縣內面	山名	胎封山		長湍郡 津縣內面 亭子浦里
東終面	嶺峙峴名	胎封峴	티봉고기	楊平郡 東終面 川邊里

연천군 군내면 태봉의 주인은 옹주 석환아기씨의 것으로 비고란에 기재되어 있다.『翁主舜環阿只氏胎藏誌』에 의하면 中宗 소생의 翁主 石環阿只氏는 皇明 正德 9년(1514, 중종 9) 10월 10일 卯時生으로 胎를 같은 해 12월 26일 丑時에 안장하였다고 한다.[18) 石環은 『璿源錄』에 의하면 中宗의 제2翁主인 惠靜翁主의 兒名이라고 한다.[19)

우리나라는 외침을 많이 받아 이를 방어하고자 城을 많이 쌓았다. 성 관련 기사는 강화군에 가장 많이 보인다. 아래의 인용을 보면 성의 유래와 현재의 상태까지 언급하고 있다.

面別	種別	地名	諺文	備攷
吉祥面	城堡	鼎足山城		江華郡 吉祥面 溫水洞 所在. 山의 形勢가 솥다리(鼎足)와 같이 생겨 一名 鼎足山城이라고 한다. 檀君의 세아들이 세웠으므로 一名 三郞城이라고도 한다.
吉祥面	城堡	鼎足山城鎭		江華郡 吉祥面 溫水洞 鼎足山城內 所在. 지금은 廢止되어 단지 舊墟만 남아 있다.

강화도의 성보에는 돈이 49개, 진이 2개, 성이 1개로 모두 64개가 있다. 돈은 墩臺로 적을 막기 위하여 축조한 砲臺나 城壁을 말한다. 강화

---

18) 『翁主舜環阿只氏胎藏誌』, 奎 28136.
19) 『璿源錄』, 奎 8785.

도에는 해안선을 따라 일정한 간격을 두고 돈대가 설치되어 있다. 강화도에 돈대가 많은 것은 한말 개항기에 프랑스 함대가 포격을 해 왔을 때 이를 격퇴하기 위해 설치했기 때문이다. 성에 대한 가장 자세한 기록을 남긴 것은 포천군과 파주군이다.

고분이 있어서 생긴 지명이 필사본 『지지자료』에 꽤 남아 있다. 여기에는 墓主나 관련자를 언급한 경우도 있다. 무덤은 한자로는 대부분 墳으로 쓰나 塚으로 적기도 하였다. 한글로는 '무덤이'가 많이 쓰였고 '무터미'와 '무텀' 등으로도 적었다. 부평군 동소정면 馬墳里에 한글지명이 없으나 현재 전해오는 자료에 의해 말무덤이라는 것을 알 수 있다.20) 말무덤 뿐만 아니라 개무덤과 소무덤도 보인다.

고인돌이 있어서 생긴 지명으로서 교하군의 '지석'이라는 지명은 현재도 잘 남아 있다. '괸돌'은 한자로 支石과 撑石·磊石으로 표기하였고, '괴인돌'과 '고인돌'의 준말이다. 이렇게 익히 불러오던 고유어가 있는데도 이를 문서화·공식화·학술용어로 쓸 때 한자말 '支石墓'라 부르는 것이 우리의 현실이다.

그런가 하면 '선돌'도 있다. 선돌은 언문에 주로 立石의 뜻인 '션돌'로 표기되었고 한자 그대로 '입석'으로 읽은 것도 있다. 특이하게 '돌박니'로 표기한 것도 있다.

    立石坪 / 돌박니들   〔안성군 기촌면 평촌〕21)

한자로는 立石이 주를 이루었고, 이것이 자리가 바뀐 石立도 보인다.

    石立坪 / 돌션거리   〔양지군 고서면 주곡리〕22)

---

20) 한글학회, 『한국지명총람』 18, 560쪽.
21) 한글학회, 『한국지명총람』 17, 462쪽의 안성군 서운면 오촌리 '돌배기들'을 이르는 것 같다.

石立坪 / 돌선거리   〔안성군 거곡면 복거리〕23)

④ 임업사

黃腸木은 왕실의 널을 만들거나 궁궐 등을 지을 때 소용되는 질 좋은 소나무를 말한다. 지금은 '赤松'이라는 일본말이 널리 쓰이고 있는데, 이 나무를 나라에서 관리하고 보호하는 산이 黃腸封山이다.24) 이 소나무로 말미암아 붙여진 지명이 적지 않다. 산림이 많이 우거지고 나무의 질이 좋은 강원도에는 이 지명이 많으나 경기도의 경우에는 드물다. 그것도 황장이 직접 보이는 것이 아니라 변형된 '황정'만 보인다.

面別	種別	地名	諺文	備 攷
東面	洞里村名	黃庭浦	황정기	陰竹郡 東面
上北面	洞里村名	黃庭里	황정들	楊平郡 上北面

음죽군과 양평군의 '황정'이 지금도 남아 있으나25) 무엇을 뜻하는지 알 수 없다. 그런데 필사본 『지지자료』 강원도편을 보면 황정이 '황장'에서 변한 것임을 짐작할 수 있다.

面別	種別	地名	諺文	備 攷
晴日面	山谷名	黃腸山		橫城郡 栗實里

---

22) 한글학회, 『한국지명총람』 17, 438쪽의 안성군 고삼면 신창리로 추정되나 해당 지명은 보이지 않는다.
23) 한글학회, 『한국지명총람』 17, 456쪽의 안성군 보개면 양복리인데 해당 지명은 없다.
24) 신종원, 「강원도의 禁標·封標」『박물관지』 2, 강원대학교박물관, 1995 ; 『숲과 문화』 6-2(통권 32), 1997 ; 장동수·김학범, 「한국 전통숲[林藪]의 지명에 관한 연구」『지명의 지리학』, 한국문화역사지리학회, 2008.
25) 한글학회, 『한국지명총람』 17, 557쪽 ; 한글학회, 『한국지명총람』 18, 248쪽.

이것이 점차 다음과 같이 변하고 있다.

　　황장골[골] 애기소 위에 있는 골짜기로, 황장목으로 쓰는 나무가 이 골에서 나갔다고 하여 붙여진 이름이다. '황정골'이라고도 한다.[26]

3) 민속 자료[27]

① 대왕신앙

우리 역사나 민속에서 神을 일컫는 말 가운데 하나가 '大王'이다. 즉 '대왕'은 어느 역사상의 왕이 아니라 일반명사라는 뜻이다. 따라서 마을 神을 '大王(님)'이라 부르고, 지방에 따라서는 서낭당 현판을 '大王堂'이라고 써붙인 곳이 더러 있다.[28] 그런데 '神'의 우리 古語가 감·굼·곰 등이라 함은 익히 알려져 있다. 이 神=대왕=감(가마)의 관계가 필사본 『지지자료』에 잘 남아 있다.[29]

필사본 『지지자료』 경기도편에서 댕댕이와 관련지을 만한 것은 아래의 두 기사 밖에 없다.

面別	種別	地名	諺文	備　　攷
紙洞面	谷名	薕谷	딩당이골	陽城郡　紙洞面　梨峴
嶺南面	谷隅名	堂堂谷	딩딩이골	開城郡　嶺南面　昭陵里

위 양성군의 '딩당이'는 댕댕이풀을 지칭한다. 한편 개성군의 '딩딩

---

26) 이영식, 『횡성의 지명유래』, 횡성문화원, 2001, 348쪽. 같은 예로는 충북 단양군 대강면에 있는 黃庭山이 그러한데 황장봉산(1077m)에서 발음이 바뀐 것이다. 경북 문경에 있는 황정산도 황장산과 황장봉산이라고 한다.
27) 이에 대해서는 다음 글이 참고된다. 진혜경, 「경기도지역의 종교지명에 관한 연구」, 성신여대 교육대학원 석사학위논문, 1995.
28) 신종원, 『한국 대왕신앙의 역사와 현장』, 일지사, 2008 참조.
29) 신종원, 「단군신화에 보이는 곰[熊]의 실체」『한국사연구』118, 2002, 20~21쪽 ; 『삼국유사 새로 읽기』, 36~37쪽에서 자세히 논하였다.

이골'은 지금 논의하고 있는 고유신앙과 관련이 있는 지명이다. 강화군 하점면 이강리에 댕댕이(골)이 있는데, 당집이 있었다고 한다.30) '댕댕이골'은 춘천시 보안동에도 있는데,31) 필사본 『지지자료』춘천군 府內面 고적명소조를 보면 '大皇堂'으로 쓰여 있다. 물론 이곳에는 수십년 전까지 당집이 있었다. 충북 단양군 단양면 두항리의 大王堂山은 댕댕이산이라고도 한다.32) 경북 상주군에 댕댕이산(大皇山)이 있는데, 이전에 기우제를 지냈던 大隍堂터가 남아 있다.33)

이천군 부면 대왕리에 대해 『한국지명총람』에는 다음과 같이 적고 있다.34)

□대관리(大冠里)[리] 본래 이천군 부면의 지역인데, 1914년 행정구역 폐합에 따라 대왕리와 관곡을 병합하여 대관리라 해서 부발면에 편입됨.
□가마굴[마을] 대왕이 남쪽에 있는 마을.
□곰말[마을] 대관리에 있는 마을.
□국사랭이[산] 대관리에 있는 산. 고려 제31대 공민왕이 홍건적의 난을 피하여 이곳에 쉬었다함.
□당앞[들] 대관리에 있는 들.
□대왕리(大旺里)[마을]→대왕이.
□대왕이(대왕리)[마을] 대관리에서 으뜸 되는 마을.
□왕무덤(왕구데미)[산] 대관리에 있는 산. 왕의 무덤이 있다 함.

물론 감·곰·검을 모두 神·대왕과 연결시킬 수는 없다. 그중에는 '검다(黑)'의 뜻도 있으며35) '크다(大)'의 뜻도36) 있다. 신라시대의 金橋·金

---

30) 한글학회, 『한국지명총람』 17, 143쪽.
31) 한글학회, 『한국지명총람』 2, 478쪽에는 "댕댕이[골] 보안마을에 있는 골짜기"라고 나온다.
32) 『한국 땅이름 전자사전』 CD.
33) 『한국 땅이름 전자사전』 CD.
34) 한글학회, 『한국지명총람』 18, 224~225쪽.
35) 신태현, 『삼국사기지리지의 연구』, 우종사, 1958, 85쪽. ; 최범훈, 「경기도

入宅의 '금'도 '크다'의 뜻으로 보기도 한다.[37] 또한 浦口, 해안선의 지명으로 쓰이기도 한다.[38]

② 국수신앙

위의 이천군 대관리 땅이름을 소개하면서 잠깐 나온 국사랭이·국수신앙과 관련된 지명을 살펴보자. 먼저 한자로 가장 많이 쓰이는 '國師'부터 살펴보면 아래와 같다.

面別	種別	地名	諺文	備攷
上東面	山名	國師峰	시공산	龍仁郡 上東面 墨洞
馬場面	谷名	國師谷	국ㅅ골	朔寧郡 馬場面 南日院里所在
北面	嶺峙峴名	國師峴	국사당이고기	驪州郡 北面 洼岩洞
靑郊面	山名	國師峰		開城郡 靑郊面
嶺南面	山洞名	國師峰	국슈봉	開城郡 嶺南面 昭陵里
西里面	山名	國師峯		安城郡 西里面 桂村
大門面	峴名	國師峯峴	국슈봉고기	安城郡 大門面 閑雲里
松南面	山名	國師峰		長湍郡 松南面 仙蹟里
中面	山谷名	國師峰	국슈봉	豊德郡 中面 大也峴里

한자로 國師라고 모두 쓰지만 언문에는 국ㅅ·국사·국슈·시공처럼 차이가 있다. 다음으로 '국사'의 표기로 '國師' 이외의 예를 들어보면 國社·國士·國祀·國思·國寺·國祠 등이 있고, 국수계열로는 國授·國修·國帥·國壽·國水가 있다. 國○ 이외에 菊○도 많이 나오는데, 菊師·菊藪·菊水·菊秀·菊史·菊垂·菊舍 등이 있으며, 한글로 국ㅅ·구슈로 쓰기도 한다. 그뿐 아니라 아래와 같이 전혀 달리 적기도 한다.

근대 지명어 연구」『기전문화연구』 16, 인천교육대학, 1987, 101쪽.

36) 도수희, 「백제어의 白·熊·泗沘·伐伐에 대하여」『백제연구』 14, 1983.

37) 박방룡, 「新羅關門城의 銘文石 고찰」『미술자료』 31, 1982, 41쪽.

38) 이영택, 『한국의 지명』, 태평양, 1986, 188쪽 ; 송기중, 「근대 지명에 남은 훈독 표기」『지명학』 6, 2001, 190쪽.

面別	種別	地名	諺文	備 攷
馬場面	山名	糆峰	국슈봉	朔寧郡 馬場面 蜜巖里所在
首界面	山谷名	掬手谷	국슈골	驪州郡 首界面 烟羅洞
嶺南面	堂名	礪堂	국구리당	開城郡 嶺南面 昭陵里
新峴面	洞里村名	局洞	국시랑	仁川府 新峴面
本面	坪名	九珠郎坪	구시랑칙리	陽城郡 本面 郡內洞

여주군 수계면 연라동은 지금의 여주군 여주읍 연라리에 해당한다. 『한국지명총람』에는 국수골과 관련하여 다음과 같이 적혀 있다.[39]

　　ㅁ국수굴[골] 연라리에 있는 골짜기.
　　ㅁ국수굴고개[고개] 국수굴 위에 있는 고개.
　　ㅁ원당이[골] 연라리에 있는 골짜기. 당집이 있었다 함.

仁川府 德積面 友浦里에는 局壽峯이 있는데 고유신앙과 관련이 있는 국사봉類인 듯하다. 전남 여수시에 신당이 있는 마을 '굿개'가 '菊洞'으로 고쳐졌고, 그 길을 '국개길'이라고 부른다.[40] '局'과 '菊'이 한자는 다르지만 의미는 같은 '굿'일 것이다. 이영택은 '국사'에 대해, 굿→구시가 발전한 것이며 고려시대부터 '國師'라고 썼다고 하였다.[41] 국시랑의 '국시'는 굿에서 발전한 '구시'와 같은 표현으로 보인다.

양성군 본면의 九珠郎坪(구시랑칙리)는 『한국지명총람』에 구시랑치기로 되어 있는데[42] 무슨 의미인지 알 수 없다. 아마도 구시는 앞에서 말한 바와 같이 굿을 의미할 듯한데, 충청북도 청원군 國師郎山에 국사당이 있었다는[43] 것도 참고가 된다.

39) 한글학회, 『한국지명총람』 18, 51쪽.
40) 신종원, 『한국대왕신앙의 역사와 현장』, 일지사, 2008, 234쪽.
41) 이영택, 『한국의 지명 - 한국지명의 지리·역사적 고찰』, 도서출판태평양, 1986, 59쪽.
42) 『한국지명총람』 17, 469쪽.
43) 『한국 땅이름 전자사전』 CD. 강원도 횡성군 청일면 속실리의 菊沙郎과(『한

이와 같이 국사는 여러 발음이 있고, 그것을 한자로 옮길 때에도 다양하게 표기하였다. 그 대상이 산봉우리면 '국사봉'이 되며, 건물이면 '국사단'·'국사당'이 된다. 따라서 국수신앙에서 이런 이름이 유래되었다는 지적은[44] 달리 의심의 여지가 없다.[45] 지명유래는 기왕이면 의미있는 것으로 발전하기 마련이니 절 주변에서는 고승과의 인연을 거론하기도 하고, 혹은 우국지사가 비분강개한 터로 점차 탈바꿈한다.[46] 어떤 경우에는 전혀 이치에 닿지 않는 해설을 붙이기도 한다.[47]

③ 솟대

다음은 마을에 솟대 등이 있어서 생긴 지명이다.

面別	種別	地名	諺文	備攷
遠北面	洞里村名	孝竹村		陰竹郡 遠北面
內洞面	村名	孝竹村	쇼쩍박이	抱川郡 內洞面 巢鶴里

국지명총람』 2, 622쪽) 충남 천원군 입장면 시장리의 구시랑이(구시랑, 구실랑동)도(『한국 땅이름 전자사전』 CD) 참고할 만하다.

44) 김태곤, 「국사당신앙연구」『백산학보』 8, 1970 ;『한국민간신앙연구』, 집문당, 1983.

45) 경남 거제시 동부면 학동리 수산마을 이장(오완기, 78세)과의 대담 가운데 洞祭의 祭場을 '국시'터라고 말하였다(2006년 7월 14일 조사).

46) 다음은 성남시와 의왕시 경계에 있는 청계산 국사봉의 表石 내용이다. "國思峰(540m) / 고려가 멸망하고 조선이 세워지자 청계산에 은거하던 고려의 충신 趙胤이 멸망한 나라를 생각하던 곳이라 하여 붙여진 이름이다. / (의왕의 전통과 문화 중에서)" 하지만 1917년의 『조선지형도』에는 '國主峰'이라고 나와 있으니 역시 우리말을('主'의 일본어 발음은 '슈') 여러 가지로 표기한 것에 지나지 않는다.

47) "국사봉은 높이가 462미터로 두 개의 봉우리가 있다. 이는 국사봉의 형태가 우리나라 국토와 같이 생겼고, 장가들기 위한 상관의 관례를 하고 사모를 쓴 신랑이 북쪽 서울의 국왕전하에게 국궁을 하고 절을 할려는 형상이라 하여 國士峯이라 불리고 있다"(거제문화원,『거제향토문화사』, 1997, 396쪽).

위의 지명유래는 다음과 같다.

　□효죽(孝竹)[마을]→솟대배기.
　□솟대배기(홋대배기, 효죽)[마을] 중리 남서쪽에 있는 마을. 솟대가 박
　혀 있었음.
　〔이천군 설성면 대죽리〕 48)

　□효죽(孝竹)[마을]→솟대배기.
　□솟대배기(효죽배기, 효죽, 효대배기)[마을] 새말 북쪽에 있는 마을. 솟
　대가 박혀 있었음.
　〔포천군 내촌면 소학리〕 49)

　솟대를 '孝竹'이라 쓰는 경우는 과거급제를 기념하여 세웠을 때다.50)
그 명칭의 유래는 '登科의 榮華를 表矜'51)하는 것이 부모에게 효도가 되
는 것이라 그런 것인지, 아니면 '華柱' 또는 '솟'·'소'의 소리에서 발전한
명칭인지 좀 더 자료를 기다릴 수밖에 없다. 어떻든 전국에 효죽·효죽
리·효죽촌은 20여 곳이 된다.52) 광주군 서부면 감일리에 "효때배기(효죽
동)[마을] 능안 서북쪽에 있는 마을. 구씨가 과거에 급제하고 솟대를 세

48) 한글학회, 『한국지명총람』 18, 228쪽.
49) 한글학회, 『한국지명총람』 18, 430~431쪽. 1914년 지명개편 때 內洞面과 東
　村面의 이름에서 한 글자씩 따서 내촌면이되었다고 알고 있는데, 1914년의
　『신구대조』에는 '내동면'이라 되어 있으므로 그 이후 어느 시기에 면이름
　이 바뀐 것이다.
50) 이필영, 『솟대』, 대원사, 1990, 35쪽.
51) 손진태, 「蘇塗考」『조선민족문화의 연구』, 을유문화사, 1948 ;『한국민족문
　화의 연구』, 태학사, 1981, 234쪽.
52) 한글학회, 『한국땅이름 큰사전』, 1991, 6175~6176쪽에 걸쳐 있다. 대표적인
　지명유래 한가지를 소개한다.
　효죽리(솟대배기, 효대배기, 효죽)[리] 충남-논산-노성- 본래 공주군 곡화천
　면의 지역으로서, 신씨가 등과하여 솟대가 박혀 있으므로, 솟대배기, 효대
　배기, 또는 효죽이라 하였는데 ….

웠다 함."이라는 기사가 있다.53) 한편 이천군 설성면 大竹里에 효대배기
(孝竹)가 있다. "옛날 이 마을에 이름난 효자가 있었는데, 효자가 난데는
대나무가 난다는 고사에서 유래되어 '효죽(孝竹)'이라고 했으며 '효죽'에
서 '효대배기'란 우리말 지명이 생겨났다고 한다."54)

솟대는 한자로 松竹·金竹으로도 썼다.

　　　　松竹坪　 / 솔쩌박이들　　　　 〔용인군 수여면 방축동〕 55)
　　　　松竹峙山 / 솔디빅이　　　　　　 〔안성군 금곡면 능리〕 56)
　　　　金竹坪　 / 쇠쩌박이　　　　　　 〔양성군 본면 교동〕 57)

솟대와 비슷한 기능을 한 진또배기도 눈에 띈다.

　　　　陣竹洑 / 진쩌빅이　　　　　　 〔여주군 지내면 신촌〕
　　　　陣垈坪 / 지쩌빅이들　　　　　 〔죽산군 원일면 용암리〕
　　　　卜大洞 / 김쩌울　　　　　　　 〔여주군 흥곡면〕
　　　　卜大坪 / 복더들　　　　　　　 〔이천군 대면 단월리〕

아래의 글은 '진또배기'라고 구체적으로 서술하지는 않았지만 진또배
기와 관련된 내용임을 짐작해 볼 수 있다.

　　　발안리(發安里)(짐대울, 김대울, 짐촌, 복촌, 발안장터, 발안)[리] 본래
　　수원(화성)군 공향면의 지역으로서 짐대울, 김대울 또는 짐촌, 복촌이라

---

53) 한글학회, 『한국지명총람』 17, 208쪽.
54) 경기도, 『지명유래집』, 1987, 798쪽.
55) 한글학회, 『한국지명총람』 18, 181쪽의 용인군 용인읍 유방리이나 해당 지
　　명 없음.
56) 한글학회, 『한국지명총람』 17, 447쪽의 안성군 대덕면 무릉리이나 해당 지
　　명 없음.
57) 한글학회, 『한국지명총람』 17, 469쪽의 안성군 양성면 동항리이나 해당 지
　　명 없음.

하였는데, 1913년 팔탄면의 발안 장터가 이것으로 옮겨 왔으므로 발안 장터 또는 발안장, 발안이라 하였는데, 1914년 행정 구역 폐합에 따라 발안리라 해서 향남면에 편입됨.58)

이 인용문에는 필사본 『지지자료』에서 진또배기를 언문으로 적었던 '김'과 '복'이 보인다.

④ 기타

아래 지명은 기우제를 지냈던 곳으로 보인다.

面別	種別	地名	諺文	備 攷
馬場面	山谷名	遠積山		富平郡 馬場面 淸川里. 옛부터 한발이 심했을 때, 이 산에서 기우제를 행함.
西面	池名	長頭池	장두못	富平郡 西面 後井里. 옛날부터 있었다. 한발이 심할 때 이 못에서 기우제를 지냄.
西面	池名	大澤	듸못	始興郡 西面 所下里(예전에 가뭄이 들면 기우제를 지낸 곳)
郡內面	池名	天井	한우물	始興郡 郡內面 郡內洞(종전에 가뭄이 들면 기우제를 지낸 곳)
西面	古蹟名	鑑池		抱川郡 西面 雪雲里 海龍山 위에 있다. 혹은 天湖라 불리며 옛날에 비를 내리게 해달라고 기원하던 장소였으나 지금은 없어졌다.

가뭄은 물이 말라 일어나는 자연현상이어서 기우제의 장소로 물이 풍부한 못이나 우물로 정하였다. 神堂 가운데 祭神名을 분명히 밝힌 예가 있다. 이미 위에서 국사신앙을 언급할 때 등장한 礪堂이 그것이다.

面別	種別	地名	諺文	備 攷
邑內面	坪名	厲祭堂坪	여제당벌	永平郡 邑內面 廣井里
七井面	壇名	厲祭壇		坡州郡 七井面 向陽里. 鳳樓山 西南部의 산

---

58) 한글학회, 『한국지명총람』18, 532쪽.

				중턱에 있다. 明治 42년(1909)에 제사를 폐지하였다.

4) 국어자료

① 필사본 『지지자료』는 나름대로의 맞춤법 원칙이 있다. 'ᆞ'의 표기는 원말이 'ᆞ'를 가지고 있지 않은데도 'ᆞ'를 쓴 경우가 많다. '고개'를 '고긔'로, '재(峴)'를 '저'로, '내(川)'를 '닉'로, '개(浦口)'를 '긔'로, '새(新)'를 '식'로 적은 경우가 그러하다.[59] 첫소리법칙에 어긋나는 표기도 여러 군데 나타난다.[60] 예를 들면 '룡둔'〔죽산군 남이면 화천리〕[61]·'룡못'〔양지군 목악면 학일리〕[62] 등이 그러하다.

한편 '六'은 1856년에 출간된 『字類註釋』과 1915년에 출판된 『新字典』에는 '륙'으로 음을 달았다.[63] 이 '륙'은 첫소리법칙을 따르면 '육'으로 표기된다. 그런데 이 두 책 사이에 만들어진 필사본 『지지자료』에서는 첫소리법칙을 어기고 '뉴'으로 썼다.

六門川 / 뉴문이긔천 〔부평군 마장면 청천리〕

② 고을을 뜻하는 '실'을 소리만 따서 '實'로 적었다. 안성군 소촌면의 논실과 북리면의 비루실은 지금도 이 땅이름으로 부르고 있다.

---

59) 임용기, 「『조선지지자료』와 부평의 지명」 『기전문화연구』 24, 1995, 207쪽.
60) 임용기, 위와 같음.
61) 한글학회, 『한국지명총람』 17, 482쪽의 안성군 일죽면 화봉리인데 해당 지명은 보이지 않는다.
62) 한글학회, 『한국지명총람』 18, 186쪽의, 용인군 원삼면 학일리의 '학일저수지'를 말하는 것 같다. 이 마을에는 '용모바위'·'용모치' 등의 지명이 있다.
63) 鄭允容, 『字類註釋』 下, 1856 : 건국대학교출판부, 1985, 47쪽; 崔南善, 『新字典』, 博文書館, 1915 ;『崔南善全集』 第7卷 - 新字典 -, 현암사, 1974, 44쪽.

□논실(論實)[마을] 동신골 서북쪽에 있는 마을.64)

□실왕동(實旺洞)(비누실, 실왕)[동] 본래 안성군 북리면의 지역으로서 비누실 또는 실왕이라 하였는데, 1914년 행정 구역 폐합에 따라 당산리를 합하여 당왕리라 하여 읍내면(안성읍)에 편입되었는데, 1943년 다시 갈라서 실왕정이라 하다가, 1947년 왜식 동명 변경에 의하여 정을 동으로 고침.65)

고을을 뜻하는 '실'을 '室'자로 쓰는 경우도 있다. 이천군 호면 동단천의 '土其室 / 토기실'은 『한국지명총람』에서 한자지명은 사라지고 토끼실만 남아 있다.66) 여주군 금사면 후동리의 범실은 시금도 아래와 같은 지명으로 남아 있다.

□상호리(上虎里)(웃범실, 상호곡)[리] 본래 여주군 금사면의 지역으로서, 범실 위쪽이 되므로 웃범실 또는 상호곡이라 하였는데, 1914년 행정 구역 폐합에 따라 상호리라 함.
□범실[마을] 상호리와 하호리에 걸쳐 있는 마을.
□상호곡(上虎谷)[마을]→상호리.
□웃범실[마을]→상호리.67)

그런가 하면 그 뜻을 살려 漢譯한 예도 있다. 먼저 '谷'으로 고쳐쓴 경우를 보면 아래와 같다. 양지군 주서면 廣谷(넙실)은 『한국지명총람』에 용인군 원삼면 사암리의 廣谷(넙실)로 남아 있다.68) 같은 책에 여주군 지내면의 熊谷(곰실)은 한자지명은 탈락하고 한글지명 곰실만 적었다.69) 반면에 용인군 수여면의 海谷(히실이)은 『한국지명총람』에서 바다

---

64) 한글학회, 『한국지명총람』 17, 456쪽.
65) 한글학회, 『한국지명총람』 17, 466쪽.
66) 한글학회, 『한국지명총람』 18, 249쪽.
67) 한글학회, 『한국지명총람』 18, 23쪽.
68) 한글학회, 『한국지명총람』 18, 185쪽.
69) 한글학회, 『한국지명총람』 18, 42쪽.

골·해골로, 黍谷(기장실)은 『한국지명총람』에 芝藏室로 모습을 바꾸었다. '실'은 마을을 의미하는 한자 '里'와 '洞'··'村'과 대응하기도 하였다.

고을을 '실'이라고 부른 것은 신라시대까지 거슬러 올라간다. 『삼국유사』 기이편, 「효소왕대 죽지랑」조를 보면 '得烏谷'이라는 사람이 나오는데 같은 條에서 그는 '得烏失'로도 쓰였다.

이밖에도 '谷'은 '楸谷里 / 가릿울고기'의 예에서 보듯이 우리말의 '울'을 옮긴 한자이기도 하다. 물론 '울'은 '古里洞 / 고리울 〔부평군 하오정면〕'에서 보듯이 '洞'으로도 옮겨졌다. 부평군의 古里洞은 고리울의 음을 그대로 옮긴 탓에 현재 漢譯 지명이 남아 있지 않다.[70] 이에 비해 같은 면의 '가치울'은 鵲洞이라고 뜻으로 새겨 남아 있다.

'울'은 '里'와 '村' ··'坪'··'峴' 으로도 대응되었다. '谷'의 대표적 訓인 '골/고을'은 고구려의 지명접미사 '~忽'과 맥락이 닿는다고 한다.[71]

③ 다음은 沙=식의 관계를 보겠다.

양성군 구룡동면의 '소사'는 현재 평택시 素沙洞으로서 개발이 많이 된 도심지에 해당하여 '쇼싀장'과 '쇼싀쥬막'은 보이지 않는다.[72] 진위군 병파면 합정리의 素沙野도 평택시 蛤井洞에 해당하는데 이에 대한 내용이 전하지 않는다.[73]

반면에 김포군 검단면의 束沙串里(속싀쏘지)는 현재에도 고스란히 남아 있다.

　　□속사곶리(束沙串里)[마을]→속새우지.
　　□속새우지(사월, 속새울, 속사곶리, 속사우지)[마을] 큰 외리 남동쪽 곳

70) 한글학회, 『한국지명총람』 18, 362쪽.
71) 최범훈, 「경기도 한자어지명의 특성」 『전통문화연구』 2, 1984, 48쪽.
72) 한글학회, 『한국지명총람』 17, 400쪽.
73) 한글학회, 『한국지명총람』 17, 403쪽.

에 있는 마을..74)

이렇게 보면 '싀'는 '沙'와 대응되지만 '속새'를 풀이름으로 해석하기도 한다.75) 역시 '새'는 '띠'의 뜻 즉 '억새'와 같은 말로서 '草'로 漢譯되었다. 다음 경우를 보자.

面 別	種 別	地 名	諺 文	備 攷
月谷面	洞里村名	上草坪	윗싀우듸	安山郡 月谷面
		下草坪	아릭싀우듸	安山郡 月谷面
大坡面	洞里村名	草元芝里	싀워지	通津郡 大坡面
等神面	江川溪澗名	草峴溪	싀지기울	驪州郡 等神面 草峴里
	酒幕名	草峴酒幕	싀지쥬막	驪州郡 等神面 草峴里
慕賢面	洞里村名	草下里	싀릭	龍仁郡 慕賢面 草下里
戶面	嶺峙峴名	黃草峴	황새울	利川郡 戶面 厚美村
草面	洞里村名	草岱谷	새실	利川郡 草面

안산군 월곡면 上·下草坪과 관련된 내용이 『한국지명총람』에 남아 있다. 초평리라는 지명이 생기게 된 것은 새(풀)가 이곳에서 무성하게 자랐기 때문이라고 한다.76) 여주군 등신면 초현리는 월곡면과는 다른 지명 유래를 가지고 있다.

  □초현리(草峴里)(새재, 조현, 초현)[리] 본래 여주군 등신면의 지역으로서, 뒷산이 새처럼 생겼으므로 새재 또는 조현, 초현이라 하였는데, 1914년 행정 구역 폐합에 따라 대송면의 명촌 일부를 병합하여 초현리라 해서 대신면에 편입됨.

---

74) 『한국지명총람』 17, 246쪽.
75) 속초문화원, 『속초의 옛 땅이름』, 2002, 13~15쪽. 다음의 용례도 참고할 만하다. "새옹에 밥을 지어 올리는 행위는 속새풀을 뜯어서 젓가락을 만들어 올리는 관습적인 행위이다." 이기태, 「토착신앙에 나타난 역사적 인문의 상징성」 『인류학연구』 7, 영남대, 1994, 97쪽.
76) 한글학회, 『한국지명총람』 17, 418쪽.

　□상초현(上草峴)[마을]→윗새재.
　□새재[마을]→초현리.
　□새재고개[고개] 새재 뒤에 있는 고개.
　□아랫새재(하초현)[마을] 새재의 아래쪽 마을.
　□조현(鳥峴)[마을]→초현리.
　□초현(草峴)[마을]→초현리.[77]

등신면의 초현리는 뒷산이 새와 같이 생겼기 때문에 지어진 지명이라고도 한다. 이와 같이 초현리에 대한 땅이름풀이가 일정하지 않다.
부평군 석관면 신현리는 인천시 북구 新峴洞이 되었다.

　□신현동(新峴洞)(새오개, 신현)[동] 본래 부평군 서곶면의 지역으로서 새오개(고개) 밑이 되므로 새오개 또는 신현이라 하였는데, 1914년 행정 구역 폐합에 따라 요굴, 구석말, 양금머리를 병합하여 신현리라 해서 부천군 서곶면에 편입되었다가, 1940년 인천부(시)에 편입되어 왜식으로 현무정이라 하다가, 1947년 왜식 동명 변경에 의하여 도로 신현동으로 고치고, 1977년에 석남동회의 관할이 됨.
　□새오개[마을]→신현동.
　□새오개[고개] 신현동에 있는 고개.
　□큰새오개[마을] 새오개의 큰 마을.[78]

신현동의 한글이름인 새오개는 '새'는 '新'의 뜻이다. 안성군 견내면 진현리의 기오기는 개옥개와 개우게로 진화했다.[79]
그렇다면 '싀'를 '沙'로도 적은 까닭이 새[억새. 실은 갈대]가 많기 때문인지는 알 수 없다. 아울러 '싀오개'의 '오개'는 '고개'가 변한 것이다.[80]

77) 한글학회, 『한국지명총람』 18, 39쪽.
78) 한글학회, 『한국지명총람』 18, 567쪽.
79) 한글학회, 『한국지명총람』 17, 449쪽.
80) 신종원, 「필사본 조선지지자료 해제 - 강원도를 중심으로」 『강원도 땅이름의 참모습』, 경인문화사, 2007, 28~29쪽.

그렇지만 한자 '草'의 땅이름풀이에는 제3의 설명이 필요하다. 이것은 땅이름의 形態素[接尾語]에 해당되는 것으로서 金正浩는 『대동지지』에서 '바다 가운데서 모래가 퇴적해서 물이 얕은 곳을 草[풀]'라고 설명하여 북한의 고장말에 '풀'을 '바다나 호수의 밑이 주변보다 두드러지게 올라온 부분'에 해당된다고 한다.[81] 동해안의 '속초(시)'나 섬이름[島名] '~草'를 견주어보면 비로소 이해된다.

④ 串

'串'은 삼국시대부터 사용하여 온 글자로서 '바닷가나 강가의 뾰족하고 긴 지형'이다.[82] 이를 '고지'로 읽음을 필사본 『지지자료』는 아래와 같이 잘 보여주고 있다.

乭串伊坪 / 돌고지　　　　　[시흥군 서면 일직리]
乭串地坪 / 돌고지들　　　　[통진군 소이포면 동시암리]
前串里 / 압고지　　　　　　[용인군 포곡면 전곶리]
束沙串里 / 쇽시쇼지　　　　[김포군 금단면]

그렇지만 또 하나의 '곶'을 가리키는 한자로는 '藪'가 있다. 이를 '高地'라 읽고 제주도말로 곶[花]=숲을 가리킨다고 한다.[83] '곶'의 다른말로는 '삐죽다리'가 있다.[84]

---

81) 金鍾塤, 『韓國固有漢字研究』, 集文堂, 1992, 124~125쪽 ; 이건식, 「한국고유한자 차용표기의 발달−지명의 개념요소 표기를 중심으로」 『구결학회 제37회 전국학술대회 발표논문집』, 2008년 8월 19일~20일.
82) 이건식, 「한국 고유한자의 발달−지명의 후부 요소 표기를 중심으로」 『구결연구』 22, 2009, 228~234쪽.
83) 오창명, 「≪東輿備攷≫의 濟州 지명 연구」 『한민족어문학』 50, 2007, 27쪽.
84) 『지명조사사업보고서』 49, 80쪽.

⑤ '터'를 뜻하는 '垈'는 조선초기 이전에 만들어진 고유한자로 장소를 표시하는 중세어 '딕'의 音借 '代'에다 意味部 '土'를 추가하여 만든 것이다.[85] 글자의 용례를 필사본 『지지자료』에서 찾아보면 아래와 같다.

寺垈谷 / 절터꼴 / 木旺里   [양평군 서중면]

⑥ 한자어 지명접미사 '潭'은 고유어 '뜸'에 해당되어 '~뜸'은 '한 마을이 자리잡은 둥그스럼한 지역'이란 뜻이다. 그 變型은 ~돔·둠·덤·데미·디미 등이 있으나 해당 漢字音이 없다. 따라서 차선책으로 채택된 것이 '~潭'이며 단독지명으로는 豆無·豆毛·豆滿·豆邑·杜門 등이 쓰이며 이들은 모두 多音[둠]으로 소급된다. 豆美·杜梅·杜密도 이와 같은 경우라고 한다.[86] 필사본 『지지자료』에 실린 삭령군 남면 귀존리의 '斗尾洞 / 두미울'도 이 예에 해당될 것이며, 『한국지명총람』에는 '後坪[뒷뚜루]'라고[87] 변한 모습으로 나온다.

⑦ フ재型 지명은 가쟁이[邊] 즉 냇가에 발달한 취락을 일컫는다. 이를 달리 '가재[石螯]가 많은 골짜기' 또는 '주민들 사이에 서로 더하고[加] 돕는다[佐]'로 볼 수도 있으나 付會다. 加佐는 '갓+애' 즉 '가새[邊]'이며 加庄·可庄·加長 등은 '가쟁이'의 音借라고 한다.[88] 필사본 『지지자

---

85) 이건식, 「한국 고유한자의 발달 – 지명의 후부 요소 표기를 중심으로」 『구결연구』 22, 240~242쪽.

86) 최범훈, 「경기도 한자어지명의 특성」, 49쪽.

87) 한글학회, 『한국지명총람 – 서울·경기·인천편』, 658쪽의 연천군 왕징면 귀존리.

88) 최범훈, 「경기도 近代地名語 연구」 『기전문화연구』 16, 1987, 100쪽. 한편 서울 은평구뉴타운의 (남·북)가좌동의 우리말땅이름은 '가재울'으로서 이 지명유래에 대해서도 '가재'와 '갓'과 관련된다는 두 설이 있다. 서울역사박물관, 『서울특별시 뉴타운민속지, 가재울 – 그리운 가재울』, 43~44쪽.

료』에서 ᄀ재型 지명을 찾으면 다음과 같다.

佳佐洞 / 가지울　　　[삭령군 서면]
加佐里 / 가지울　　　[죽산군 원삼면]
加才谷 / 가지울　　　[용인군 서변면 보수원]
加才谷峴 / 가지울고기　[여주군 지내면 신촌리]

⑧ '동막골'은 흔히 보는 땅이름이다. 몇 가지 예를 필사본 『지지자료』
와 『구한국지명』에서 소개하면 아래와 같다.

東幕谷 / 道龍里　　　　　　[양평군 동북면]
東幕洞 / 동막골 / 木旺里　[양평군 서중면]
東幕山 / 동막골　　　　　　[여주군 지내면]
東幕里　　　　　　　　　　[양평군 고읍면 /『구한국지명』]

이에 대한 지명유래를 경기도 광주시의 예에서 보도록 하겠다.

ㅁ동막골(東幕) : 이 마을에 아주 옛날 어느 농부가 들어와서 농토를 만
들기 위하여 농경지를 개간하는데, 그 옆에 농막(農幕)을 치고 살았다
고 한다. 마을사람들이 동쪽에 있는 농막이라 하여 '동막'이라고 부르
게 되었다고 한다. 능평리와 신현리의 경계를 이루고 있는 마을이다.
광명초등학교가 이 마을에 있다.[89)]

위의 설명은 땅이름 '동막'에 대해 흔히 하는 설명의 한 가지다. 하지
만 이 지명유래는 즉 '서막'이나 '남막'·'북막'이라는 지명이 있을 때라
야 유효하다. 다른 한편의 설명은 동쪽이 막혔다는[塞] 것인데 역시 하
필 동쪽만 막힌 마을이 유난히 많으냐는 질문에는 대답할 방법이 없
다.[90)] 그렇다면 오히려 '동막'에 대한 제3의 설명이 설득력 있다. 즉 그

---

89) 『廣州의 지명유래』, 광주문화원, 2005, 53쪽.

것은 소리가 비슷한 한자로 바꾸어 쓴 것으로서 본래의 지명과 改變된
지명을 다음과 같이 연결시키고 있다.

豆毛萬里(『세종실록』)는 지금의 양평군 양서면의 東幕里다.[91]

⑨ 숫자형 지명
먼저 오십=쉰의 지명을 살펴보면 다음과 같다.

面 別	種 別	地 名	諺 文	備 攷
東面	峴名	五十夜味峴	쉰빅이고기	開城郡 東面
	村洞名	五十夜味洞	쉰빅이	開城郡 東面
其佐面	坪名	五十洞坪	쉰동이들	安城郡 其佐面 其佐村

다음은 스무=이십과 열(여)=십 관련 지명을 보겠다.

面 別	種 別	地 名	諺 文	備 攷
彦州面	山谷名	二十峴谷	스무고기골작이	廣州郡 彦州面
內洞面	坪名	十五斗坪	열단마지기들	抱川郡 內洞面 眞木里
西部面	洞名	十川橋	여문에다리	開城郡 西部面 館前里
小南面	洞名	十灘洞	십려울	長湍郡 小南面 斗谷里
柏面	野坪名	十里谷	십니꼴	利川郡 柏面 助邑洞

필사본 『지지자료』에는 이십=스무가 되는 사례로 광주군 언주면만
남아 있지만 다음과 같이 현재 양평군에도 전해온다.

ㅁ스무나리고개(이십일리현)[고개] 창말에서 강원도 횡성군 서원면 스무

---

90) 손주일, 「동막골과 애막골에 대한 지명유래 설정과 문제점」『어문연구』
36-2, 2008.朝鮮地誌資料
91) 川崎繁太郎, 「朝鮮地名の變遷についこ」『朝鮮』33-12, 1935, 24쪽. 그러나 『세
종실록』에는 이러한 땅이름이 안 보이므로 '豆毛浦'를 잘못 본 것이라고 생
각된다.

나리로 넘어가는 큰 고개.
ㅁ이십일리현(二十日里峴)[고개]→스무나리고개.[92]

위 포천군 내동면 진목리의 열단마지기들의 한자지명은 현재 사라지
고 열닷마지기들이라고만 쓰이고 있다.[93]

⑩ 없어진 지명

『신증동국여지승람』 驪州의 내이름에 '豆豆里川'이 있다. '두두리'는
도깨비의 다른 이름으로서 '두드리다' 등과 어원상 관련이 있다.[94] 하지
만 『신증동국여지승람』 이후로는 이 이름이 보이지 않는다. 이에 대하여
는 다음과 같은 언급이 있어 참고가 된다.

> 세종실록에는 한강을 여주에서 여강(驪江), 천녕에서 이포(梨浦)라
> 부른다 하였다. 이포는 조선 때 수참전운별감에서 한강을 관리하던 일
> 곱 곳 중 하나다. 동국여지승람을 보면, 여주 서쪽 27리에 있는 대교천
> (大橋川)은 이포로 흘러간다. 대교천의 하류를 두두리천(豆豆里川)이라
> 고도 부르며, 천녕 동쪽 5리에 있다고 하는데, 여주와 양평을 관할했던 천
> 녕군 옛 관아는 이포 서쪽 금사면 궁리쯤에 있었던 것 같다.(한겨레신문
> 2004-01-28 땅이름/천녕·여주)

5) 借字表記 및 國字

① '禾'에 대해서 이규경은 '禾 音水 俗訓馬齒數 見郵驛馬籍'이라고
하였다.[95] 『新字典』에 朝鮮俗字로 음을 '슈'라 하였다.[96] 또 『訓蒙字會』

---

92) 한글학회, 『한국지명총람』 17, 531쪽.
93) 한글학회, 『한국지명총람』 18, 433쪽.
94) 강은해, 『한국난타의 원형, 두두리 도깨비의 세계(도깨비 설화의 시학)』, 예
림기획, 2003 ; 강은해, 「두두리(목랑)재고;도깨비의 명칭 분화와 관련하여」
『한국학논집』 16, 계명대 한국학연구소, 1989 ; 박은용, 「木郎攷 : 도깨비의
語源攷」 『한국전통문화연구』 2, 효성여자대학교한국전통문화연구소, 1986.

와 『類合』에서는 禾의 訓이 쉬로 되어 있다.97) 위와 같은 경우 禾를 고
유한자어로 본 것인데, 모두 필사본 『지지자료』에 보인다.

面 別	種 別	地 名	諺 文	備 攷
多所面	洞里村名	禾洞里	슉골	仁川府 多所面
東部面	洞名	禾泉	쉬우골	開城郡 東部面 八字洞里

② 고개는 '峴'으로 한역되는 것이 일반적이다. 하지만 소리나는대로
적은 경우도 있다.

面 別	種 別	地 名	諺 文	備 攷
新峴面	浦口名	新古介浦	싀으기	仁川府 新峴面 新峴浦
泉峴外面	嶺峴名	世介峴	세우기고기	坡州郡 泉峴外面 三峴里

'(古)介峴' 같은 겹말이 보이는 것은 '현'이라고 했을 때 그 뜻이 들어
오지 않기 때문에 생긴 것으로 보아야 한다. '古介'는 조선시대에 이미
사용한 표기이다. 과천현에 '鶴古介川'이 있었다.98) 鶴古介는 위 광주군
의곡면 鶴峴洞의 夏牛峴이다. 고개명 하우기(夏牛峴)가 마을명 鶴峴으
로 확대되어 갔던 것이다. 이외 평안도 寧邊都護府의 '栗古介(烽燧)'99)
등에도 보인다. 금석문으로도 강원도 정선군 북면과 강릉시 왕산면 고단
리 경계에 있는 황장봉산 표지석에 '北距蝁古介'라고 새겨져 있다.100)

---

95) 『오주연문장전산고』, 동국토속자변증설. '禾'에 대해서는 황윤석의 『이재
난고』 권 15 / G002+AKS-AA25_55001_015_0020에도 언급되어 있다.

96) 崔南善, 『新字典』, 博文書館, 1915 ; 『崔南善全集』 第7卷 -新字典-, 현암
사, 1974, 505쪽.

97) 金鍾塤, 『韓國固有漢字研究』, 集文堂, 1992, 190~191쪽.

98) 『신증동국여지승람』 권8.

99) 『신증동국여지승람』 권54.

100) http://www.jeongseon.kr/0001/표지석.htm

③ 다음의 경우도 절묘한 선택이라 하겠다.

面 別	種 別	地 名	諺 文	備 攷
西一面	野坪名	屯夜味坪	둔밤이들	竹山郡 西一面 品谷里
水余面	野坪名	安夜味	안밤미	龍仁郡 水余面 驛洞
古西面	坪名	九夜味坪	굿밤이	陽智郡 古西面 上葛

'밤이(배미)'의 밤(뱀)은 뜻을 따라서 '夜'를, '미'는 소리를 따서 만든 것이다.101) 배미는 크게 밤이·밤미·바미의 밤이 계열과 비미·비이·비의 비미 계열로 나누어 볼 수 있을 것이다. 하지만 '夜味'를 한 音節로 보아 '譯上不譯下'라는 末音表記法을 적용시켜 '밤'으로 보기도 한다.102)

④ '돌'·'널'·'갈' 등 'ㄹ' 받침표기로 이루어진 고유 한자는 어떻게 쓰는지 보자.

面 別	種 別	地 名	諺 文	備 攷
所伊浦面	野名	乭高地野	돌고지들	通津郡 所伊浦面 東柿岩里
池內面	嶺峙峴名	乭峴	돌고지	驪州郡 池內面 新村里
西面	坪名	乭串伊坪	돌고지	始興郡 西面 日直里
立長面	坪名	乭庫坪	돌관	安城郡 立長面 山亭里
北一面	山名	舟乭山	비도리	竹山郡 北一面 草幕里
南二面	野坪名	乭介坪	돌지명	竹山郡 南二面 新里
		斗乭介坪	두둘기	竹山郡 南二面 新里
郡內面	野坪名	乭浦坪	돌기쓸	金浦郡 郡內面 坎井里
其佐面	山名	乭釗山	돌소지산	安城郡 其佐面 其佐村
邑內面	澗名	津乭川	진돌쎠기을	永平郡 邑內面
泉峴外面	嶺峴名	納乭峴	납드리고기	坡州郡 泉峴外面 陽野里

---

101) 군포시에도 '大夜味洞'이 있다. 큰 논배미가 있어 '큰배미'·'한배미'로도 불린 것을 意·音譯으로 조합한 땅이름이다. 현재 지하철 4호선 역이름으로 쓰이고 있다. 한편 '긴배미(들)'도 전국에 많다. 이천에서 여주 쪽으로 가다보면 '긴배미길'이라는 표지판이 세워져 있다.

102) 최범훈, 「경기도 近代地名語 연구」, 121쪽.

都尺面	野坪名	乭梨坪	돌비들	廣州郡 都尺面 雲井洞
南面	嶺峙峴名	蹉乭峴	ᄎ돌빅이고기	果川郡 南面 富谷洞

돌꼬지는 한자로 乭高地·乭峴·乭串伊·乭庫라 썼고 언문으로 돌고 지·돌관으로 적었다. 通津郡 所伊浦面의 그것은 지금 한자지명은 없어 지고 '돌꼬지'로만 적고 있다.[103] 坡州郡 泉峴外面 陽野里의 納乭峴(납 드리고기)는 현재 한글과 한자지명을 모두 달리 적는다.[104]

　　ㅁ납두리(納斗里)[골] 납두릿고개 밑에 있는 골짜기.
　　ㅁ납두리고개(納斗里 -)[고개]→납두릿고개.
　　ㅁ납두릿고개(납두리고개)[고개] 샘재에서 동문리로 넘어가는 고개. 납
　　　돌이 났었다 함.
　　ㅁ납두리주막거리[들]→주막거리.
　　ㅁ주막거리(납두리주막거리)[들] 납두릿고개 밑에 있는 들. 주막이 있었음.

납두리는 납돌이 나서 생긴 지명이라고 언급하고 있다. 필사본 『지지 자료』에서 한국한자인 '乭'이라고 쓴 것을 『한국지명총람』에서는 상용 한자인 '斗'로 바꿔 쓰고 있다.

　　땅이름의 '널'은 '厁'字로, '갈'은 '栶'로 썼다.[105]

面　別	種　別	地　名	諺　文	備　攷
永宗面	洞里村名	厁項	널목	仁川府 永宗面
北面	嶺峙峴名	栶木峴	갈나무고기	驪州郡 北面 五今洞

仁川府 永宗面의 厁項(널목)은 다양한 모습으로 전해온다.

---

103) 한글학회, 『한국지명총람』 17, 312쪽.
104) 한글학회, 『한국지명총람』 18, 328~329쪽.
105) '栶'에 대해서는 金鍾塤, 『韓國固有漢字硏究』, 1992, 88쪽에 나온다.

□을왕리(乙旺里)(늘목, 얼항, 얼항동, 을항, 을왕)[리] 본래 인천부 용유면의 지역으로서 늘어진 목이 되므로 늘목 또는 얼항, 얼항동, 을항, 을왕이라 하였는데, 1914년 행정 구역 폐합에 따라 목개, 약수동, 왕산, 입구지, 장말, 학방재를 병합하여 부천군에 편입되었다가, 1973년 옹진군에 편입됨.

□늘목[마을]→을왕리.

□늘목염전[염밭] 늘목 앞에 있는 염밭.

□늘목해수욕장(을왕해수욕장)[해수욕장] 늘목 앞에 있는 해수욕장. 1969년에 개장됨.

□얼항동(厁項洞)[마을]→을왕리.

□을왕(乙旺)[마을]→을왕리.

□을왕해수욕장(乙旺海水浴場)[해수욕장]→늘목해수욕장.

□을항(乙項)[마을]→을왕리.106)

늘어진 목이 있어 늘목이라 불렀다고 한다. 같은 곳을 한자로 厁項·乙旺·乙項으로 표기하였고, 한글로 널목·늘목·얼항·얼항동·을항·을왕으로 다양하게 표기하였다. 현행 字典에는 '땅이름얼'로 나온다.107)

이외 'ㄹ' 받침표기의 고유 한자는 아래의 표와 같다.

面 別	種 別	地 名	諺 文	備 攷
靑松面	川名	厁味川	놀미닉	抱川郡 靑松面 大田里
	酒幕名	厁味酒幕	놀미쥬막	抱川郡 靑松面 大田里
	村名	耂味	놀미	抱川郡 靑松面 大田里
都尺面	堤堰洑名	長厁味洑		廣州郡 都尺面 宮坪里
諸島	島	㐘音島		江華郡 㐘音島
迭田面	洞里村名	冬乙山里	들미	通津郡 迭田面
西面	洞村名	注乙洞	쥴울	朔寧郡 西面 佳佐里所在
東村面	坪名	這乙坪		抱川郡 東村面 花峴里
靑郊面	洑名	主+乙武池洑		開城郡 靑郊面. 옛날부터 지금까지 民洑.

106) 한글학회, 『한국지명총람』 18, 144쪽.
107) 金鍾塤, 『韓國固有漢字硏究』, 1992, 120쪽.

于谷面	坪名	加乙坪		安城郡 于谷面 九井里
西面	峴名	巨峙+乙峴	거칠고기	始興郡 西面 所下里
都尺面	嶺峙峴名	馬乙峙	말치고기	廣州郡 都尺面 楸谷里
永宗面	野坪名	小+乙坪	솔말	仁川府 永宗面 龍遊里

通津郡 迭田面 冬乙山里(들미)의 지명유래는 다음과 같다.

　　□동을산리(冬乙山里)(들뫼, 들미, 동을뫼, 야산, 동을산)[리] 본래 통진군
　　질전면의 지역으로서, 들 가운데에 외따로 있으므로 들뫼, 들미 또는
　　동을뫼, 동을산, 야산이라 하였는데, 1914년 행정 구역 폐합에 따라 원
　　통리의 일부 지역을 병합하여 동을산리라 해서 김포군의 월곶면에 편
　　입되었다가, 1983년 통진면에 편입됨.
　　□동을뫼[마을]→동을산리.
　　□동을산(冬乙山)[마을]→동을산리.
　　□들뫼[마을]→동을산리.
　　□들미[마을]→동을산리.
　　□야산(野山)[마을]→동을산리.108)

　　이에 반해 抱川郡 靑松面의 놀미는 『한국지명총람』에 보이지 않는
다. 놀미가 노랗다는 의미를 지녔다면 황개터와 관련이 있을 법하다.109)
　　江華郡의 乶音島에는 언문이 적혀 있지 않아 당시에 어떻게 불렸는
지 알 수 없으나 현재 전해오는 자료로 대략 짐작할 수 있다.

　　　볼음도리(乶音島里)(폴음, 볼음)[리] 본래 강화군 서도면의 지역으로
　　서 폴음 또는 볼음이라 하였는데, 1914년 행정 구역 폐합에 따라 볼음도
　　리라 하며, 1962년 볼음 출장소의 관할이 됨. 고려 때 볼음도 목장이 있
　　었음.110)

---

108) 한글학회, 『한국지명총람』 17, 302~303쪽. '冬'이 '들·돌'로 읽힘에 대하여
　　는 李正龍, 「冬이 '돌'로 읽힘에 대하여」 『韓國古地名借字表記 硏究』, 경
　　인문화사, 2002 참조.
109) 한글학회, 『한국지명총람』 18, 111쪽.

『구한국지명』에는 '乙'을 생략하고 '甫音島'라 했다.[111] 볼음은 보름과 15일·半을 의미하는데, 섬의 중간에 위치하기 때문에 이처럼 부른 것이다.[112] 필사본 『지지자료』를 보면, 볼음도 내에 보름산(望山)이 있는 것도 이 때문일 것이다. 강화도의 끝섬은 아래와 같이 㠠島라 표기하였다.

面別	種別	地 名	諺 文	備 攷
諸島	島	㠠島		江華郡 㠠島
㠠島	山谷	㠠島山	끗겸산	江華郡 㠠島
東面	里名	㠠串甲		喬桐郡 東面

㠠島山의 언문에 끗이라고 쓰여 있으며, 『구한국지명』에도 '末島'로 되어 있다.[113] 『한국지명총람』에도 이와 같은 내용이 실려 있다.[114]

> □말도리(㠠島里)(말도, 끝섬)[리] 본래 강화군 서도면의 지역으로서, 말도 또는 끝섬이라 하였는데, 1914년 행정 구역 폐합에 따라 말도리라 하며, 1962년 볼음 출장소의 관할이 됨.
> □끝섬[마을]→말도리.
> □말도(㠠島)[마을]→말도리.

그러므로 喬桐郡 東面의 㠠串里는 현재 끝고지나 말고지로 불리는 것이다.[115]

---

110) 한글학회, 『한국지명총람』 17, 111쪽.
111) 『舊韓國地方行政區域名稱一覽』, 84쪽.
112) 이영택, 『한국의 지명 - 한국지명의 지리·역사적 고찰』, 도서출판태평양, 1986, 266쪽.
113) 『舊韓國地方行政區域名稱一覽』, 84쪽.
114) 한글학회, 『한국지명총람』 17, 111쪽 ; 金鍾塤, 『韓國固有漢字硏究』, 集文堂, 1992, 121~122쪽에도 소개되어 있다.
115) 한글학회, 『한국지명총람』 17, 81쪽.

6) 僻字

상용자	벽자	용례	소재지
爐	爐	香爐山	漣川郡 官仁面 中山
實	寀	好梅寀	水原郡 梅谷面
		眞寀峴	驪州郡 池內面 佐岩里
琴	栞	栞岾山	龍仁郡 水眞面 吐月里
		栞床谷	驪州郡 池內面 長山洞
		鳴栞里	開城郡 江南面
國	王	麻王山	利川郡 暮面 侍美洞
雙	雙	雙谷驛舊址	抱川郡 內洞面 內里
		雙笛谷	驪州郡 北面 內龍洞
		雙川坪	驪州郡 北面 內龍洞
		雙瀑洞	開城郡 北部面
鷗	鴎	鴎津里	水原郡 廣德面
		伴鴎亭	坡州郡 馬井面 沙河里
		狎鴎亭里	廣州郡 彦州面
贊	賛	左賛里坪	漣川郡 東面 上里
綠		興綠洞	陰竹郡 西面
		樹綠谷	抱川郡 靑松面 大田里
		長彔洞	利川郡 鉢面
彌	旀	旀知串面	南陽郡 旀知串面
歸	皈	馬皈谷	驪州郡 大松面 土井里
死	尢	犬死谷	永平郡 北面 大回山
得	淂	斗淂坪	利川郡 沙面 沙玉里
鼎		鼎丹里	驪州郡 加西面
		鼎谷	楊平郡 南中面 沙器幕里
		鼎排里	楊平郡 西宗面
桃		桃李坪	驪州郡 北面 外龍洞
		桃李洑	驪州郡 北面 外龍洞
		桃花洞溪	開城郡 南部面 九里介里
		桃木洞	開城郡 北部面 梨井里

7) 기타

① '길'을 뜻하는 '거리'의 표기를 보겠다. 먼저 우리 귀에 익은 세거리부터 살펴보면 아래의 표와 같다.

面 別	種 別	地 名	諺 文	備 攷
遠一面	嶺峙峴名	三街里峴	세거리고기	竹山郡 遠一面 笭塘里
占梁面	洞里村名	雷谷洞	세거리	驪州郡 占梁面
北里面	坪名	三街坪	세거리들	安城郡 北里面 沙谷里
南面	野坪	三巨伊坪	시거리덜	豊德郡 南面 上祖江里
府一面	坪名	參巨里坪	삼거리들	竹山郡 府一面 梅谷里

驪州郡 占梁面 세거리는 한자로 雷谷洞이라 하였다. 그러나 아래와 같이 뇌곡동은 세거리 인근 행정지명일 뿐 세거리의 한자지명이 아니다.

　　□뇌곡리(雷谷里)(우리실, 우레실, 뇌곡)[리] 본래 여주군 점량면의 지역
　　으로서, 지형이 우리처럼 생겼으므로 우리실, 우뢰실 또는 뇌곡이라
　　하였는데, 1914년 행정 구역 폐합에 따라 세거리를 병합하여 뇌곡리라
　　해서 점동면에 편입됨.
　　□세거리[마을] 우레실 북쪽에 있는 마을. 세갈래 길이 있음.[116]

우리말 '거리'를 필사본 『지지자료』에서는 巨里·街里·巨伊·去里로 쓰고 있으나 무리한 글자다. 그래서인지 한자표기가 없어지는 경우가 많다. 예를 들면 驪州郡 興谷面 下大洞 三巨里(삼거리보)는 한자지명이 없어지고 삼거리보만이 전해진다.[117]

漣川郡 南面의 三巨里에 언문이 없어 당시에 어떻게 불렸는지 알 수 없으나 다른 자료를 통해 짐작해 볼 수 있다.

---

116) 한글학회, 『한국지명총람』 18, 54쪽.
117) 한글학회, 『한국지명총람』 18, 61쪽.

ㅁ삼거리(三巨里)(세거리)[리] 본래 연천군 남면의 지역으로서, 세 갈래
의 길이 있었으므로 세거리 또는 삼거리라 하였는데, 1914년 행정 구
역 폐합에 따라 상심곡리와 하심곡리, 진상리의 각 일부를 병합하여
삼거리라 해서 군남면에 편입됨.
ㅁ세거리[마을]→삼거리.[118]

위에서 본 바와 같이 『한국지명총람』에서 자연지명의 '거리'를 한자
로 쓰지 않은 것을 보면 어느 것이나 맞지 않기 때문이다. 하지만 행정
지명을 나타내거나, 글로 쓰거나, 공식자리에서는 굳이 한자를 찾아 억
지로 끼워 맞추는 관행을 보게 된다. '네거리'의 경우도 마찬가지다.

面 別	種 別	地 名	諺 文	備 攷
新面	野坪名	四巨里坪	네거리들	利川郡 新面 松亭
靑松面	酒幕名	四街里酒幕	늬거리쥬막	抱川郡 靑松面 宮坪里
郡南面	峴名	四街峴	네거리고기	豊德郡 郡南面 古郡里
二北面	酒幕名	四街里	사거리	振威郡 二北面 下北里에 있다.
江南面	酒幕名	四街里酒幕	ᄉ거리쥬막	開城郡 江南面
邑內面	酒幕名	四巨里酒幕		龍仁郡 邑內面 南洞

抱川郡 靑松面 宮坪里의 四街里(늬거리)는 현재 아래와 같이 변화된
모습을 나타낸다.

ㅁ사거리(四巨里)[길] 양촌 중앙에 있는 길. 네 갈래가 졌음.[119]

필사본 『지지자료』의 街里와 늬는 『한국지명총람』에 巨里와 사로 되
어 있다. 安城郡 竹村面 堂里 九街里(아옵거리)는 『한국지명총람』에는
한자지명이 없어지고 '아홉거리'로 적었다.[120] 振威郡 所古尼面 九岐山

---

118) 한글학회, 『한국지명총람』 18, 77쪽.
119) 한글학회, 『한국지명총람』 18, 110쪽.
120) 한글학회, 『한국지명총람』 17, 449쪽.

(아옥거리)의 지명유래는 다음과 같다.

　　ㅁ아홉거리[마을] 갈평 서쪽에 있는 마을. 아홉 갈래의 길이 있음.[121]

　필사본 『지지자료』에서는 九岐山이라 하여 산명으로 되어 있는데, 『한국지명총람』에서는 마을명으로 되어 있다.
　거리는 종별로 보면 여러 곳에서 나타난다. 그 중 가장 많은 빈도를 보이는 것은 걷기 쉬워 사람들의 왕래가 빈번한 야평이다.

面 別	種 別	地 名	諺 文	備 攷
府一面	坪名	冷井坪	닝쥬물거리	竹山郡 府一面 邑內里
		下馬坪	하마청거리	竹山郡 府一面 校洞
		塔立坪	탑션거리	竹山郡 府一面 梅谷里
		坐佛坪	안진부쳐거리	竹山郡 府一面 梅谷里
西二面	野坪名	旌門坪	정무거리	竹山郡 西二面 麻田里

　사람들이 주로 거주하는 동리촌에도 거리가 이루어졌다.

面 別	種 別	地 名	諺 文	備 攷
府一面	里名	大平院里	비션거리	竹山郡 府一面
注火串面	里村名	死樹巨里	죽은나무거리	富平郡 注火串面 五金里
東面	洞里村名	塔村	탑거리	陰竹郡 東面
元堂面	洞里村名	江文里	강거리	陽城郡 元堂面
寅目面	村洞名	防築洞	방축거리	朔寧郡 寅目面 道密里所在
朱西面	洞里村名	鶴村	먹거리	陽智郡 朱西面
西面	村名	碑石店	비션거리쥬막	抱川郡 西面 魚龍洞
近東面	洞里村名	下大巨里	한거리	驪州郡 近東面
		上大巨里	번드릭	驪州郡 近東面

　주막은 여행하는 사람들의 안전을 위해서나 통행하는 사람들의 숙식

---

121) 한글학회, 『한국지명총람』 17, 386쪽.

을 제공해주기 위해 필요했다. 특히 도로가 갈라지는 곳에 주막이 많이 생성되어 거리가 만들어졌다.

面 別	種 別	地 名	諺 文	備 攷
東村面	酒幕名	陽村店	쳘미거리쥬막	抱川郡 東村面 花峴里
內洞面	酒幕名	碑石巨里酒幕	비셕거리쥬막	抱川郡 內洞面 內里
西 面	酒幕名	碑石巨里酒幕	비션거리쥬막	抱川郡 西面 魚龍洞
靑松面	酒幕名	四街里酒幕	늬거리쥬막	抱川郡 靑松面 宮坪里
府一面	酒幕名	大平院店	비션거리졈	竹山郡 府一面 大平院里

② '南大川'은 여러 고장에 보이는 지명으로서 일반명사같이 쓰였다. 그 뜻은 앞[南] 내[川]일 것이지만 본래는 아래와 같이 고유한 이름이 있었다.

面 別	種 別	地 名	諺 文	備 攷
邑內面	川名	南大川	송졍기을	永平郡 邑內面 廣井里

③ 일본식 한자

필사본 『지지자료』는 일본의 문화가 전해지고 그들의 지시에 의해 만들어졌기 때문에 기존의 한자들과는 다른 일본의 한자가 기록되어 있다. 이 책이 나온 지 4년 후에 출간된 『新字典』에는 日本俗字를 적어 두었다.[122] 부평군과 삭령군은 벼에 대한 일본 한자어 籾을 썼다. 하지만 아직도 '米'를 많이 사용하였고 '禾'와 '稻'는 드물게 쓰였다. 籾과 禾·稻는 베와 베로 적었고, 米는 쌀·쓸로 썼다.

---

122) 崔南善, 『崔南善全集』 第7卷 - 新字典 -, 현암사, 1974, 508~511쪽.

7. 맺음말

  필사본 『조선지지자료』는 1911년에 조선총독부에서 전국의 지명과 地誌 사항을 동시다발적으로 조사하여 작성한 草稿다. 짧은 기간에 방대한 양을 대상으로 한 까닭에 착오나 결락이 없지 않다. 하지만 필사본 『조선지지자료』는 이보다 5~6년 뒤에 나온 『조선지형도』의 지명과 어느 정도 비견될 뿐 전무후무한 지명집이자 지지자료다. 일제 강점기를 통해 공식 지명은 한자로 쓰였고, 해방 후 그것은 더욱 굳어져만가는 현실에서 필사본 『조선지지자료』에 실린 우리의 고유지명 즉 한글 땅이름은 백여 년 전에 간신히 잡아놓은 보물 중에 보물이다.[123] 책 전체가 지리정보이니 지리학 자료로서는 말할 것 없고, 국어·역사·민속·경제사·고고학 분야에도 귀중한 자료를 제공한다.

  이 책의 존재가 늦게 알려지고, 그 뒤로도 일반에게 공개되지 못한 상황에서 근년 필사본 『조선지지자료』가 입력되어 원문과 함께 이미 강원도·경기도에 이어 황해도편까지 나온 것은 그나마 다행한 일이다. 우리의 '행정지명'이란 것이 조상대대로 내려온 땅이름과 무관한 것이라는 뼈아픈 지적도 심심찮게 나왔다.[124] 이 글에서는 지금까지 주로 학술적

---

123) 안양시 산본동은 왜색지명이라는 논란이 있었으나 오래 전부터 써온 것이라 하여 지금은 행정지명으로 굳어졌다. 하지만 『조선지지자료』에는 '山本洞 / 산밋 (과천군 남면)'으로 되어 있다. 수리산 밑의 마을이라는 뜻이 당시 한자로 탈바꿈 하였다. 이른바 '행정지명'이란 것이 이런 식으로 조상대대로 내려온 땅이름과 무관한 것임을 지적한 글로는 다음 글이 있다. 윤홍기, 「뉴질랜드 마오리 지명을 통해서 본 한국 토박이 땅이름의 지위」 『지명의 지리학 – 한국 지명의 역사와 문화』, 한국문화역사지리학회, 2006 심포지움 발표문.

124) 윤홍기, 「뉴질랜드 마오리 지명을 통해서 본 한국 토박이 땅이름의 지위」 『지명의 지리학 – 한국 지명의 역사와 문화』, 한국문화역사지리학회, 2006 심포지움 발표문.

가치만 논하였는데 이제부터 이 자료를 적극 활용하여야 그 가치가 倍加된다.

땅이름에는 반만년 역사와 문화가 무르녹아 있다. 지난 세기말부터 신도시가 개발되고 거기에 따라 새로운 마을이 속속 생겨나게 되었다. 아이가 태어나면 이름이 필요하듯 이들 새 도시와 아파트에도 작명이 필요한데 기존의 지리정보를 알지 못했고, 알았다 하더라도 무시한 채 이국적인 서양 언어의 아파트이름이 채택되곤 하는 현실이다. 새로운 驛이 들어설 때도 사정은 큰 차이가 없다. 이와 같이 새 지명 제정은 歷史와 문화를 무시한 채 지역이나 주민 이기주의에 휘둘리는 사례가 없지 않은 만큼 이 지명자료집은 제대로 된 근거를 대어줄 것이다.

지명데이터베이스 구축과 필사본
『朝鮮地誌資料』의 의의

정치영

(한국학중앙연구원 조교수)

1. 머리말을 대신하여 – 지명의 의미

地名은 인간이 지표상에 생활하면서 어느 특정한 장소를 다른 장소와 구별하기 위해 만든 일종의 부호이다. 즉 장소에 대한 이름인 것이다. 사람의 이름이 각각 다르듯이 장소 또한 각각 독특한 이름을 지니고 있다. 따라서 지명은 하나로 표현되는 것이 바람직하지만 그렇지 않은 경우도 적지 않다. 한 장소에 두 개 이상의 이름이 붙여진 경우도 있고, 다른 장소에 같은 이름이 존재하는 경우도 허다하다. 동일한 지명에 대하여 표기와 발음이 다른 경우도 있다.[1]

지명은 사회가 발달하여 토지이용이 복잡해질수록 변별의 필요성 때문에 한층 풍부해지며, 마치 살아있는 유기체와 같이 시간 경과에 따라 생성·변화·소멸하고 때로는 부활하기도 한다. 이 같이 지명은 변천을 거듭하므로 지명을 체계적으로 정리하고 보존하는 작업과 함께, 때로는 특정한 장소에 대해 공식적인 이름을 부여하는 지명 표준화작업이 필요할

---

1) 양보경 외, 「지명표준화 방안 연구」, 건설교통부 국토지리정보원, 2005, 1쪽.

때도 있다. 이러한 이유로 인해 일부 지명은 국가에서 직접 관리하기도 한다. 최근 들어 대내적으로는 교육·교통·군사적인 측면에서의 원활한 의사소통을 위해, 그리고 새로운 도시와 구조물 등의 건설로 인해 지명의 중요성이 강조되고 있으며, 대외적으로는 영토 문제, 상징성, 국가 간의 의사소통 등의 측면에서 지명의 관리가 중요한 문제로 대두되고 있다.

또한 지명은 어떤 장소의 자연·역사·문화 등의 유래를 담고 있는 귀중한 문화유산이자 살아있는 古語의 化石이기도 하다. 지명은 이러한 특성으로 인해 땅을 대변하고 역사를 설명해 주는 단서가 된다. 바꾸어 말하면 지명은 한 시대와 지역을 연구하는 데 가장 기초가 되는 동시에, 널리 활용되는 자료인 것이다. 이와 같은 지명의 중요성 때문에 동서양을 막론하고 지리학을 비롯해 역사학·언어학·민속학 등의 다양한 학문 분야에서 지명연구에 관심을 기울여 왔으며, 연구의 기초자료로서 지명의 수집·정리와 관련된 각종 작업이 활발하게 진행되어 왔다.[2)]

지명은 그 자체가 지닌 중요성 뿐 아니라, 지리 및 문화현상에 위치 정보를 부여한다는 점에서 또 다른 중요한 의미를 지닌다. 지리 및 문화 현상의 정확한 위치를 파악하는 것은 그 현상의 형성 원인, 존재 이유, 시공간적 변화과정 등을 해석하고 그 현상들의 관계를 이해하는 출발점이기 때문이다. 사실 문화현상의 위치를 가장 정확하게 표현하기 위해서는 경위도 값을 사용하는 것이 이상적이다. 그러나 현존하지 않는 과거의 문화현상, 예컨대 조선시대에 존재하였던 事象의 경우, 경위도의 파악이 불가능한 경우가 많다. 이 때 차선책으로 선택할 수 있는 것이 행정구역명, 즉 지명이다. 그러므로 행정지명을 포함한 지명의 정리와 보존, 체계화는 각종 문화연구, 나아가 한국학 연구에 필수적으로 선행되어야 할 과제이다.

---

2) 정치영, 「마을명 분석을 통한 마을 입지 및 지역성 연구: 경기도와 함경도의 비교」『문화역사지리』17(2), 2005, 58~59쪽.

〈표 1〉 국토지리정보원 '지명정보서비스'의 지명 분류

대분류	중분류	소분류
행정지명	행정구역	시·도
		구·시·군(출장소)
		동·읍·면(출장소)
		동·리
자연지명	산지	산맥
		산
		골짜기
		바위
		절벽
		고개
	하천	강
		천
		호
		하중도
		폭포
		습지
		샘
	해안	도서
		만
		해안
		곶
		반도
		갯벌
		바다
		해협
	평야	평야
	동식물	숲
	취락	마을
인문지명	경제	광업
		수리시설
		경지
		상업
		수산업
		제조업
	교통	도로시설

		숙박시설
인문지명	교통	탑승시설
		접속시설
		표지시설
	사회문화	관공서
		여가시설
		관광시설
		교육시설
		종교시설
		민속

* 모든 소분류에는 '기타' 분류가 있음

한편 지명은 어떠한 대상을 지칭하느냐에 따라 그 종류를 구분할 수 있다. 구분 목적이나 연구자에 따라 달라질 수 있으나, 대개 자연지명과 인문지명으로 대분한다. 자연지명에는 산지·하천·평야·해안 등과 관련된 지명이 있고, 인문지명에는 취락·경제·교통·사회·문화 등과 관련된 지명이 있다. 시·도·군·구·읍·면·동·리의 이름인 행정지명은 인문지명에 포함되나, 그 중요성 때문에 별도로 분류하기도 한다. 예를 들어, 우리나라 지명의 관리를 총괄하는 국토해양부 국토지리정보원에서는 <표 1>과 같이 지명을 행정지명, 자연지명, 인문지명으로 대분하고 그 아래에 중·소분류를 두고 있다.3)

참고로, 우리나라에는 지명의 제정, 변경, 폐지와 관련된 각종 제도와 법령이 구비되어 있으며, 이를 관리하는 정부기관이 존재한다. 현재 우리나라 지명은 자연지명, 행정지명, 해양지명으로 나누어져 관리되는데, 자연지명은 국토해양부,4) 행정지명은5) 행정안전부, 해양지명은6) 국토해

---

3) http://www.land.go.kr(국토해양부 국토지리정보원 국토포탈 서비스).
4) 실제로는 국토해양부 산하의 국토지리정보원이 중앙지명위원회의 운영, 지명 제정·변경 및 폐지에 따른 지도 수정, 지명데이터베이스의 관리 등 지명과 관련한 대부분의 업무를 담당하고 있다.
5) 행정지명은 '지방자치법'에 "시·도·군·읍·면·동·리 등의 명칭"이라고 정의

양부에서 관리하고 있다.[7]

2. 지명데이터베이스의 국내외 구축현황

지명데이터베이스에 대해 살펴보기 위해서는 먼저 데이터베이스(data base)가 무엇인지에 대해 간단하게 언급할 필요가 있다. 데이터베이스는 여러 사람에 의해 공유되어 사용될 목적으로 통합하여 관리되는 데이터의 집합을 말한다. 데이터베이스는 몇 가지 조건을 갖추어야 하는데, 먼저 자료가 중복 없이 구조화되어 저장되어야 하며, 둘째, 저장된 자료의 검색과 갱신이 용이해야 한다. 셋째, 저장과 관리, 검색 등이 쉽도록 컴퓨터를 이용해 처리할 수 있는 저장장치에 수록해야 한다. 따라서 지명데이터베이스도 이러한 데이터베이스의 일반적인 조건을 갖추어야 한다.

사실 앞에서 살펴본 지명의 중요성 때문에 우리나라에서도 1960년대 이후 개인과 각종 학술단체, 그리고 행정기관의 노력으로 지명조사 및 자료집의 발간이 꾸준히 이루어져 왔다. 특히 1966년부터 1986년까지 20년에 걸쳐 발간된 한글학회의 『한국지명총람』은 남한의 지명을 집대성한 자료로 높이 평가할 만하다. 그러나 이러한 지명사전 또는 지명자료집은 대개 지명을 행정구역 별로 정리하여 종이책자로 간행하였기 때문에, 생산자의 입장에서 보면 자료의 수정과 갱신 등이 용이하지 않으며, 자료의 이용자 입장에서는 지명 검색 등에 불편한 점이 적지 않다. 바꾸어 말하면, 이러한 성과물들을 지명데이터베이스라고 하기는 곤란하다.

되어 있으며, 현재 전국적으로 약 2만 개에 달한다.
6) 해양지명은 '수로업무법'에 "자연적으로 형성된 해양·해협·만·浦 및 수로 등의 이름과 礁·堆·해저협곡·해저분지·해저산·해저산맥·海嶺 및 海溝 등의 해저지형의 이름"을 말한다고 규정되어 있다.
7) 국토해양부 산하 국립해양조사원에서 담당하며, 여기에 해양지명위원회가 구성되어 있다.

최근 들어, 정보기술 등이 비약적으로 발전하고 지명에 대한 관심이 더욱 고조되면서 국가기관이나 지방자치단체에서 종이자료에 비해 활용이 쉬운 전자화된 지명 데이터베이스를 제작하는 사례가 증가하고 있다. 가장 대표적인 것이 앞에서 언급한 국토지리정보원의 '지명정보 서비스'이다.[8] 이것은 지명 검색과 함께 해당 지명의 위치를 확인할 수 있는 지도까지 보여주는 등 여러 가지 장점을 지니고 있으나, 현재의 지명 그리고 남한 만의 지명만을 검색할 수 있으며, 지명이 속해 있는 구체적인 행정구역을 알아야 검색이 가능하다는 한계가 있다.

이러한 한계를 극복하기 위한 시도로, 고려대학교 민족문화연구원에서는 2004년부터 2007년에 걸쳐 남북한을 아우르며 조선시대의 지명까지를 담고 있는 자료들을 이용해 총 130만 개의 지명을 수록한 데이터

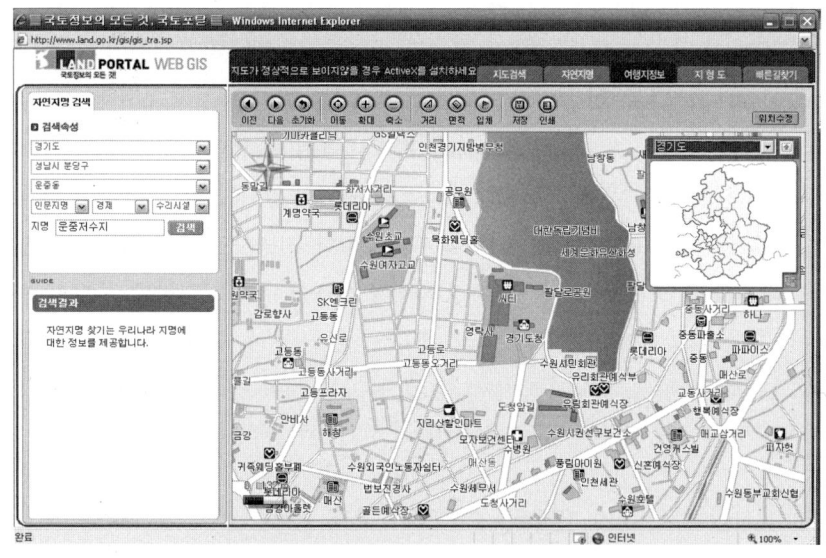

〈그림 1〉 국토지리정보원의 '지명정보서비스'

---

8) http://www.land.go.kr(국토해양부 국토지리정보원 국토포탈 서비스).

베이스를 구축하였다.9) 이 데이터베이스는 <해동지도>, <동여도>, <대동여지도> 등 고지도류, <구한말한반도지형도>, <일제시기 지형도> 등 근대지도류, 『한국지명총람』, 『조선향토대백과』 등 지명사전류에 실려 있는 다양한 지명을 망라한 우리나라 최대의 지명데이터베이스라는 점에서 높이 평가할 수 있다. <그림 2>와 같이 검색기능에 있어서도 전국적인 범위에서 지명의 통합검색이 가능하기 때문에 학술적으로 이용가치가 높다. 그리고 이용자의 필요에 따라서 시간, 공간, 유형 등으로 범주를 선택하여 검색하는 기능도 있다. 그러나 시간과 경비의 제약으로 인해 일제시기 지형도를 제외하고는 다른 자료들의 지명에 대한 위치비정 및 지도화 작업이 이루어지지 못했다는 한계가 있다.

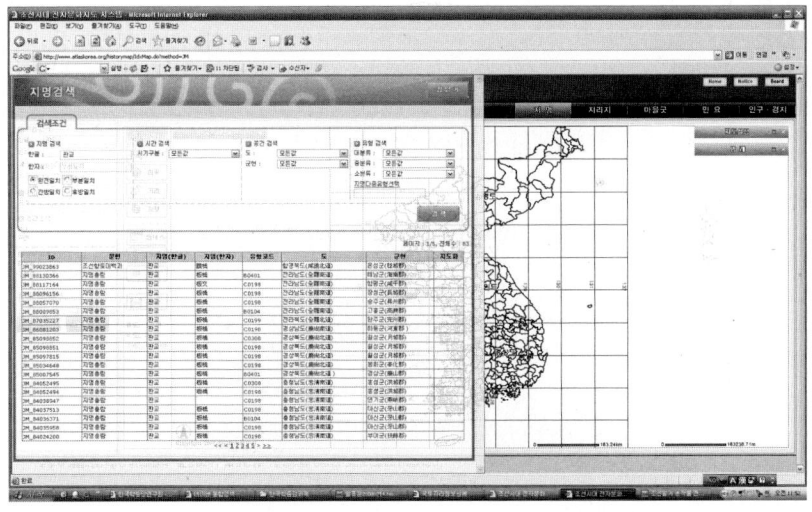

〈그림 2〉 고려대학교 민족문화연구원의 '지명 데이터베이스'

---

9) 이 데이터베이스는 2002년부터 2007년에 걸쳐 한국학술진흥재단의 기초학문과제 연구비 지원을 통해 수행된 '조선시대 전자문화지도 시스템' 구축의 일부로 진행되었다(http://www.atlaskorea.org/historymap).

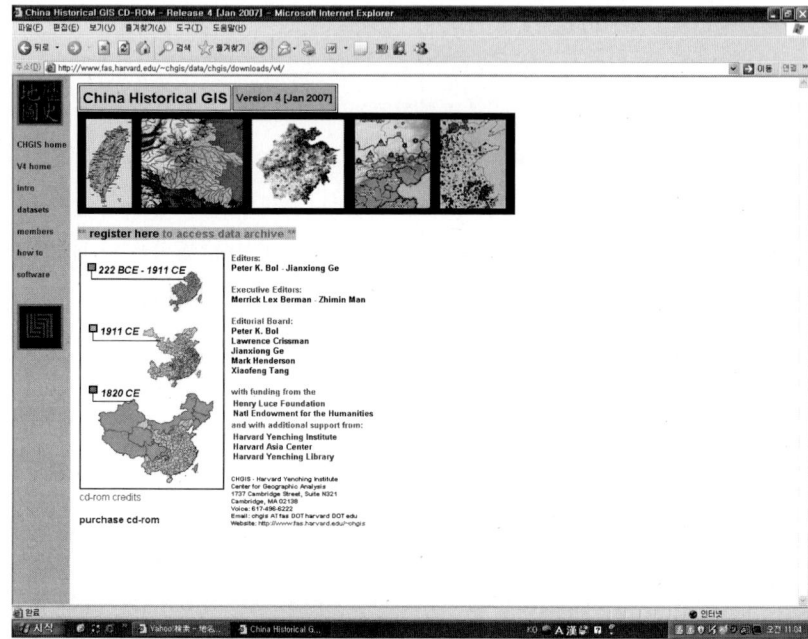

〈그림 3〉 'CHGIS'의 초기화면

가. 초기검색 화면

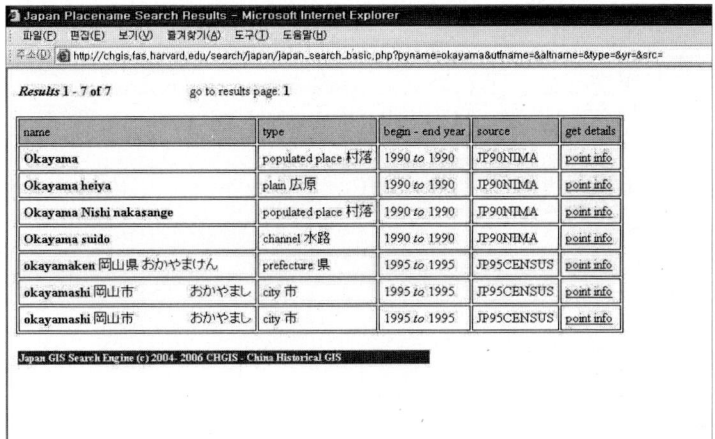

나. 'okayama' 검색결과 화면

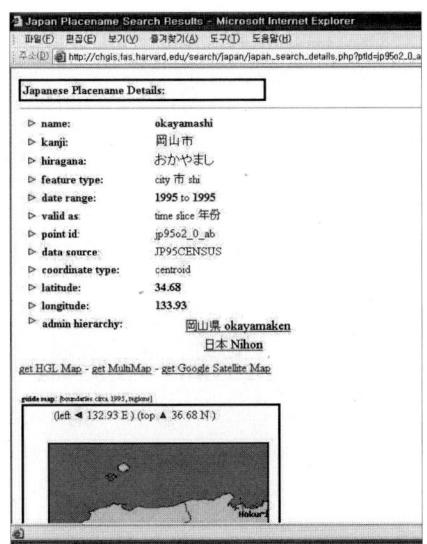

다. 'okayamashi' 상세정보

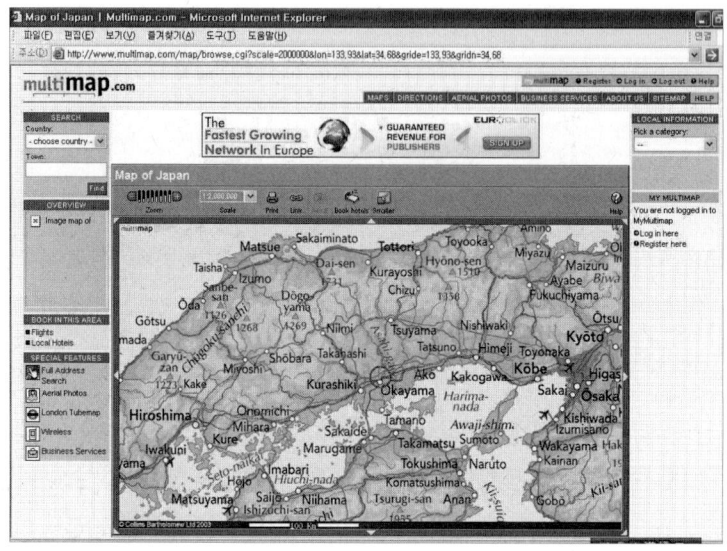

라. 지도연계 서비스 화면

〈그림 4〉 하버드대학의 'Japan Placename Database'

외국에서는 최근 들어 현대 지명 뿐 아니라 과거의 지명을 데이터베이스화하여 연구 자료로 활용하고자 하는 움직임이 일어나고 있다. 영국 Portsmouth대학교의 'Old Hampshire Gazetteer', 미국 Harvard 대학교의 Yenching 연구소와 중국 復旦大學 歷史地理硏究中心이 공동 수행한 'CHGIS(China Historical GIS)' 프로젝트 등이 좋은 예이다.10) 전자는 영국 햄프셔지방의 고지도 및 고문헌에 등장하는 지명을 데이터베이스화하고 이를 지도로 만드는 작업이다. 후자는 중국의 역사지명을 데이터베이스화하여 지명과 장소의 시·공간 변화를 추적할 수 있는 데이터베이스 모델을 구축하는 작업으로, 중국의 역대 행정지명을 데이터베이스화하고 이들의 변천을 지도로 확인할 수 있게 구축하였다.

---

10) http://www.fas.harvard.edu/~chgis(미국 하버드대학교 '중국역사GIS' 홈페이지).

미국 Harvard 대학교의 Yenching 연구소는 일본의 행정지명에 대한 데이터베이스도 구축하여 서비스하고 있다. 'Japan Placename Database'라고 불리는 이 데이터베이스는 그림 4의 '가'와 같이 검색창에 지명을 로마자, 한자 또는 일본어 히라카나로 입력하여 검색할 수 있으며, 시기도 지정할 수 있다. 검색 결과, '나'와 같이 일본 전국에 있는 검색 지명이 나오면, 이용자가 다시 특정한 지명을 선택하여 '다'와 같이 지명의 로마자, 한자, 히라카나 표기와 지명의 존재시기, 경위도 위치, 소속 행정구역 등을 확인할 수 있으며, '라'와 같이 지도와도 연동된다.

3. 새로운 지명데이터베이스 구축의 방향과 활용가능성

이상에서 살펴본 바와 같이 최근 들어 국내외에서 많은 종류의 지명데이터베이스가 구축되고 있다. 이들은 구축 목적에 따라 각기 다른 특징과 함께 나름의 장단점을 지니고 있어 앞으로의 지명데이터베이스 구축에 여러 가지 시사점을 주고 있다. 앞에서도 언급했듯이 지명데이터베이스의 구축은 한국학 연구의 기초자료를 마련한다는 의미를 지닌다. 나아가 지명이 국토의 변천과정을 담고 있다는 점에서 지명데이터베이스의 구축은 국토의 이력서를 작성하는 일이기도 하다. 이러한 기존 지명데이터베이스가 지닌 문제점을 고려하고, 지명데이터베이스가 한국학 연구의 기초자료와 국토의 이력서로서 기능할 수 있다는 점을 감안한다면, 앞으로 새롭게 구축되는 데이터베이스는 내용과 기능면에서 몇 가지 갖추어야 할 조건이 있다.

첫째, 데이터베이스가 담을 지명이 남북한을 포괄하여야 한다. 남한만의 지명데이터베이스는 우리 국토의 모습을 온전히 담을 수 없으며, 학술 연구에도 장애요소가 된다. 나아가 통일 이후를 대비한다는 측면에서도 북한까지 포함하는 지명데이터베이스가 구축되어야 한다.

둘째, 시기적으로는 현대의 지명정보뿐 아니라 과거의 지명정보까지를 담아야 한다. 우리나라는 오랜 역사만큼 많은 옛 지명을 가지고 있다. 우리나라의 지명은 『三國史記』 지리지에 행정지명이 기록된 이후, 각종 지리지와 지도 등 문헌자료에 정리되어 있다. 한편에서는 이 시간에도 정리되거나 기록되지 못하고 사라지는 지명도 적지 않다. 이러한 지명들을 모두 모아 체계적으로 정리해야만 국토의 변천과정과 그 속에 담긴 우리 조상들의 삶까지 엿볼 수 있는 자료가 될 것이다.

셋째, 새로운 지명데이터베이스는 단순한 지명의 집적에 그치지 않고 대축척의 전자지도와 연동되어야 한다. 지명은 특정한 위치나 장소에 존재하였거나 존재함으로써 의미를 가진다. 따라서 지명이 어디에 위치하는지 지도를 통해 확인이 가능하여야 그 자료적 가치가 높아질 수 있다. 역으로 지명데이터베이스의 전자지도는 자료 검색의 출발점이 될 수 있고, 몇 가지 부가기능을 추가하면 지명 분포 등을 분석하는 분석도구가 될 수 있다.

이러한 지명데이터베이스가 구축된다면, 이용자에 따라 다양하게 활용될 수 있을 것이다. 먼저 전자화된 지명사전으로서의 이용이다. 기존의 지명사전과 비교해 지명 데이터베이스는 몇 가지 장점을 지니고 있는데, 우선 꼽을 수 있는 것은 전자화된 자료이므로 검색이 매우 용이하다는 점이다. 또한 지역적으로는 남북한을 포함하고 시기적으로는 과거까지 소급되므로, 기존의 어떤 지명사전보다 방대한 지명정보를 담고 있으며 폭 넓은 검색이 가능하다. 가장 큰 장점은 전자지도와 연동된다는 점으로, 이용자가 찾는 지명이 어느 곳에 있는지 지도를 통해 정확한 위치 확인은 물론 지도상에서 재구성이 가능하다. 이를 테면 한 연구자가 임진왜란과 관련된 조선시대 사료를 읽다가 생소한 이름의 전적지를 발견하였을 경우, 그곳의 위치 확인 뿐 아니라 지도를 이용하여 주변 지형까지 파악함으로써 당시의 전투상황을 보다 정확하게 추정할 수 있을 것이다. 최근에는 연구자 뿐 아니라 일반인, 그리고 지방자치단체에서 지명에 많은 관심을 보이고 있다. 지방화시대를 맞이하여 지명이 지역문화를 이해하고 이를 활용하는 데 단초가 된다는 사실을 인식하였기 때문이다. 이에 따라 보다 많은 양의 정보를 담고 있고, 보다 손쉽게 이용할 수 있는 지명사전에 대한 수요가 크게 증가하고 있다.

둘째, 지명 데이터베이스는 지명 연구의 직접적 자료로 활용될 수 있다. 기존의 지명 연구는 대개 시·군 단위를 지역적 범위로 하는 경우가 많았고, 도 이상을 지역범위로 하는 연구는 드물었다. 연구자들이 의욕과 아이디어를 가지고 있어도 지명 자료의 방대함으로 인해 연구의 진척이 어려운 경우가 많았기 때문이다. 그런데 지명 데이터베이스는 방대한 자료를 담고 있을 뿐 아니라, 자료의 검색과 추출, 분류 등이 종이자료에 비해 훨씬 용이하여 매크로한 지명연구를 가능케 한다. 예를 들어 전국적으로 '谷'자가 붙은 지명이 얼마나 어디에 분포하는 지를 쉽게 확인할 수 있으며, 이 지명이 붙은 곳의 특징을 분석할 수도 있다. 또한 지명의 시대별 변천과정을 파악하는 것도 가능하여, 우리나라 지명이 시간 경과에 따라 어떻게 생성/소멸·확대/축소·분열/병합·이동/확산되어 왔는지를 연구할 수도 있다.

셋째, 지리학·역사학·민속학 등 관련학문의 기초자료로서의 활용이다. 지명 데이터베이스는 단순한 지명의 변천 확인부터 행정구역의 재구성, 자연 및 인문경관의 복원, 나아가 각종 자연 및 인문현상의 공간적 분포를 파악하고 이를 비교하여 지역의 지리적·역사적 특징을 밝히고 추론하는 근거자료가 될 수 있다. 예컨대 지금은 거의 사라져 버린 숲이나 늪지의 존재를 지명의 분포를 통해 확인할 수 있을 것이다. 또한 농작물과 관련된 지명을 수집하여 출현범위, 빈도 등을 분석하면, 과거 농작물의 재배범위, 세력권 등의 추정이 가능할 것이다.

넷째, 지명 데이터베이스는 문화현상들에 공간값, 즉 위치정보를 부여한다. 따라서 지명 데이터베이스를 통해 문화 현상에 공간값을 부여하면 바로 전자지도와 연동되고, 이를 통해 각종 문화현상에 대한 다양한 지역적 접근이 가능해진다. 바꾸어 말하면 문화연구가 보다 다양한 시·공간 스케일에서 이루어질 수 있는 것이다. 간단한 예로, 민요를 분석하는 데 있어 해발고도 200m를 기준으로 그 이상·이하 지역의 모심는 소리를 구분해 추출하여 비교할 수 있다. 또한 조선시대 시장들이 어디에 분포하는지, 즉 읍치, 하천과의 거리나 도로와의 관계 등을 지도를 통해 한 눈에 파악할 수 있을 것이다. 이처럼 지명 데이터베이스는 이용자의 관심과 아이디어에 따라 스스로 자료를 가공하고 재구성할 수 있는 연구도구로 활용될 수 있다.

4. 지명데이터베이스 구축 방법

지명 데이터베이스 구축의 주된 내용은 지명 관련 자료에 수록된 한반도의 주요 지명을 데이터베이스화하고 이것을 지도 위에 디지타이징함으로써 정확한 위치 정보와 과거부터 현재까지 지명 변동 정보를 제공하는 것이다. 모든 지명에는 공간 값이 부여되고, 행정지명·자연지명·인문지명으로 대분된 후 중분과 소분의 하위 체계를 갖는데, 이러한 유형분류는 앞에서 언급한 바 있다. 이렇게 모든 지명을 유형 분류하여 데이터베이스화하는 것이다.

또한 시기별로는 조선시대 지리지 및 고지도에 기초한 옛 지명에서부터 지명사전 및 일제시기와 현대의 1:5만 지형도에 기초한 일제강점기 및 현대의 지명에 이르기까지 시기별로 지명이 일목요연하게 정리된다. 이와 같이 시계열적으로 변천해 온 지명 데이터베이스의 구축과 함께, 각각의 지명을 베이스 맵 상에 디지타이징함으로써 조선시대의 행정구역이나 지명이 현재의 어디에 속하는지, 반대로 현재의 행정구역이 조선시대에는 어디에 속했는지를 구현할 수 있다.

지명 데이터베이스의 구축과정은 크게 텍스트의 선정, 데이터베이스의 구조 설계, 입력 프로그램의 개발, 정보의 입력, 지도화, 웹서비스 등의 과정을 거쳐 이루어진다. 그 과정을 좀 더 자세히 언급하면 다음과 같다.

가. 텍스트의 선정

지명 데이터베이스로 구축할 원자료, 즉 텍스트를 선정하는 것으로, 지명을 담고 있는 여러 가지 자료 가운데 지명사전류, 지리지류, 지도류 등을 중심으로 종합적인 검토를 통하여 텍스트를 선정한다.

나. 데이터베이스의 구조 설계 및 입력 프로그램의 개발

방대한 자료를 데이터베이스로 구축하고 이것을 원활하게 운영하기 위해서는 면밀한 데이터베이스 설계 작업이 이루어져야 한다. 데이터베이스의 구조 설계는 다른 한국학 관련 데이터베이스와의 연계성을 고려하여 표준화된 방식에 따른다.

입력 프로그램은 구조 부분의 변동가능성, 호환성 등을 고려하여 EXCEL과 ACCESS 등 기존의 도구프로그램과 함께 지도화와 관련해 ArcGIS 프로그램을 이용하여 고안한다.

다. 텍스트 내용의 교감

텍스트 내용의 교감은 데이터베이스의 정확성을 높이는 데 필수적인 작업이다. 특히 조선시대 지리지와 같은 자료는 이전 시기에 간행된 내용을 후대에 轉寫한 부분이 많으며 지명사전 등의 자료는 현지에서 채록한 지명이 많은데, 이 경우 전사 및 채록과정에서의 誤記나 내용의 변형도 적지 않다. 따라서 학술적 객관성을 확보하기 위해서는 텍스트 입력 전에 반드시 교감작업이 이루어져야 한다.

라. 정보의 입력

텍스트의 종류에 따라 지명 데이터베이스는 입력해야 할 지명의 양이 결정될 것이며, 텍스트의 내용에 따라 입력방법이 달라진다. 텍스트의 내용을 최대한 활용할 수 있도록 데이터베이스의 필드를 구성한다. 예를 들어 지명 유래 등이 기재되어 있는 경우, 그 내용을 모두 입력함으로써 연구 자료로써의 활용도를 높인다.

마. 입력 정보의 검수

텍스트의 입력이 끝나면 검수를 하게 되는데, 검수과정에서는 텍스트와 데이터 파일을 비교하여, 텍스트 또는 입력 상의 오류를 수정함으로써 데이터베이스의 신뢰도를 높이는데 주력하게 된다. 특히 필사본 자료는 略字·俗字·僻字와 흘려 쓴 글씨 등이 많아 이에 대한 확인이 필요하며, 필요시에는 현지답사를 통해 지명의 오류여부 등을 확인할 수도 있다.

바. 지도화

지명 데이터베이스에 입력된 지명 중 위치비정이 가능한 것은 모두 지도화되며, 이를 통해 정확한 위치정보가 부여된다. 지도화 작업은 1:5만 축척의 지형도를 기본도로 사용하여 진행하며, 완성된 지도는 일제강점기 지형도, 위성영상, 현대 전자지도와 연동되어 구현한다. 이것이 완성되면, 각종 문헌에 등장하는 대부분의 지명에 대한 위치 검색과 지도화가 가능해 질 것으로 보인다.

사. 웹서비스

이상과 같은 과정을 통해 지명 데이터베이스가 완성되면, 검수 및 시

험을 거쳐 연구자와 일반 대중에게 웹을 통해 공개한다. 웹 서비스는 정
보 입력이나 지도화 작업과 다른 또 하나의 큰 작업으로, 별도의 프로그
램을 개발해야 한다.

웹 서비스 시에는 가능한 한 이용자(User)가 원자료에까지 접근할 수
있도록 하여, 데이터베이스에서 필요한 자료를 직접 추출함으로써 정보
의 효용가치와 활용성을 크게 진작시킬 수 있도록 한다. 또한 외국 연구
자들의 이용 등을 위해서 지명을 로마나이즈(romanize)화하여 서비스하
는 것도 고려해야 한다.

5. 지명데이터베이스의 기초자료로서
『조선지지자료』의 의의

위의 데이터베이스 구축과정은 하나하나의 과정이 모두 중요하지만,
사실 데이터베이스 구축의 성패를 좌우하는 가장 중요한 요인은 그것이
담고 있는 자료의 양과 질이라 할 수 있다. 따라서 어떤 원자료 즉 텍스
트를 데이터베이스화할 것인지를 결정하는 것은 매우 중요하다. 앞서 언
급했듯이 새로운 지명 데이터베이스는 전국을 망라하며 과거까지 소급
되므로 이를 모두 충족시킬 수 있는 텍스트의 선정이 필요하다. 이러한
기준에 따라 지명데이터베이스에 수록되어야 할 텍스트는 크게 지리지
류, 지도류, 지명사전류 등이 있다.

地理誌는 자료의 성격 상 많은 지명이 수록되어 있다. 지명 데이터베
이스 구축에 이용될 수 있는 지리지는 『삼국사기지리지』, 『고려사지리
지』, 『세종실록지리지』, 『신증동국여지승람』, 『여지도서』, 『대동지지』
등과 같이 전국을 대상으로 하는 전국지리지와 府·牧·郡·縣이 편찬의
대상이 된 邑誌로 구분할 수 있다. 먼저 전국지리지부터 살펴보면, 『삼
국사기지리지』와 『고려사지리지』는 입력할 자료의 분량이 적고 내용도

단순한 편으로, 삼국 및 고려시대의 郡名과 그 異名, 간단한 연혁 등을
데이터베이스화한다. 한편 『세종실록지리지』는 약 8,000개, 『신증동국여
지승람』에는 약 2만 개의 지명이 수록되어 있으며,[11] 『여지도서』, 『대동
지지』 등도 『신증동국여지승람』와 비슷한 양의 지명을 담고 있는 것으
로 추정되는데, 이 책들에 포함되어 있는 모든 지명이 지리지 데이터베
이스에 수록되어야 할 것이다. 읍지는 전국지리지에 비해 훨씬 많이 발
간되어 거의 1,000여 종에 이른다. 전국지리지에 비해 각 지방의 지명을
더 많이 담고 있어 지명자료로서의 가치가 크나, 지역에 따라 이전시기
의 지리지를 그대로 전사하여 발간하는 경우도 있고, 아직 체계적인 정
리작업이 이루어지지 않아 데이터베이스화할 읍지의 선정작업이 선행되
어야 한다.

지도 또한 지명 데이터베이스 구축을 위한 필수 자료이다. 지명 데이
터베이스에 담겨질 지도로는 시기별로 『1872년 군현도』, 『대동여지도』
(1861년), 『동여도』(19세기 중반), 『청구도』(1834년), 『해동지도』(18세지
중반) 등 조선시대 고지도류, 『구한말 한반도 지형도』, 『일제시기 1:5만
지형도』 등 근대지도, 1:5만 지형도, 1:5천 기본도 등 현대지도를 들 수
있다. 이 지도들은 지도 안에 포함된 모든 지명이 지명 데이터베이스 구
축을 위한 입력 대상이 된다.

이 가운데 가장 중요한 자료는 『일제시기 1:5만 지형도』이다. 이 지
도는 일제가 국가기본도로 사용하기 위해 1914년부터 1918년 사이에 전
국을 1:50,000 축척으로 모두 722개 도엽으로 제작한 것인데, 일본 육군
참모본부 육지측량부에서 인쇄 및 발행하였고 저작권은 조선총독부가
소유하였다. 이 지도는 도엽에 따라 차이가 있으나, 도엽 당 평균 350여
개의 지명이 기재되어 있으므로 지명 데이터베이스에 수록될 지명은 총
25만 건에 이른다.

---

11) 건설부 국립지리원, 『지도와 지명』, 1982, 210~211쪽.

〈그림 5〉『구한말한반도지형도』,

漢城 도엽의 일부: 율도(栗島)의 한자 표기 옆에 가타가나로 한글지명
밤섬(バームソム)을 표기하였다.

한편 『구한말 한반도 지형도』는 이보다 앞선 1894년부터 1906년에
걸쳐 제작된 1: 50,000 축척의 지도로, 일본 육지측량부에서 파견한 간첩
대가 비밀리에 주로 목측에 의존해 신속하게 제작한 것이기 때문에 '略
圖' 또는 '軍用秘圖'라고도 불린다. 전국에 걸쳐 총 484매가 제작되었으
며, 함경북도 일원, 평북 일부 지역 등 대체로 인구밀도가 낮은 산악지대
와 측량이 힘든 해안 및 도서지역은 누락되어 한반도 전체의 4/7 정도만
을 포함하고 있다. 텍스트로서의 이 지도의 특징은 지도에 수록한 모든
지명을 일본식이 아닌 한국 고유의 이름으로, 그리고 한자로 표기할 수
없는 지명은 가타가나(カタカナ)로 표기하여 일제에 의해 훼손되기 이전
의 지명을 확인할 수 있다는 점이다. 『일제시기 1:5만 지형도』와 『구한
말 한반도 지형도』의 지명은 앞서 언급한 고려대학교 민족문화연구원의
지명데이터베이스에 이미 입력되어 있다.

현대지도에 수록된 지명도 반드시 데이터베이스화하여야 하는데, 이
부분은 국토해양부 국토지리정보원과의 협조를 통해 해결할 수 있을 것
이다. 특히 국토지리정보원은 공식적으로 우리나라 지명을 관리하는 정

부기관으로, 지명 데이터베이스 구축에 많은 관심을 가지고 있다. 따라서 자료 뿐 아니라, 지명 데이터베이스 구축사업에 기술적인 협조를 얻을 수 있다. 현대지도 가운데 1:5천 기본도는 골짜기, 들, 계류 등 자연지명의 명칭을 상세하게 수록하고 있으며 이들 지명은 지명정비사업을 통해 확정·고시된 것들이므로, 중요한 의미가 있다.

지명사전류는 지명 데이터베이스 구축에 가장 기본이 되는 자료이다. 현대 자료로는 먼저 『한국지명총람』을 들 수 있다. 이 자료는 한글학회에서 1966년부터 1986년까지 20년간 남한 전체의 지명을 조사하여 총 18권으로 발간한 것으로, 행정구역 별로 약 60만 개의 자연 및 인문지명들이 정리되어 있다. 이 자료가 남한의 지명을 집대성한 것이라면, 『고장이름사전』은 북한의 지명을 총 정리한 자료이다. 『고장이름사전』도 약 20년간의 자료조사를 거쳐 북한 사회과학원 언어학연구소에서 2000

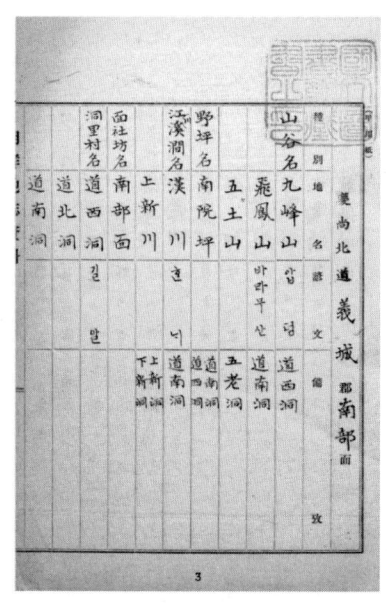

년 발간한 자료인데, 약 30만 개의 지명을 행정구역 별로 10권의 책으로 편찬한 것이다. 따라서 이 두 지명사전에 수록된 지명을 입력하면 현대의 남북한을 아우르는 지명 데이터베이스를 구축할 수 있다.

이러한 지명사전 가운데 가장 중요한 자료로 꼽을 수 있으며, 그래서 반드시 데이터베이스화해야 하는 자료가 있는데, 그것이 바로 『朝鮮地誌資料』이다. 이 자료는 현재 국립중앙도서관에 소장되어 있으며, 모두 54책에 달하는 방대한 양의 필사본으로 구성되어 있다.

〈그림 6〉 『조선지지자료』의 내용

『조선지지자료』는 책 내용 중에 편찬 시기나 편찬 기관 등이 분명하게 밝혀져 있지 않다. 이 책의 강원도 편 내용을 통해 편찬 시기를 유추한 연구에 따르면,[12] 『조선지지자료』는 1910년 10월부터 1911년 12월 사이에 편찬된 것으로 추정된다. 1년 남짓한 기간 동안 이러한 방대한 자료가 편찬될 수 있었던 것은 각 지역에서 동시다발적으로 지명을 조사한 결과로 여겨진다. 조사는 전국에 걸쳐 모든 지역을 조사한 것으로 생각되나, 현재 남아 있는 자료에는 함경남도와 함경북도가 빠져 있고 전라북도 편도 1책만 전해지고 있다. 그리고 자료의 조사 및 편찬기관은 그 내용이나 범위를 감안한다면, 조선총독부가 주관한 것으로 생각된다. 선행연구에 의하면,[13] 조선총독부가 조선임시토지조사국을 설치하여 우리나라에 대한 측지 및 지도 제작 사업을 하면서 지도에 수록될 지명의 정비가 필요해 지명을 조사하였으며, 그 결과물이 『조선지지자료』이다.

『조선지지자료』의 내용은 행정구역을 道·郡으로 나눈 뒤 항목을 정하였는데, 항목은 각 군 별로 種別/ 地名/ 諺文/ 備考로 구성되어 있다. 이 가운데 '종별'은 조사항목을 말하는데, 지명을 총 21개의 유형으로 분류하였다. 21개 유형은 山谷名·野坪名·川溪名·面名·洞里名·渡津名·浦口名·驛名·市場名·酒幕名·池名·洑名·堤堰名·嶺峴名·土産名·巖名·寺刹名·洞名·古碑名·古蹟名所名·院站名 등이다. '지명'은 한자지명을 말하며, '언문'은 지명을 한글로 적은 것이다. '비고'는 새로 편제한 일련 번호 식 지명을 적거나, 관련 사적이나 설화, 금석문 혹은 '今廢'와 같은 현재의 상황을 참고로 기재하였다.[14] 정리하면, 이 자료의 내용 상 특징

---

12) 신종원,「필사본 ≪朝鮮地誌資料≫ - 강원도를 중심으로」『강원도 땅이름의 참모습 - ≪朝鮮地誌資料≫ 江原道篇』, 경인문화사, 2007, 1~44쪽.
13) 김기혁·윤용출,「조선 - 일제강점기 울릉도 지명의 생성과 변화」『문화역사지리』18(1), 2006, 38~62쪽.
14) 신종원,「필사본 ≪朝鮮地誌資料≫ - 강원도를 중심으로」『강원도 땅이름의 참모습 - ≪朝鮮地誌資料≫ 江原道篇』, 경인문화사, 2007, 2~3쪽.

은 20세기 초 전국의 거의 모든 유형의 지명을 실제로 조사하여 수록하였다는 방대함과 더불어, 한글이름과 한자이름을 모두 조사하여 일제에 의해 우리 고유의 지명이 한자화되거나 왜곡되기 이전의 상황을 담고 있다는 점이다.

따라서 『조선지지자료』는 지명데이터베이스 구축의 가장 기본 자료로 활용되어야 하는데, 자료가 가진 특성 상 데이터베이스화 할 때 몇 가지 유의해야 할 사항이 있다. 먼저 전국에서 동시다발적으로 조사 작업을 한 결과, 기재방식이나 순서가 지역에 따라 다른 경우가 있고 편집상의 착오나 오류도 발견된다. 따라서 1914년 전면적인 행정구역 개편 이전과 이후의 전국의 행정지명을 망라한 『新舊對照 朝鮮全道府郡面里洞名稱一覽』 등과 비교하여 행정구역의 착오와 오류 등을 미리 수정해야 한다. 둘째, 자료가 인쇄본이 아닌 필사본이기 때문에, 그리고 여러 사람에 의해 작업이 이루어졌기 때문에 글자 표기상의 통일성이 없고 약자, 속자, 벽자 등이 섞여 있으며 흘려 써서 판독이 쉽지 않은 부분도 많다. 따라서 데이터베이스화 과정에서 엄정한 교열 및 윤문작업이 필요하다.

이러한 과정을 거쳐 『조선지지자료』가 데이터베이스화된다면, 그것이 지니는 의의는 매우 크다. 20세기 초의 우리나라 지명을 유형별로 집대성하였다는 점, 그리고 우리 고유의 땅이름을 한글로 파악할 수 있다는 점에서 다른 지명 데이터베이스와는 비교할 수 없는 가치를 지니게 된다. 특히 그 이전의 조선시대 지리지와 고지도에 수록된 지명이 모두 한자지명이라는 점과, 일제강점기 이후의 지명자료는 일제에 의해 변화·왜곡된 결과를 담고 있다는 점에서 『조선지지자료』의 데이터베이스화는 우리 국토의 이력서 가운데 가장 중요한 경력을 복원하는 과정이라 할 수 있다.

6. 맺음말

지금까지 살펴 본 바와 같이 지명 데이터베이스는 우리 국토와 이를 기반으로 생활해 온 우리 민족의 삶을 이해하는 데 가장 기초가 되는 자료원이며, 초등학생부터 전문연구자에 이르기까지 모든 사람들이 다양한 목적과 방법으로 활용할 수 있는 도구이다. 지명데이터베이스가 이러한 자료원, 그리고 도구가 되기 위해서는 지역적으로는 한반도 전체를 포괄하고 시기적으로는 과거까지 소급되는 기존의 어떤 지명사전보다 방대한 지명정보를 담아야 하며, 이를 위해서는 지명을 담고 있는 다양한 자료를 데이터베이스화해야 한다. 그 가운데서도 『조선지지자료』는 자료적 가치로 볼 때, 다른 자료보다 데이터베이스화가 선행되어야 한다.

이러한 지명 데이터베이스의 구축은 입력해야 할 자료의 방대함과 교감 및 교정, 위치비정, 지도화 등 복잡하고 지난한 작업과정 때문에 많은 시간과 노력, 그리고 전문적인 지식이 투여되어야 하는 작업이다. 그러므로 개인이나 학술단체 등은 쉽게 착수할 수 없는 과제이기도 하다. 그러므로 국가적인 차원에서 정부기관이 주도하고 다양한 학문분야의 연구자가 참여해 작업이 진행되는 것이 가장 이상적이며, 그것이 어려울 경우, 시·도 단위에서라도 지명 데이터베이스 구축작업이 빨리 이루어져야 할 것이다.

〈참고문헌〉

國立地理院, 『地名 由來集』, 國立地理院, 1987.

國立地理院, 『韓國地名要覽』, 國立地理院, 1982.

國立地理院, 『地圖와 地名』, 國立地理院, 1982.

『朝鮮地誌資料 江原道篇』, 2007.

김기혁·윤용출, 2006, 「조선 - 일제강점기 울릉도 지명의 생성과 변화」 『문화역사지리지』 18(1), 38~62.

신종원 편, 『강원도 땅이름의 참모습- 朝鮮地誌資料 江原道篇』, 경인문화사, 2007.

사회과학원 언어학연구소, 『고장이름사전(1-12권)』, 과학백과사전출판사, 2001-2002.

양보경 외, 『지명 표준화 방안 연구』, 건설교통부 국토지리정보원, 2005.

한국문화역사지리학회, 『지명의 지리학』, 푸른길, 2008.

한글학회, 『한국 지명 총람(1-12)』, 1966-1979.

김종혁, 「"구한말 한반도 지형도"의 데이터베이스의 구축과 활용」, 한국문화역사지리학회 2006년 심포지엄 자료집, 2006, 93-100.

정치영, 「마을명 분석을 통한 마을 입지 및 지역성 연구: 경기도와 함경도의 비교」 『문화역사지리』 17(2), 2005, 58-73.

酒幕의 성격과 경기지역의 주막 분포 양상

허원영

(한국학중앙연구원)

1. 서 론

주막은 손님들에 술과 음식을 판매하고 여행자를 위해서는 숙소를 제공하는 민간의 음식점이자 숙박업소였다. 주막은 조선후기 이후 전국적으로 場市가 발달 하는 등 민간의 상업활동이 성장하면서 유동인구가 증가함에 따라 함께 성장해 갔다.

16세기 중엽 이후 관영 음식점인 院을 대체하며 등장한 주막은 전국적으로 장시가 설치되면서 상업적인 이동이 증가한 18세기에는 본격적인 양상으로 자리를 잡게 되었다.[1] 그리고 19세기가 되면 일반 여행자의 여행에 아무런 불편이 없을 정도로 주막은 전국 곳곳에 생겨나게 되었다.[2]

인구의 활발한 이동을 배경으로 하는 주막은 동시에 다양한 정보들이 소통되는 공간이자, 여론이 형성되고 확산되는 공간이기도 하였다. 그리

---

1) 주영하, 「'주막'의 근대적 지속과 분화 - 한국음식점의 근대성에 대한 일고 (一考) - 」 『실천민속학연구』 제11호, 2008, 10~16쪽.
2) 羅鍾宇, 「傳統 宿泊施設의 變遷 - 韓末 서울을 中心으로 - 」 『鄕土 서울』 37, 1979, 119~120쪽.

고 주막의 이러한 기능은 사람들이 모여드는 장터나 교통의 요지에 입지
한 주막에서 보다 활발하였다. 이러한 연유로 주요 장터에 위치한 주막
들은 일제 강점 초기 총독부권력의 주요 민정수집대상이기도 하였다.3)

　이와 같은 주막은 당시의 교통 및 상업 상황을 반영하며, 상권이나
정보망의 형성과 같은 당대 사람들의 생활권과도 밀접하게 연관되어 있
다. 그러므로 주막의 분포와 양상에 대한 검토는 당시의 생활권에 대한
중요한 지표가 될 수도 있을 것이다.

　이 글에서는 ≪朝鮮地誌資料 - 京畿道篇 - ≫을 통하여 확인할 수 있
는 경기지역의 주막 분포와 양상을 검토함으로써 이러한 문제의식에 대
한 가능성을 타진해 보려 한다. 여기에서의 분석은 경기라는 광범위한
지역을 대상으로 하는 만큼 특정 촌락이나 시장권을 대상으로 하는 구
체적이고 실증적인 분석은 아니다. 이 글의 일차적인 목적은 ≪조선지지
자료 - 경기도편 - ≫을 통하여 당시 경기지역의 주막지도를 재구성하는
것이다. 그리고 이를 개괄적으로 검토함으로써 그 특성을 알아보고, 나
아가 보다 구체적인 분석의 가능성을 검토함으로써 그 분석의 토대를
확보하고자 한다.

　그 전에 해당 검토에 앞서 주막의 성격을 다시 검토하려 한다. 현재
우리가 알고 있는 주막의 모습은 구술 및 각종 단편적인 기록류 사료들
의 내용을 토대로 한다. 이는 우리가 알고 있는 주막의 모습이 실제의
사회경제적 분석에 기반한 것이 아니라, 과거의 기억이나 이미지에 크게
의존함을 의미하는 것이다. 이에 주막 운영 주체의 사회경제적 상황에
대한 사회분석을 통하여 주막의 구체적 모습을 검토하고자 하는 것이다.

----

3) 현재 국회도서관에는 1910년대 초반 충청남도 내에 배치된 헌병경찰이 장날
　에 주막에서 수집한 민정을 수록한 『酒幕談叢』이란 자료가 남아 있다. 『주
　막담총』에 대해서는 마쓰다 도시히코의 「『酒幕談叢』을 통해 본 1910년대
　조선의 사회상황과 민중」(김농노 외, 『일제 식민지 시기의 통치체제의 형성』,
　2006, 혜안)을 참고할 수 있다.

여기에서는 전라남도 구례군 토지면에서 1890년대에 작성된 ≪吐旨面
家座冊≫의 분석을 통하여 주막의 성격을 실증적으로 검토해 볼 것이다.

2. 주막의 입지와 운영 주체의 사회경제적 성격

조선후기 상인과 개인들의 이동이 활발해 짐에 따라 발달하기 시작
한 주막은 19세기 후반이 되면 전국적으로 널리 설치되었다. 주막이 입
지한 대표적인 장소로는 가도 주변, 시가지, 도읍, 선착장, 장터, 큰 고개
밑, 광산촌 등이었다. 그러나 주막은 어지간한 마을이라면 모두 존재했
으며 남녀노소와 신분의 귀천을 불문한 모든 이들의 이동에 장애가 없
을 정도로 곳곳에 설치되었다.4)

여기에서는 1890년대 전라도 구례군 토지면에 존재하였던 주막들의
모습을 살펴보고자 한다. 이를 통하여 주막이 구체적으로 자리한 입지는
어떠했으며, 그 운영주체의 사회경제적인 성격은 어떠했는지 알아보려
한다. 물론 1890년대에 존재한 전라도 구례군 일개 면의 사례를 통하여
보편적인 주막의 모습을 대변하는 것은 한계가 존재할 수밖에 없다. 시
대와 장소 및 운영주체에 따른 다양성의 검토라는 측면에서의 약점은 가
장 큰 문제이다. 그러나 하나의 사례이자 구체적 분석으로서 비교의 준
거점을 제공할 수 있다는 점에서 이 장의 분석은 유효하다고 할 수 있다.

---

4) 羅鍾宇,「傳統宿泊施設의 變遷－韓末 서울을 中心으로－」『鄕土서울』37,
   1979, 118~119쪽 ; 今村鞆,『(訂正3版)朝鮮風俗集』, ウツボヤ書籍店, 1919,
   271쪽(주영하,「'주막'의 근대적 지속과 분화－한국음식점의 근대성에 대한
   일고(一考)－」『실천민속학연구』제11호, 2008, 7쪽 재인용) ; 裵桃植,『韓
   國民俗의 現場』, 集文堂, 1993, 22~25쪽 ;『(國譯)韓國誌』, 韓國精神文化硏
   究院, 1984, 233쪽.

1) 1890년대 전라도 구례군 ≪吐旨面家座册≫ 소개

이 장에서 분석의 주요 대상으로 삼은 자료는 1890년과 1895년에 전라도 구례군 토지면에서 작성한 2건의 <가좌책>이다. 표지의 제명은 ≪庚寅八月日 吐旨面家座姓名成册≫과 ≪乙未四月日 吐旨面家座册≫이다.5)

가좌책은 조선시대 국가의 공식 호구파악대장인 戶籍과는 별개로 부세와 군역의 징수 등 수령의 각종 행정에 참고할 기초자료로서 각 군현에서 필요에 따라 작성한 것이다. 호적이 戶總과 口總의 총액제적 작성과 실제 운영상의 문제로 인하여 戶口의 누락과 編合이 일상적으로 발생하였음에 비하여, 가좌책은 가좌를 단위로 하여 상당히 엄밀하게 작성하였다. 이에 대하여 정약용은 "지금 戶籍은 비록 寬法으로 작성하더라도 家座는 반드시 覈法으로 작성하여야 한다."6)라고 하여 그 차이를 분명히 하였다.

내용에 있어서도 호적과 가좌책은 상당한 차이를 보인다. 호적은 호를 단위로 하여 그 구성원의 主戶와의 관계, 職役, 姓名, 연령 및 간지, 본적, 4조 등 호를 구성하는 개인들에 대한 정보만을 담고 있다. 반면 가좌책은 사람들이 실제 거주하는 가좌를 단위로 작성토록 하였으며, 개인정보는 호적에 비해 간략한 반면 業과 부세량 및 경제력 등을 파악토록 하였다.

정약용은 『목민심서』에서 가좌책을 經緯表로 작성하여 활용도를 높이도록 권장하면서 20여개의 조사항목을 제시하였다. 그 조사항목은 호주의 성명을 대표로 하여 "品"(신분), "世"(대를 이어 거주한 主戶의 경우 거주한 세대의 수), "客"(타지에서 이거해 온 客戶의 경우 예전 거주지와 거주 햇수), "業"(생업의 유형), "役"(역의 종류와 액수), "宅"(가옥

---

5) 한국학중앙연구원 장서각 MF 35-005093.
   이 자료들에 대해서는 李鍾範이 「19세기 후반 賦稅制度의 운영과 社會構造 - 전라도 구례현 사례 - 」(『동방학지』 89·90 합집, 연세대학교 국학연구원, 1995)에서 개괄적 설명과 분석을 수행하였다.
6) 丁若鏞, 『牧民心書』「戶典 六條」戶籍條.

의 종류와 규모), "田"(전답의 규모), "錢"(금전 보유액), "丁"(남정의 수), "女"(여정의 수), "老"(노인의 성별과 수), "弱"(어린이의 성별과 수), "恤"(救恤대상 여부와 명목), "奴"와 "婢"(노비와 雇工의 수), "鍾"(나무의 종류와 수), "畜"(가축의 종류와 수), "船"(배의 규모와 수), "銼"(가마의 종류와 수) 등 매우 자세하다.

여기서 다루고자 하는 토지면의 <가좌책>은 정약용이 제시한 모든 항목을 조사하지는 않았지만, 경제력의 측면에 있어서는 보다 자세한 내용을 담고 있다. 다음은 1890년 <가좌책> 중에서 把道里 林魯洛의 가좌를 사례로 제시하고, 기재양식을 정리한 것이다.

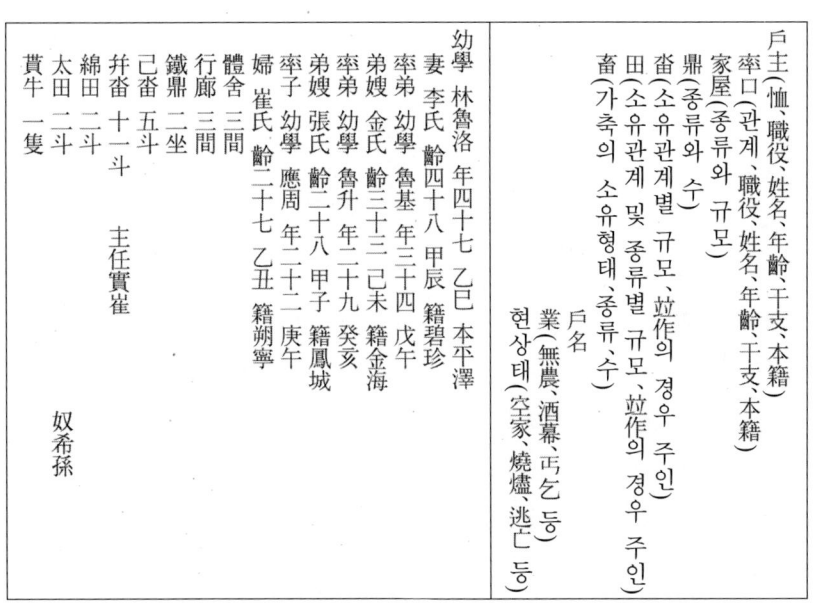

토지면의 <가좌책>은 각 洞里별로 가좌를 단위로 하여 위와 같은 형식으로 기재되었다. 우선 호주에 대하여 직역과 성명, 연령 및 출생간지, 본적의 순으로 기록하였다. 그리고 과부나 홀아비와 같이 救恤의 대상인 경우에는 맨 앞에 "鰥"과 "寡" 등으로 그 내용을 기록하였다. 이어서 구성원에 대하여 호주와의 관계를 먼저 서술한 후 호주와 동일한 순서대로 내용을 기록하였다. 이어서 경제력에 대한 내용을 항목별로 서술하였다.

거주 가옥에 대해서는 두 채 이상으로 구성된 경우 본채와 행랑채를 각각 나누어 그 규모를 기록하였으나, 대부분이 해당하는 초가 단독의 경우는 "草舍○間"으로 가옥의 종류와 규모를 기록하였다. 이어서 가마를 기록하였는데, 鐵鼎과 土鼎을 구분하여 그 수를 적었다. 그리고 소유 및 경작 농지를 기록하였다. 우선 논과 밭을 구분하였고, 그것을 다시 자기 소유(己)와 타인 소유(幷)로 분간한 후 그 규모를 마지기를 단위로 기재하였다. 타인 소유인 경우 실 소유자를 하단에 기록하였으며, 밭의 경우는 경작물에 따른 밭의 종류를 기록하였다. 마지막으로는 소유하고 있는 가축의 종류와 소유여부 및 수를 기재하였다.

각 가좌기록의 하단에 "奴○○"라는 기록이 다수 존재하는데 이는 소유 노비를 기록한 것이 아니라 戶名을 기록한 것이다. 호명은 상업적 거래나 소송, 量案상의 소유주 기재, 부세와 군역 등의 납부에 있어서 해당 家戶를 대표하는 명칭이다. 이와 함께 해당하는 경우에 한하여 가좌의 생업과 관련한 사항이 부가된 경우가 있다. 토지를 보유 및 경작하면서 농업을 생업으로 하는 대부분의 가호 이외의 경우, 농사를 업으로 하지 않으면 "無農"이라 기록하였고, 특정한 생업이 없이 구걸로서 연명하는 경우 "丐乞"이라고 하여 그 내용을 표시하였다. 그리고 주막을 운영하는 경우에도 "酒幕/酒店"으로 기록하여 그 사실을 분명히 하였다. 바로 이 "酒幕/酒店"의 기록을 통하여 구례군 토지면에서 주막을 운영했던 사람들이 누구였으며, 그들이 어떠한 사회경제적 성격을 지닌 존재들이었는지를 알 수 있다. 그 밖에 空家, 燒燼, 逃亡 등의 경우에는 그 사실을 추가하였다.

물론 <가좌책> 역시 실제로 존재했던 모든 가좌를 하나도 남김없이 있는 그대로 파악한 것은 아니며 누락된 가좌가 존재하였다. 그러나 "無

農"이나 "丐乞"의 경우까지 파악한 것으로 보아 호적에 비해서는 상당
히 정확하게 파악했던 것으로 볼 수 있다. 특히 1895년 <가좌책>의 경우
는 빈집("空家")과 불에 타거나 훼손된 집("燒燼/毀家")까지도 파악하였
으며, 책의 뒷부분에 "家座漏戶秩"이라 하여 조사에서 누락된 가호를 재
조사하여 수록하는 등 매우 철저하게 조사가 이루어졌다.

2) 구례군 토지면의 사례를 통해 본 주막의 입지

여기에서는 토지면의 <가좌책>과 ≪조선지지자료≫에 등재된 주막
기록을 통하여 주막의 구체적인 입지를 검토한다. 다음의 <표 1>은 2건
의 토지면 <가좌책>과 ≪조선지지자료≫의 구례군 토지면의 주막 현황
을 나타낸 것이다.

〈표 1〉 구례군 토지면의 주막 현황

출전	1890년 〈가좌책〉	1895년 〈가좌책〉	≪조선지지자료≫		
주막 수	13	7	16		
주막 위치	九萬里 2(酒店) 陶山里 1(酒店) 下竹里 2(酒店) 陽岸里 1(酒店) 龍頭 4(酒店) 松亭 2(酒店), 1(店幕)	九萬里 2(酒店) 龍頭 3(酒店) 外洞 2(酒店)	舟峙 松亭 鳶谷 造塔 油木亭 田燈	九亭 外漢 竹川 長承 下可店 (種別 "酒幕名")	加幕亭 머리 津邊 桐栢川 薪田

※ "( )" : 주막에 대한 자료내의 호칭

1890년과 1895년의 <가좌책> 및 ≪조선지지자료≫를 통하여 확인할
수 있는 토지면의 주막은 각각 13개소, 7개소, 16개소이다. 이와 같은 주
막의 수는 일개 면으로서는 상당히 많은 수이다. ≪조선지지자료≫에 보
이는 구례군 내 다른 면들의 경우를 보면, 縣內面이 7개소로 가장 많고,
古達面과 外山面이 6개소, 文尺面과 馬山面 및 龍江面이 5개소, 艮田面

과 中方面 및 內山面이 3개소, 放光面과 所義面이 2개소의 주막기록을
보여준다. 경기도의 경우를 봐도 한 면에서 가장 많은 주막을 확인할 수
있는 지역은 장단군의 江西面으로 9개소에 불과하다.

이러한 정황을 볼 때 토지면에는 상당히 많은 주막이 소재하였다고
할 수 있다. 그 이유는 토지면이 지닌 내륙 교통의 요지로서의 입지가
크게 작용하였다고 볼 수 있다. 구례군은 지리산 기슭의 내륙 산지이지
만 섬진강을 끼고 있으며, 도로를 통하여 남으로는 순천, 북으로는 남원
과 연결된다. 또한 동으로는 경상도의 하동군과도 섬진강 및 도로를 통
하여 연결된다. 하동과 구례를 연결하는 도로 및 섬진강은 경상남도 서
부지방과 전라남·북도의 물산이 유통·거래되는 주요한 교통로였다. 구례
군 내에서도 하동과 연결되는 지역에 위치한 지역이 바로 토지면이었다.

그렇다면 실제 주막의 분포는 자료에 따라 어떻게 나타나는지 살펴보
도록 하자. 다음의 <그림 1>은 1918년에 조선총독부에서 간행한 1/50,000
地形圖를 토대로 자료별 주막의 소재 동리를 표시한 것이다.[7]

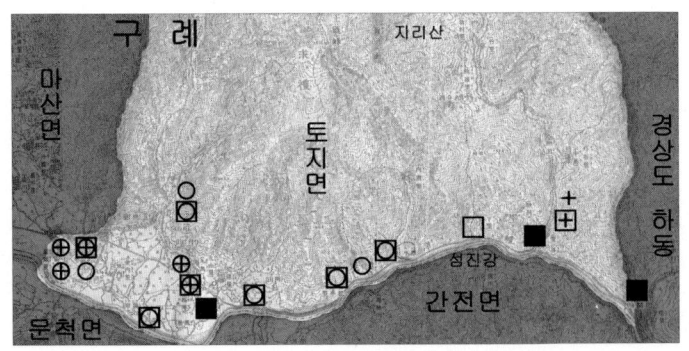

〈그림 1〉 구례군 토지면의 주막 분포

○ 1890년 <가좌책>의 주막(13개소) + 1895년 <가좌책>의 주막(7개소)
□ 《조선지지자료》의 주막(9개소, 7개소 미상) ■ 場市

7) 朝鮮總督府 編, 『(近世)韓國五萬分之一地形圖』(경인문화사 영인본).

1890년과 1895년의 <가좌책>은 동리별로 기록되었기 때문에 모든 주막의 위치를 파악할 수 있다. 그러나 ≪조선지지자료≫에는 단지 주막의 이름만을 기록하였기 때문에 9개의 주막에 대해서만 위치를 파악할 수 있었다.[8)]

위 그림을 통해서 볼 수 있듯이 토지면의 주막은 남쪽, 구례와 하동을 잇는 섬진강과 주요 도로 주변에 집중적으로 분포한다. 이는 장시 역시 마찬가지이다.[9)] 이와 같은 주막과 시장의 분포는 양자가 사람과 물산의 이동을 요구한다는 점에서 당연한 것이라 하겠다.[10)]

배도식의 경우 주막의 입지에 대해서는 "大處의 경우, 人家와 붙어있거나 酒幕거리를 이루는 경우가 많았으나, 村酒幕의 경우는 외따로 있는 경우가 많았다."고 언급하였다.[11)] 토지면의 경우 "大處"라기보다는 "村"에 해당한다. 그러나 <그림 1>을 통하여 실제 주막의 입지를 검토한 결과는 이와는 일치하지 않는다. 규모의 차이는 있지만 여러 人家들이 모여 촌락을 이룬 곳에 주막도 위치한 것으로 확인된다.

<가좌책>의 기록을 봐도 주막의 기록은 대체로 다른 가호들과 뒤섞

---

8) ≪조선지지자료≫에 등재된 주막의 소재를 파악하기 위해서는 위 지도 및 『한국지명총람』(한글학회 편, 1966)을 활용하였다. 위치를 파악하지 못한 7개의 주막은 造塔, 長承, 桐栢川, 油木亭, 下可店, 薪田, 田燈이다.

9) 토지면에는 土旨場과 鷰谷場이 있었고(『한국지명총람』), 토지면과 접한 하동의 塔里에 花開場이 존재하였다.

10) 위치를 파악하지 못한 ≪조선지지자료≫의 주막 7개소 가운데 일부는 토지면의 중북부 산로에 위치하는 것으로 추정된다. "油木亭"의 경우 '전나무몰랑'이라는 산 근처에 위치한 것으로 추정되며, 이는 토지면의 북동부지역으로 하동군으로 넘어가는 산로가 있는 지역이다. "薪田"의 경우도 "산밭재" 인근이 아닌가 생각되는데, 이 지역은 토지면의 북서쪽에 위치한 지역으로 마산면으로 건너가는 산로가 있는 지역이다. <그림 1>에서 가장 상단의 양끝부분이 이 두 지역 근처에 해당한다. 그러나 이는 어대까지나 추정에 의한 것이므로 <그림 1>에서는 배제하였다.

11) 배도식, 「옛 酒幕의 民俗的 考察」『한국민속학』 15, 민속학회, 1982, 88쪽.

여 나타난다. 1890년과 1895년 <가좌책>에 각각 1건씩의 경우가 동리의 마지막 가좌로 주막이 기록되어 촌락에서 외떨어져 존재했을 가능성을 시사한다. 그러나 이 두 경우를 제외한 나머지 경우는 그렇지 않다.

결국 구례군 토지면의 사례는 촌지역이라 할지라도 대부분의 주막은 촌락에 입지하였다는 사실을 보여준다. 그러나 이와 같은 사실은 의외이기보다 주막의 영세성과 불안정성을 가정할 때 오히려 타당한 모습일 것이다. 일정한 안정성이 뒷받침되는 경우에는 주막업을 전업으로 하면서 촌락과 별개로 동떨어진 주막이 위치할 수 있다. 그러나 <표 1>과 <그림 1>을 통해서 알 수 있듯, 토지면의 주막들은 그리 안정적으로 유지되지 못하였다.

세 자료에서 실제 주막을 운영한 주체가 지속성을 지니는가의 문제를 논외로 하고 다만 동일 입지에 위치한 경우만 보더라도 주막의 연속성이 상당히 약하다는 사실을 알 수 있다. 1890년에 존재한 13개의 주막 가운데 5개 주막만이 1895년까지 동일한 동리에 존재하고 있음을 확인할 수 있다. ≪조선지지자료≫의 작성시기에 해당하는 1910년까지는 단 2개만을 확인할 수 있을 따름이다. 이와 같이 주막이 지속적으로 유지되지 못하는 것은 주막 운영 주체의 영세성과 불안정한 사회경제적 상황이 배경에 놓여 있기 때문이라 보이며, 이에 대해서는 이어지는 다음 절에서 보다 자세히 다루고자 한다. 주막의 구체적 입지를 최종적으로 정리하면, 촌락에서 외따로 있었던 주막도 일부 존재했지만, 많은 경우의 주막은 사람과 물산의 이동이 이루어지는 지역의 촌락에 입지하였다고 할 수 있다.

3) ≪吐旨面家座冊≫에 나타난 주막 운영 주체의 사회경제적 성격

주막의 경영을 말할 때 가장 먼저 떠오르는 대상은 "酒母"라 부르는 여성이다. 주모는 주막 경영의 중심으로, "일찍 과부가 된 여인이거나,

과거에 妓女였거나, 남편이 있어도 벌이가 시원찮거나 실업의 상태인 집의 아낙"으로 이해된다.[12] 반면 1909년 당시 조선통감부의 일본인 경찰이었던 이마무라 도모에(今村鞆)는 주막의 '영업자는 누군가의 妾인 경우가 대부분'이라고 말하였으며, 주막에 대해서는 '소자본으로 비교적 이익을 낼 수 있는 사업'이라 언급하였다.[13]

여기서는 구례군 토지면의 두 <가좌책>을 통하여 주막 운영 주체에 대한 이상의 단편적인 서술들을 검토하고, 보다 구체화하고자 한다. 또한 앞에서 가정한 주막의 영세성과 불안정성에 대하여도 실증적으로 검토한다. 분석 지역이 지리산 기슭에 자리한 구례군 토지면인 만큼 모든 주막의 상황을 대변하기에는 무리가 따른다. 특히 대규모의 물산과 인구 이동이 발생하는 주요 도회지나 상업 중심지에 입지한 주막의 경우는 사회경제적 처지가 토지면과는 상당한 차이를 보일 수도 있다. 그러나 당시 전국 곳곳에 존재한 주막들의 다수는 토지면의 그것과 유사한 성격을 지니지 않을까 생각한다. <표 2>는 구례군 토지면 <가좌책>에서 확인할 수 있는 주막을 운영하는 가호에 대한 기록을 정리한 것이다.

<표 2> 〈가좌책〉의 구례군 토지면 酒幕戶 기재현황

洞里	戶主	1890년 <가좌책>	1895년 <가좌책>
九萬	金在隱	酒店, 無農, 奴 日今 閑良 59세, 妻 安姓 59세, 子女 無 草家 2間, 鐵鼎 1坐, 田畓 無	酒店, 無農, 奴 日今, 燒爐 閑良 64세, 妻 安姓 63세, 子女 無 草家 3間, 土鼎 2坐, 田畓 無

(표 상단 구분: 酒幕, 無農, 戶名, 기타 상태 / 戶主 및 구성원 / 家屋, 鼎, 田畓)

---

12) 배도식, 「옛 酒幕의 民俗的 考察」 『한국민속학』 15, 민속학회, 1982, 94쪽.
13) 이와 같은 이마무라 도모에의 언급은 내용상 도회지 등의 주요 지역에 존재한 주막에 대한 것으로 보인다(今村鞆, 『(訂正3版)朝鮮風俗集』, ウツボヤ書籍店, 1919, 271쪽(주영하, 「'주막'의 근대적 지속과 분화—한국음식점의 근대성에 대한 일고(一考)—」 『실천민속학연구』 제11호, 2008, 8쪽 재인용)).

	金召史	酒店, 無農, 奴 今德 寡婦 43세, 子女 無 草家 2間, 鐵鼎 1坐, 田畓 無	酒店, 無農 寡婦 53세, 率子 致道 15세 草舍 3間, 土鼎 2坐, 田畓 無
陶山	朴召史	酒店, 無農 寡婦 53세, 子女 無 體舍 3間, 鐵鼎 2坐, 田畓 無	無
下竹	柳一善	酒店, 奴 南乭 鰥夫 幼學 40세, 子女 無 草家 3間, 土鼎 2坐, 幷畓 4斗落	奴 南乭 幼學 45세, 妻 金氏 40세, 子女 無 草舍 3間, 鐵鼎 2坐, 幷畓 5斗落
	吳鳳淳	酒店, 無農, 奴 卜今 幼學 48세, 妻 鄭氏 41세, 子女 無 草舍 3間, 鐵鼎 1坐, 田畓 無	毀家, 移居 新丹, 奴 卜今 幼學 53세, 妻 鄭氏 48세, 率子 幼學 ■相 23세, 婦 李 28세 草舍 3間, 土鼎 2坐, 幷畓 1斗落
陽岸	朴洛喜	酒店, 無農 童蒙 25세, 奉母 李姓 50세 草家 3間, 鐵鼎 1坐, 田畓 無	奴 永丹 閑良 32세, 奉母 李姓 52세, 妻 高姓 19세, 草家 3間, 土鼎 2坐, 幷畓 5斗落, 幷田 2斗落
龍頭	梁召史	酒店, 奴 朗月 寡婦 49세, 子女 無 體舍 3間, 行廊 5間, 鐵鼎 2坐, 己畓 8斗落, 幷畓 9斗落	奴 朗月 寡婦 49세, 子女 無 草舍 2間, 鐵鼎 1坐, 幷畓 8斗落
	金基鏵	酒店, 無農, 奴 貴順 閑良 41세, 妻 姜姓 36세, 子女 無 草舍 3間, 鐵鼎 2坐, 田畓 無	酒店, 奴 貴順 閑良 45세, 妻 姜姓 40세, 子女 無 草舍 3間, 鐵鼎 2坐, 幷畓 6斗落
	張士玉	酒店, 無農, 奴 玉禮 鰥夫 閑良 55세, 子女 無 草舍 5間, 鐵鼎 2坐, 田畓 無	無
	羅用甫	酒店, 無農, 奴 奉才 閑良 57세, 妻 鄭姓 47세, 子女 無 草舍 4間, 鐵鼎 1坐, 田畓 無	無
	孫召史	無	酒店, 奴 奉才 寡婦 45세, 子女 無 體舍 4間, 行廊 3間, 鐵鼎 3坐, 幷畓 10斗落
	林召	無	酒店, 無農 寡婦 53세, 子女 無

	史		草舍 2間, 土鼎 2坐, 田畓 無
松亭	朴正權	店幕, 奴 龉丹 閑良 30세, 妻 姜姓 30세, 子女 無 草舍 3間, 鐵鼎 2坐, 火田 2斗落	無
	姜召史	酒店 (※ "孫召史"로 誤記) 寡婦 46세, 率子 童蒙 學柱 9세 草舍 2間, 鐵鼎 1坐, 火田 2斗落	寡婦 52세, 率子 童蒙 孫學文 14세 草舍 2間, 鐵鼎 2坐, 己畓 2斗落
	金召史	酒店, 奴 周德 寡婦 40세, 率子 童蒙 相德 20세 草舍 3間, 鐵鼎 1坐, 火田 2斗落	無
外洞	宋昌允	外洞 전체 漏落	酒店, 無農 閑良 35세, 妻 元氏 35세, 子女 無 草舍 3間, 土鼎 2坐, 田畓 無
	鄭建陽	外洞 전체 漏落	酒店, 無農 閑良 50세, 妻 李氏 35세 草舍 3間, 土鼎 2坐, 田畓 無

1890년과 1895년의 <가좌책>에서 주막을 운영한 것으로 확인할 수 있는 가호는 총 17호로, 1호만이 "店幕"으로 기록되었고 나머지는 모두 "酒店"으로 기록되었다. 1890년의 13호와 1895년의 7호 가운데 중복되는 호가 3호이다. 다시 말해 1890년에 주막을 운영한 13호 가운데 단 3호만이 5년 후에도 주막을 계속 운영한 것이다. 2호의 주막이 소재한 外洞의 경우 1890년의 조사에는 누락되었으므로, 이 2호를 1890년부터 지속된 것으로 간주한다고 하더라도 15호 가운데 5호에 불과하다. 즉 당시 5년 이상 주막을 운영할 확률은 1/4~1/3에 불과하다고 할 수 있다. 이는 당시 주막의 불안정성을 단적으로 보여준다고 할 수 있다. 이에 대해서는 잠시 후에 다시 자세히 살피도록 하고, 우선 당시 주막의 대표적인 운영자 즉 "주모"의 실체에 대하여 간단히 살펴보기로 한다.

17개 주막호의 호주 가운데 7호의 호주가 寡婦로 나타난다. 陽岸里 朴洛喜 호의 경우, 호주는 박락희지만 집안의 연장자는 1890년 당시 50세인 어머니 李姓이다. 아들이 호주로 오른 만큼 李姓 역시 과부로 추정된다. 이 경우 주막의 경영을 어머니가 한 것으로 간주하면 전체 17호 가운데 8호로, 절반가량의 주막을 과부가 운영하였다. 이 중 4호가 농사를 짓지 않는 '無農'으로 나타나며, 2호는 火田 2마지기 정도의 농지를 소유하였다. 대부분이 농사를 통하여 생계를 유지하기 어려운 상태였다고 하겠다.

나머지 9호 중 7호는 내외가 함께 존재한다. 그런데 이 가운데 6호가 무농으로 나타난다. 농지를 소유한 호는 1890년 松亭里 朴正權 호가 유일한데, 소유한 농지라고 해 봐야 火田 2마지기에 불과하다. 龍頭里 金基鏵 호의 경우 1890년에는 무농이었으나, 1895년에는 남의 논 6마지기를 부치고 있었다. 결국 1895년 김기화 호를 제외하고는 농사를 통하여 생계를 유지할 수 없는 상황이라 볼 수 있다. 이 경우 내외가 함께 주막을 운영하거나, 아내는 주막을 운영하고 남편은 남의 일을 도우면서 생계를 유지하지 않았을까 추정할 수 있다.

특이한 것은 마지막 남은 2호의 경우 동거가족이 없는 홀아비가 호주로 나타난다는 사실이다. 이 경우 이 남성들이 직접 주막을 경영하였을까? 여성을 고용하거나, 또는 기록상으로는 확인할 수 없는 사실혼 관계의 여성이 주체가 되어 주막을 경영하지는 않았을까? 용두리 張士玉 호의 경우는 무농상태였지만, 下竹里 柳一善 호의 경우 1890년에 남의 논 4마지기를 경작하면서 주막을 운영한 것으로 나타난다. 그러나 1895년에는 1마지기가 증가한 5마지기의 논을 경작하고 있었으며, 金氏와 혼인한 상태에서 더 이상 주막을 운영하지 않았다. 고용이나 사실혼 관계의 여성에 의한 주막 운영을 의심할 만한 대목이다.

이상에서 살핀 토지면의 주막은 과부나 다른 생계수단이 부족한 가계의 여성이 운영을 주도하였다고 볼 수 있다. 물론 홀아비가 호주로 등장하는 2호의 주막에 대해서는 불확실한 측면이 존재하지만, 대부분의 주막에 있어서 주요한 경영자는 "주모"로 대변되는 여성이었다는 점을 확인 또는 추정할 수 있다. 나아가 호주가 과부나 홀아비였다는 점과 많은 경우 자녀의 존재가 확인되지 않는다는 점에서 주막을 운영하던 호들은 가구구성에 있어 상당한 불안정성을 지닌 존재들로 나타난다.14)

이어서 주막호 호주의 職役(남성) 및 호칭(여성) 기록을 통하여 주막을 운영하던 이들의 사회적 지위를 검토하도록 하자. 직역은 조선시대 국가에 대한 개인의 의무인 身役으로, 신분을 구분하는 중요한 기준이었다. 부녀자의 경우는 신분에 따라 그 호칭을 차별하여 기록하였다.15) 따라서 직역 및 여성의 호칭에 대한 기록은 신분제 사회였던 전근대 조선 사회의 신분지위를 판단할 수 있는 중요한 근거라 할 수 있다. 그러나 여기서 유의할 점은 당시는 이미 19세기 말의 시기로 심각한 신분제의 붕괴와 직역의 幼學으로의 상향평준화 현상이 광범위하게 발생한 시기라는 사실이다. 다시 말 해 <가좌책>의 직역 및 여성 호칭 기록이 실제의 사회적 지위보다 높게 반영되었을 가능성이 농후하다.

그럼에도 불구하고 주막호 호주의 직역 및 여성 호칭은 '유학'이나 '씨'와 같은 명목상 양반의 기록이 별로 나타나지 않는다. 7명의 여성 호주에 대한 호칭은 모두가 "소사"로 나타난다. 남성 호주에 있어서도 10명 가운데 8명이 조선후기 중인신분층으로 인식되는 "閑良"의 직역을 보여준다.16) 이들 8명의 경우 처의 호칭은 외동에 소재한 2호가 "씨"로

---

14) <가좌책>을 검토한 결과 전반적으로 어린 연령층의 인구가 기록에서 누락되고 있었음을 확인할 수 있다. 그렇기 때문에 자녀가 없는 것으로 나타나는 주막호들의 경우에도 실제로는 자녀가 존재했을 가능성은 존재한다.

15) 양반 부녀자의 경우에는 주로 성에 "氏"를 붙여서 칭하였으며, 상민 신분 부녀자는 "召史·助是"를 칭하였고, 그 사이에 해당하는 중인이나 상층 상민의 경우는 "姓"을 칭하였다. 婢 등 천민의 경우에는 특별한 칭호가 없이 이름을 그대로 기록하였다.

16) 조선후기의 한량은 직역상 양반의 業武者를 의미하였으나, 실제로는 양반·中庶·양민 등 다양한 신분층을 포함하고 있었으며, 대체로는 班·常의 중간 존재로서의 법제적 사회적 지위를 누린 것으로 이해된다(李俊九, 「朝鮮後

등재되었으며, 홀아비 1호를 제외한 나머지 5호는 모두 "성"으로 나타난다. "유학" 직역자는 하죽리에 있었던 2호에 불과하다.

당시의 사회상을 고려하면서 이와 같은 <가좌책>의 직역 및 여성 호칭을 접근한다면, 결국 당시 주막을 운영하던 이들은 대부분 상민층의 사회적 지위를 지녔다고 할 수 있다. 여기에 농지 소유 및 경영의 유무와 규모에 근거한 경제력을 덧붙인다면, 다수가 무농이나 소규모의 농지만을 경작하였다는 점에서 하층 상민층이 다수였다고 하겠다. 여기에 일부 중인 및 하층 양반층도 주막을 운영하였을 가능성이 있다.

이들이 운영하던 주막의 규모는 대부분 2~3칸 규모의 초가집으로 매우 영세한 수준이었다. 이보다 규모가 큰 주막들은 용두리에 4호가 존재했는데, 그 가운데 2호는 4칸과 5칸의 초가집으로 약간 큰 정도에 불과했다. 그러나 1890년의 梁召史 호와 1895년의 孫召史 호는 본채와 행랑채로 구성되었으며, 전체 규모도 7칸과 8칸의 규모로 상대적으로 큰 규모였다고 할 수 있다.

농사 규모를 통해서도 이들의 영세성을 그대로 나타난다. 17호 가운데 10호가 농지를 소유하지도, 남의 농지를 경작하지도 못한 무농상태로 나타난다. 농사를 짓는 경우에도 1890년 송정리에 존재한 3호의 주막은 불과 화전 2마지기만을 소유하여 농사를 짓는 매우 열악한 상태였다. 1890년에 하죽리에서 주막을 운영한 柳一善 호의 경우 남의 논 4마지기를 경작하였으며, 용두리에서 주막을 운영한 김기화 호의 경우 1895년에 남의 논 6마지기를 경작하여 토지면의 여타 일반 농가와 유사한 규모로 농업을 경영하였다.[17] 그러나 김기화 호의 경우는 1890년에는 역시 무

期의 閑良과 그 地位」『國史館論叢』 제5집, 國史編纂委員會, 1989).

17) 1890년 <가좌책>에는 총 323호가 등재되어 있으며, 이들이 소유하거나 경작하는 토지는 논이 1,944마지기, 밭이 284마지기였다. 따라서 호당 평균 농지는 논이 6.02마지기, 밭이 0.88마지기이다(李鍾範, 「17세기 후반은 賦稅制度의 운영과 社會構造-전라도 구례현 사례-」『동방학지』 89·90학집,

농의 처지였다.

주막을 운영하던 호들 가운데 평균 이상의 농지를 경영하는 경우는 용두리의 양소사 호와 손소사 호의 단 2호뿐이다. 양소사 호의 경우, 주막을 운영하던 1890년에 자기 소유의 논이 8마지기에 타인 소유의 논 9마지기를 추가로 경영하고 있었다. 1895년에 주막을 경영한 손소사 호의 경우는 타인 소유의 논 10마지기를 경작한 것으로 확인된다. 이들은 이미 언급한 상대적으로 큰 규모의 주막을 운영하고 있었던 존재들이었다. 문제는 이들의 호가 남편은 물론이고 자녀 등의 어떠한 구성원도 존재하지 않는 과부 단독호로 확인된다는 사실이다. 이는 이들의 농업경영이 결국은 타인의 노동력을 통하여 이루어 졌음을 추정하게 하며, 소유 가옥과 농사 규모가 상대적으로 부유함에도 불구하고 근본적으로 불안정한 상태에서 벗어날 수 없었던 존재였음을 보여준다.

이와 같이 당시 토지면의 주막들은 가구구성의 불안정성, 낮은 사회적 지위, 열악한 경제적 상태 등을 주요한 특징으로 하였다. 이러한 상황 속에서 여타의 생계수단이 곤란한 가운데 여성이 중심이 되어 영세한 규모의 주막을 운영하던 것이 토지면에 존재한 주막 다수의 모습이었다. 그리고 이러한 주막의 성격은 그대로 주막의 불안정성으로 연결될 수밖에 없다.

1890년에 토지면에 존재한 13개 호의 주막 가운데 1895년에도 계속하여 주막을 운영한 사례는 단 3호에 불과하다. <가좌책>의 기록대로만 본다면 5년 사이에 13개 주막 가운데 10개 주막이 폐업한 것이다. 10호 가운데 절반인 5호는 1895년의 <가좌책>을 통해서는 그 존재를 확인할 수가 없었으며, 따라서 타면으로의 이거 등의 이유로 絶戶된 것으로 추정된다. 下竹里 吳鳳淳 호의 경우도 토지면 내의 다른 동리인 新丹里로 이거한 사실을 확인할 수 있다. 결국 13호의 절반가량인 6호가 5년 사이

연세대학교 국학연구원, 1995, 409~410쪽 <표 18>, <표 19> 참조).

에 타 지역으로 이거 또는 절호의 사유를 나타낼 정도로 주막의 운영주체들은 불안정한 상태에 놓여 있었다.

위에서 언급하지 않은 4호의 경우는 같은 동리에 거주하면서도 주막의 경영을 중지한 경우이다. 그런데 5년 사이의 변화가 흥미롭다. 하죽리 유일선 호의 경우 1890년에는 홀아비로 있다가 1895년에는 김씨와 혼인한 것으로 나타나며 경작하는 농지는 논 4마지기의 병작에서 5마지기로 약간 증가하였다. 과부인 어머니가 주막을 운영한 것으로 추정되는 양안리 박락희 호의 경우 1895년에는 박락희가 혼인을 하였고, 이전의 무농상태에서 이제는 남의 논 5마지기와 남의 밭 2마지기를 경작하는 것으로 나타난다. 송정리 姜召史 호의 경우 가구구성은 변화가 없으나 소유 농지에 있어서 화전 2마지기에서 논 2마지기로의 변화가 확인된다. 즉 주막운영의 중단이 불안정한 가구구성의 보완 및 농사 규모의 증가와 더불어 나타나는 것이다. 이와 같은 현상은 하죽리에서 신단리로 이거하면서 주막업을 중지한 오봉순 호에서도 마찬가지로 확인할 수 있다.

반면 용두리 김기화 호의 경우는 1890년의 무농상태에서 1895년에는 남의 논 8마지기를 경작할 정도로 농사 규모가 증가하였지만 여전히 주막업을 지속하는 다소 다른 모습을 보여주기도 한다. 김기화 호와는 정반대의 모습을 보여주는 경우가 5년 동안 같은 동리에 거주하면서도 주막의 경영을 중지한 용두리 양소사 호이다. 양소사 호는 토지면에서 주막을 경영한 호들 가운데 가장 우월한 경제규모를 지닌 호로, 1890년 당시 본채 3칸과 행랑 5칸 규모의 가옥을 소유하였으며, 농지에 있어서도 자기 소유의 논 8마지기와 타인 소유의 논 9마지기를 경영하였다. 그러나 불과 5년 만에 가옥은 2칸의 초가집으로 줄어들었으며, 농지도 남의 논 8마지기만을 경영하는 것으로 감소하였다. 그러나 그럼에도 불구하고 주막업을 포기하였다.

이와 같이 다양한 양상으로 나타나는 주막의 불안정성은 주막업이 그 운영주체들에게 사회적, 경제적으로 안정적인 생활을 보장해 주지 못했다는 사실을 의미한다. 토지면의 주막들은 대체로 불안정한 가구구성과 상대적으로 낮은 사회·경제적 상태를 배경으로 하는 호들에서 생계수단의 일환으로 여성이 중심이 되어 영세한 규모로 운영하였다. 그러나 토지면에서 주막의 운영은 경제적으로는 물론 사회적으로도 안정적인 생활을 보장하기에는 미흡했다.

주막을 운영하였던 많은 호들이 토지면에서 단기간 내에 절호된 것은 주막업이 경제성의 측면에서 미흡했기 때문이라 볼 수 있다. 불안정한 가계 상황의 개선과 더불어 주막 경영의 중단이 나타나거나, 심지어 악화됨에도 불구하고 주막업을 포기한 것은 사회적 측면에서 주막업에 대한 부정적 인식이 중요한 요인이 아니었나 생각된다. 이는 결국 당시의 주막업이 이를 통하여 온전히 생계를 유지해 나가는 전문업종이 아니라 임시적이거나 보조적인 생계유지 방편으로서의 성격이 강했다는 것을 의미한다.

3. ≪朝鮮地誌資料≫를 통해 본 경기지역의 주막 분포

여행자에게 술과 음식을 판매하고, 숙박도 더불어 제공하는 주막의 기능상 주막이 하나의 업으로 성립하기 위해서는 무엇보다 사람과 물산의 활발한 이동을 전제로 한다. 따라서 주막의 분포는 동시대 사람들의 주요 이동로를 반영하며, 동시에 시장권의 형성을 비롯한 주요한 생활권의 영역을 검토하는 데도 유용하게 활용할 수 있다. 이와 같은 문제의식을 기반으로 이 장에서는 ≪조선지지자료 -경기도편-≫의 주막기록을 통하여 당대 경기지역의 주막 분포를 재구성해 보려 한다.

≪조선지지자료≫는 1911년에 조선총독부에서 전국의 지명과 주요 地誌 사항을 각 道-郡별로 조사하여 작성한 자료이다.[18] ≪조선지지자

료≫는 "種別/地名/諺文/備考"의 네 항목에 따라 정해진 양식에 작성되었다. 여기서 "種別"이 바로 조사 항목을 기록한 것으로 山谷名, 野坪名, 川溪名, 面名, 洞里名, 渡津名, 浦口名, 驛名, 市場名, 酒幕名, 池名, 洑名, 堤堰名, 嶺峴名, 土産名, 巖名, 寺刹名, 洞名, 古碑名, 古蹟名所名, 院·站名 등 21개 분야이다.[19]

주막은 이와 같이 ≪조선지지자료≫의 독립된 항목으로 조사되었으며, 그 결과로 등재된 주막의 수는 주막의 현황을 보여주는 그 어떤 자료와도 비교를 할 수 없을 정도로 많다. 그렇기 때문에 해당 자료는 주막의 분포 등을 통하여 주막의 기본적 성격과 전통시대의 상권 및 교통 등을 검토하는 데에 상당히 유용하게 활용될 수 있다.

물론 이 자료가 지닌 한계 역시 분명히 존재한다.[20] 우선 그 조사항목이 지나치게 간단하다. "지명"과 "언문"의 항목을 통하여 주막의 명칭을 알 수 있을 따름이고, 그 외의 정보로는 해당 주막이 위치한 면과 동리가 고작이다. 다시 말해 ≪조선지지자료≫의 내용을 통해서는 어디에 어떠한 주막이 있었는지 밖에는 알 수 없다. 그러므로 본격적인 분석을 위해서는 도로와 같은 교통로를 비롯한 기타 지지정보들과의 교차분석과 이를 통한 추론의 작업이 요구된다.

또 다른 문제점으로는 현존하는 ≪조선지지자료≫에 누락된 지역이 존재한다는 점이다. 현재 국립중앙도서관이 소장한 ≪조선지지자료≫는

---

18) 대체로는 각 군의 面별로 기재되어 있지만, 그렇지 않은 경우도 존재한다. 강원도 양양의 경우 면별 구분이 없이 군 전체를 종별로 기재하였으며, 경기도의 경우 포천이 역시 그러하다. 경기도와 강원도의 나머지 군들은 모두 면을 단위로 하여 종별로 기재하였다.

19) 신종원, 「필사본 ≪朝鮮地誌資料≫ 解題-강원도를 중심으로-」『강원도 땅이름의 참모습-≪朝鮮地誌資料≫ 江原道篇-』, 경인문화사, 2007.

20) ≪조선지지자료≫의 자료적 한계와 오류에 대해서는 "신종원·김홍삼, 「필사본 ≪朝鮮地誌資料≫ 解題-경기도를 중심으로-」『경기 땅이름의 참모습-≪朝鮮地誌資料≫ 京畿道篇-』, 경기문화재단, 2008"을 참조할 수 있다.

총54책으로 함경도편은 누락되어 있으며, 전라북도의 경우는 咸悅과 金堤, 益山, 長水의 4개 군만 존재한다. 경기도의 경우도 모든 府郡이 존재하는 것이 아니라 경성과 양주가 누락되어 있으며, 여타 도에 대해서도 이러한 누락에 대한 검토가 필요하다. 이와 관련한 가장 큰 문제는 동일한 군 내에서도 조사가 누락된 지역이 존재한다는 점이다.21) 이러한 누락은 특정 항목의 전체적인 파악에 있어 불가피하게 부분적인 공백을 초래하게 되며, 분석의 균질성을 확보하기 어렵게 하는 큰 장애요인이다.

각 군별로 조사의 수준이 다르다는 점도 균질적인 분석에 어려움으로 작용한다. 군에 따라 조사항목이 다소 차이를 보이기도 하며, 조사의 정도도 균질하지 않다. 언문명칭을 예로 들면, 경기도 陽智는 6곳을 제외한 모든 곳의 언문명칭을 기록한 반면, 加平과 같이 단 한 곳만 기록한 경우도 존재한다.

이와 같은 자료적 한계에도 불구하고 《조선지지자료》는 등재된 주막의 양적 측면에 있어 그 어떤 자료와도 비교할 수 없는 장점을 지니고 있다. 균질적으로 전체를 보기에 한계가 있음에도 불구하고 현존하는 자료가운데 주막의 전체적인 파악에 가장 적합한 자료는 《조선지지자료》라 할 수 있다. 따라서 《조선지지자료》를 통한 주막의 분석은 여전히 유용하다고 할 수 있으며, 이상의 자료적 한계를 전제한 위에서 《조선지지자료 - 경기도편 - 》을 중심으로 주막의 분석을 진행하고자 한다.

경기지역의 주막 분포는 《조선지지자료》에 수록된 주막들을 지도상의 해당 위치에 비정함으로써 수행하였다. 여기서 활용한 지도는 朝鮮

---

21) 기존 연구에 따르면 부평의 경우는 전체의 21%, 수원의 경우는 32.5%의 지역이 누락된 것으로 확인되었다(신종원·김홍삼, 「필사본 《朝鮮地誌資料》解題 - 경기도를 중심으로 -」 『경기 땅이름의 참모습 - 《朝鮮地誌資料》京畿道篇 - 』, 경기문화재단, 2008, 9~11쪽). 보다 엄밀한 분석을 위해서는 모든 군을 대상으로 누락지역에 대한 검토가 선행되어야 하나 본 글에서는 이에 대한 작업을 수행하지는 못하였다.

總督府에서 1914년에 착수하여 1918년에 완성한 ≪近世五萬分之一地形圖≫이다. 해당 지도는 1914년의 행정구역 재편결과를 반영하였으나 이전의 지명도 대부분 수록하여 ≪조선지지자료≫에 기재된 대부분 주막의 위치를 비정할 수 있다. 여기에서는 경기도내 주막의 분포를 검토함에 있어 서울과의 거리, 주요도로와의 인접성, 주요하천 및 연안과의 관련성, 治所 및 場市, 나루와 포구 및 驛院 등의 시설을 동시에 고려하였다.22)

1) 주막의 현황

≪조선지지자료≫를 작성하던 1911년 당시 경기도에는 京城府를 포함하여 38개 府郡이 존재하였다. 그러나 국립중앙도서관이 소장한 ≪조선지지자료≫에는 경성부와 양주군의 조사기록이 남아 있지 않다. 따라서 ≪조선지지자료≫의 경기도편에 속한 지역으로 분석의 대상으로 삼은 지역은 36개 지역이다. 여기에 당시에 충청남도에 속해있던 평택군을 추가하여, 전체 37개 지역에 대한 ≪조선지지자료≫의 내용을 분석의 대상으로 하였다.

경성부는 조선의 수도로서 지녀온 특수한 지위를 고려할 때 당시의 전국적 지지조사에서 제외되었을 가능성이 존재한다. 설혹 조사하여 그 자료가 남아있다 하더라도 조선으로부터 현재까지의 특수한 지위로 인하여 경기도에 포함하여 함께 분석하기도 곤란한 측면이 존재한다. 반면 양주의 부재는 경기도 전체를 대상으로 하는 분석에서 상당한 아쉬움을 불러온다. 당시의 양주군은 현재 서울특별시에 일부가 편입된 것을 포함

---

22) 여기서 고려한 주요도로는 ≪(近世)韓國五萬分之一地形圖≫에서 1등 도로와 2등 도로로 나타난 도로이며, 주요하천은 남한강과 북한강을 포함한 한강과 임진강이다. 치소와 시장 및 나루 등의 시설은 ≪조선지지자료≫의 기록에 의거하였다.

하여 양주시와 의정부시, 남양주시, 동두천시, 구리시 일대에 걸쳐 존재하였다. 경기도 전체로는 중북부일대, 서울을 중심으로는 북쪽과 동쪽에 인접한 넓은 지역이 이에 해당한다. 따라서 양주군의 자료 부재는 본 경기도의 분석에서 일정한 장애로 작용할 수밖에 없다.

평택의 경우 1911년 당시에는 충청남도에 속한 군이었다. 그러나 1914년에 행정구역을 통폐합하면서 평택의 전체지역은 경기도 진위군에 병합되었고, 이후 1938년에 평택시로 개칭하여 현재의 평택시로 진행되기까지 계속 경기도에 속해있다는 점을 고려하여 분석에 포함하였다.

주막에 대한 ≪조선지지자료≫의 종별항목 명칭은 "酒幕", "酒幕名", "酒店名", "店名" 등으로 나타난다. ≪조선지지자료≫를 통하여 확인할 수 있는 경기도 지역의 주막 현황을 각 군별로 수치화하면 다음의 <표 3>과 같다.

〈표 3〉 ≪조선지지자료≫ "種別"에 따른 경기도 군별 주막 현황 (가나다순)

군명	酒幕(名)	酒店名	店名	군명	酒幕(名)	酒店名	店名	군명	酒幕(名)	酒店名	店名
加平	19			水原	5			利川	22		
江華	27			始興	9			仁川	4		
開城	12			安山	2			長湍	57		
高陽	9		1	安城	28			積城	13		
果川	17			陽城	15			竹山	30		
廣州	39			陽智	10			振威	14		7
喬桐	2			陽川	3			通津	17		
交河	0			楊平	37			坡州	11		
金浦	8			驪州	45			平澤	3		
南陽	3			漣川	12			抱川	38		
麻田	15			永平		2	12	豊德	9		
富平	10			龍仁	30			합계	588	2	20
朔寧	9			陰竹	4			*楊洲	자료 없음		

≪조선지지자료≫를 통하여 확인할 수 있는 경기도 내 주막의 수는 37개 군의 610개소이다. 그러나 주막이 두 개 군의 경계에 위치함으로

인하여 두 군에서 중복 조사한 주막이 4개소가 존재한다. 용인군 수지면
의 "遠川酒幕"의 경우 광주군 낙생면에도 등장하며, 광주군 의곡면의
"葛山酒幕"과 언주면의 "新院酒幕", "馬粥巨里酒幕"의 경우도 과천군
하서면과 동면에 각각 동일한 주막명이 나타난다. 따라서 실제 주막의
수는 606개소이다.

주막의 종별명칭에 있어서는 대다수인 588개소, 중복 조사한 4개소를
제외한 실제 584개소가 "酒幕" 또는 "酒幕名"이라는 종별로서 조사되었
다. 그 외에는 "店名"이라는 종별로 등재된 주막이 고양의 1개소와 영평
의 12개소, 진위의 7개소가 존재한다. 또한 "酒店名"이라는 종별로 기록
된 주막도 영평군에 2개소가 존재한다. 고양과 진위의 경우는 "주막"과
"점"의 종별로 구분하여 주막을 조사되었으며, 영평은 "주점"과 "점"으로
구별하여 조사하였다. 영평의 경우 같은 군내면 내에서 "점명"과 "주점
명"을 구분하였으며, 진위의 경우에도 이서면 내에서 "주막명"과 "점명"
을 구분하였다. 이러한 경향을 볼 때 "주막"과 "주점" 및 "점"이라는 명
칭의 차이가 주막의 종류를 일정하게 반영하는 것이 아닌가 여겨진다.[23]

반면 그렇게 단정하기 어려운 부분 또한 존재한다. "점명"이나 "주점
명"의 종별로 파악한 22개소의 경우 다수인 15개소의 한자명칭은 "鵂岩
店"(고양군 사리대면)과 같이 "店"을 사용하고 있다. 그러나 "柳谷酒幕"
(영평군 일동면)과 같이 "酒幕"으로 기재하는 경우도 6개소나 존재한다.
더구나 한글명칭을 보면 "鵂岩店"을 "부엉바위듀막"으로 기재하는 등
"店"의 한자표기를 사용하면서도 "듀막/쥬막"과 같은 주막이란 한글표기
를 하고 있는 경우가 15개소 중 12사례나 나타난다.

"酒幕(名)"의 종별로 파악한 주막의 경우에도 구체적인 명칭을 살피

---

23) 이와 같은 명칭의 차이는 해당 주막에서 제공하는 음식의 종류 및 숙박제
공의 유무에 따른 것이라 추정할 수도 있으나, 이에 대해서는 좀 더 면밀한
검토가 필요하다.

면 "大平院店", "行京店"(죽산군 부일면)과 같이 "~店"의 명칭이 다수 나타난다. 한글 명칭을 함께 보면 "大平院店/비션거리졈"과 같이 기록한 경우도 있으나, "行京店/힝경늬쥬막"과 같이 주막의 표기를 사용하는 경우를 다수 확인할 수 있다.

이와 같이 "주막(명)"의 종별로서 파악한 주막의 수가 압도적이며, 그 안에 "~점"의 명칭을 지닌 주막이 다수 존재한다는 점, 그리고 "점명"이나 "주점명"의 종별로 파악한 경우에도 "~주막"의 명칭이 등장하는 점을 통하여 "주막"이 대표성을 지닌 호칭임을 알 수 있다. 나아가 '주막', '주점', '점'의 차이점에 대해서도 내용을 구체화할 필요성이 있다. 그러나 이미 살폈듯이 ≪조선지지자료≫의 종별과 한문명칭 및 한글명칭이 서로 뒤섞여 있어 이 자료만을 통해서는 '주막'과 '주점' 및 '점'을 명확히 구분하기가 곤란하다. 더구나 "陵內村/능안말"(적성군 동면)의 경우와 같이 주막의 이름만을 기록한 경우도 다수 존재하기 때문에 구체적인 성격의 구분은 더욱 어려운 일이다. 따라서 여기에서는 '주막', '주점', '점'의 구분에 따른 구체적인 차이는 고려하지 않고 모두를 주막으로서 간주한다.

≪조선지지자료≫는 37개 군에서 610개의 주막을 파악한 만큼 일단 상당히 충실하게 조사하여 작성하였다고 말 할 수 있다. 그러나 주막의 군별 분포를 살피면 그 편차가 상당히 큼을 알 수 있다. 장단의 경우가 57개소로 가장 많은 주막을 기록하고 있으며, 여주(45개소), 광주(39개소), 포천(38개소), 양평(37개소), 죽산(30개소), 용인(30개소) 등이 30개소 이상의 주막을 등재하였다. 반면 교동, 안산, 남양, 양천, 평택, 음죽, 인천, 수원 등은 2~5개소의 주막만을 확인할 수 있을 따름이며, 교하의 경우는 아예 주막의 항목이 존재하지 않는다.

물론 당시 각 군의 규모나 위치, 성격 등의 편차가 상당히 크다는 점을 고려할 필요는 있다. 주막이 2개소에 불과한 교동의 경우, 1914년 행정구역 재편으로 강화에 편입되어 현재에 이르는 지역이다. 그 권역은 석모도 북부 일부(현 삼산면 상리, 하리)와, 교동도(현 교동면) 일대이다. 지역 자체가 상당히 좁은 데다 섬으로 구성되어 있어 2개소에 불과한 주막의 수를 납득할 수 있다.

주막을 조사하지 않은 교하의 경우 1914년 행정구역 재편으로 파주로 편입되어 현재에 이르는 지역으로, 현재 파주시의 교하읍과 탄현면, 금촌1·2동 일대에 불과한 작은 고을이었다. 동쪽으로 서울에서 개성, 평양을 거쳐 의주에 이르는 중요 도로인 京義街道가 근접해 있긴 하였지만 이 도로가 교하를 지나는 것은 아니었다.[24)]

주막의 수가 5개소 이하인 9개군의 경우, 대부분의 지역이 규모가 작거나 주요 교통로에서 벗어나 있다는 특징을 보여준다. 그러나 주막의 수가 5개에 불과한 수원의 경우 당시 40개 면 가운데 27개 면만 조사가 이루어지고 나머지 13개 면은 조사에서 누락되었다는 점을 고려해야 한다.[25)] 4개소의 주막만이 기록된 인천의 경우도 수원과 유사한 경우가 아닐까 여겨진다. 3개소와 4개소의 주막을 파악한 양천, 음죽의 경우도 비록 규모는 작지만 상당한 교통의 요지였다는 점에서 과연 주막이 3~4개소밖에 없었을지 의문이 제기될 수밖에 없다.

이와 같은 주막의 군별 현황을 통하여 볼 때 ≪조선지지자료≫의 주막 기록은 대체적으로 상당히 충실하게 조사하여 등재하였으나, 구체적 수준에 있어서는 각 군별로 일정한 편차를 보여준다고 할 수 있다.

---

24) 반면 수운에 있어서는 교하의 북쪽으로는 임진강이, 남쪽으로는 한강이 흘러 서쪽에서 만나고 있어 상당히 중요한 길목에 위치하였다고 할 수 있다.

25) 신종원·김흥삼, 「필사본 ≪朝鮮地誌資料≫ 解題－경기도를 중심으로－」『경기 땅이름의 참모습－≪朝鮮地誌資料≫ 京畿道篇－』, 경기문화재단, 2008, 11쪽.

2) 경기 남서부 지역의 주막 분포

경기 남서부에 해당하는 지역으로 여기에서 분석의 대상으로 삼은 고을은 부평, 인천, 시흥, 과천, 안산, 수원, 남양, 진위, 평택의 9개이다.

<그림 2>를 통해서도 확인할 수 있듯이 이 지역에는 서울에서 시작하는 두 노선의 중요도로가 존재한다. 하나는 서울에서 마포를 통해 한

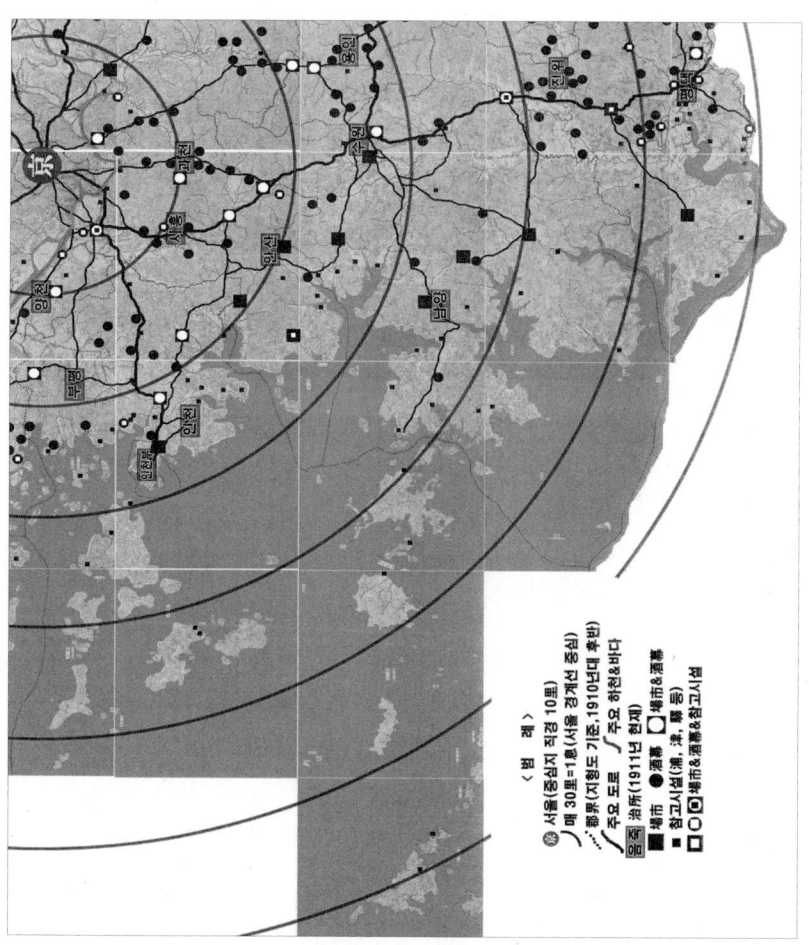

〈그림 2〉 경기 남서부 지역의 주막 분포

강을 건너서 영등포를 거쳐 인천에 이르는 도로이다. 다른 하나는 역시 영등포에서 남쪽으로 시흥을 거쳐 수원, 진위, 평택을 지나 최종적으로 목포에 이르는 현재의 1번 국도에 해당하는 도로이다. 서울에서 수원까지 이르는 길은 시흥을 거치는 길 이외에 동작을 거쳐 한강을 건넌 후 과천을 지나는 길이 존재했다.

이 지역의 교통의 중심지는 수원이라고 할 수 있다. 수원은 서울-목포간의 중요도로가 지나는 지점임과 동시에 용인을 거쳐서 양지, 이천으로 빠지는 경기 남동부를 횡으로 관통하는 중요도로의 시작점이다. 이밖에도 안산을 거쳐 인천에 이르는 길과 남양 등지와 연결되는 주요도로들이 또한 수원을 중심으로 퍼져 나간다. 보다 남쪽으로는 평택이 경기도 외곽의 주요 교통 중심지로 존재한다. 또한 이 지역은 인천을 기준으로 남쪽의 서해안과 도서가 접해있는 지역이기도 하다.

서울을 중심으로 경기 남서부일대에는 총 74개소의 주막을 확인할 수 있다. 이들의 분포를 살피면 우선 서울에 인접한 부평과 시흥, 과천 지역에 다수의 주막이 분포한다. 반면 그 외곽에 위치한 인천과 안산, 수원, 남양 일대는 주막의 수가 상당히 적으며, 가장 남쪽 외곽지역에 위치한 진위와 평택 지역에 다시 다수의 주막이 분포하는 것으로 나타난다. 이와 같은 주막의 분포는 일차적으로 각 고을에 따른 조사의 편차에 기인한 것으로 추정할 수 있다.

≪조선지지자료≫에 조사된 주막의 수는 부평이 10개소, 시흥이 9개소, 과천이 17개소로 나타난 반면, 인천은 4개소, 안산은 2개소, 수원은 5개소, 남양은 3개소에 불과하다. 그러나 조사정도의 차이 이외에 고려할 사항이 존재한다. 인천과 안산, 수원, 남양의 4개 고을 모두 장시가 열리는 치소의 주막이 확인되지 않는다는 사실이다. 이들 4개 지역의 주막은 대체로 중심지를 벗어난 지역에서 확인할 수 있다. 치소에 존재한 주막을 확인할 수 있다는 점에서 단지 조사의 누락만으로는 설명할 수

없는 부분이다. 따라서 이들 지역의 주막분포에 대해서는 조사의 성실성과 함께 어떠한 이유로 주막이 발달하지 못한 이유가 있지 않았나 의심해 볼 여지가 존재한다.

인천과 수원의 경우 행정과 상업 및 교통의 요충지로서 旅閣이나 客主 등의 주막을 대체할 시설의 존재를 검토할 필요성이 있다. 또한 ≪조선지지자료≫ 작성시점은 이미 경부선과 경인선 철로가 완공된 당시로, 철도가 주막에 미친 영향도 고려해야만 한다. 남양의 경우는 입지의 영향이 크게 작용했을 것이다. 안산의 경우 <그림 2>를 통해서 부평과 비교할 때 주막의 분포에서 별다른 차이점이 드러나지 않는다. 이러한 현상은 행정구역의 경계가 어떻게 이루어지느냐의 문제에 큰 영향을 받은 것이다. 실제 가장 남단에 위치한 평택의 경우 단 3개소의 주막만이 확인된다. 그러나 <그림 2>를 통해 보면 평택을 중심으로 다수의 주막이 존재했음을 확인할 수 있다. 이는 평택의 치소를 중심으로 존재한 다수의 주막들이 행정구역상으로는 21개소의 주막이 분포한 진위를 비롯하여 양성과 안성의 경내에 존재했기 때문에 발생한 현상이다.

이와 같은 상황은 결국 서울과의 거리가 주막의 분포에 일정하게 영향을 미칠 가능성을 열어두는 것이다. 더욱이 서울과의 거리에 따른 주막 밀도의 차이는 주막의 분포를 주요도로와 연관시킬 때 보다 흥미롭다. 수원을 기준으로 북쪽에 존재하는 주막은 다수가 주요도로에 인접하여 위치한다. 반면 그 남단인 진위와 평택 인근 주막들은 주요도로를 벗어나서 존재하는 다수의 주막들을 확인할 수 있다. 이것을 상권을 포함한 생활권의 측면에서 본다면, 서울 인근 지역은 서울의 구심력이 강하게 작용하는 반면, 경기 외곽지역은 서울의 구심력이 상대적으로 약화되면서 지방 거점들의 역할이 보다 중요하게 작용하였다는 것을 의미한다.

경기 남서부와 서울을 오가기 위해서는 한강을 지나야 한다. 한강 남단으로 5개소의 주막이 존재하며, 이들은 나루와 같은 시설들과 인접하여 위치한다. 특히 주목되는 것은 영등포지역으로, 이 지역에는 2개소의 주막이 장시와 나루 및 영등포역과 함께 확인된다. 영등포는 <그림 2>에서도 확인할 수 있듯이 경기 남서부 일대에서 서울로 들어가는 길목이었으며, 영등포역 역시 경인선과 경부선이 갈라지는 분기점으로서 서울과 지방을 오가는 사람과 물산이 모여드는 곳이었다.

한강의 나루와 주막이 밀접한 관련성을 보이는 데 반하여, 서해 연안지역의 나루와 포구들은 주막과 별다른 관련성을 보여주지 않는다. 그것은 서해 도서들에 존재하는 나루와 포구 역시 마찬가지이다. 이것은 해당 포구와 나루들이 주로 인근 주민들의 근거리 이동이나 어업을 위한 어선의 정박 등의 기능을 수행하였기 때문이라 추정된다.

치소 및 장시가 주막의 입지에 미친 결과는 상당히 의외이다. 이 지역의 9개 고을 가운데 치소에 장시와 주막이 모두 존재하는 것으로 파악된 고을은 과천이 유일하다. 앞서 언급했듯이 인천과 안산, 수원, 남양의 4개 고을은 치소에 장시까지 있음에도 주막이 확인되지 않았다. 과천을 제외하고 주막과 장시가 동시에 존재한 지역은 총 8곳을 확인할 수 있다. 특징적인 점은 이 가운데 5곳이 주요도로의 분기점에 존재한다는 점이다. 이와 같은 정황은 당시의 이 지역의 상업 중심지가 행정 중심지인 치소와 분리되어 사람과 물류의 접근성이 높은 지역에 우선적으로 마련되었음을 반증한다.

3) 경기 북서부 지역의 주막 분포

여기에서 경기 북서부 지역으로 분석의 대상으로 삼은 고을은 총 11개 군이다. 이들 고을은 두 개의 주요 교통로를 중심으로 분포한다. 하나는 서울에서 개성과 평양을 거쳐 최종적으로 의주에 이르는 도로로 현재 1번 국도가 이에 해당한다. 고양과 교하, 파주, 장단, 개성이 이 도로 근처에 위치했으며, 개성의 남쪽에 풍덕이 위치한다. 그리고 파주와 장단에서는 경기 북동부지역으로 통하는 중요도로들이 연결되었다. 다른 하나의 교통로는 한강의 남단을 따라 이어지는 노선으로, 양천과 김포, 통진이 육로로 연결되며 강화도와 교동이 바다 건너 연장선에 위치하는 현재 48번 국도에 해당하는 도로이다.

이 지역은 한강이 서울의 남쪽을 감아 북서쪽으로 흘러 서해에 닿고 있다. 그리고 한강은 하구에서 파주와 장단 경계를 흘러내리는 임진강과 합류하고, 최종적으로는 경기도와 황해도의 경계를 따라 흐르는 예성강과 합류하고 있다. 서해바다에서 수로를 따라 서울로 들어오는 입구이기도 한 이 지역은 예로부터 군사적 요충지였으며, 또한 바닷길을 통해 이동하는 전국 물산의 주요 관문이었다. 개성을 지나 의주에 이르는 육로 역시 역대로 중국과의 사신이 오가던 길로 조선에서 가장 중요시하고 발달한 도로였다. 그리고 해운과 육운의 요충지에 위치한 개성은 예로부터 상업의 중심지로 유명한 지역이었다. 이들 지역에는 총 156개소의 주막이 분포하며, 이들의 분포를 지도를 통하여 확인하면 <그림 3>과 같다.

각 고을별 주막의 현황을 서울-강화 노선 먼저 살피면 양천이 3개소, 김포가 8개소의 주막이 존재하며, 통진에 17개, 강화에 27개, 교동에 2개소의 주막이 각각 확인된다. 서울-개성 노선에서는 고양 10개, 교하 0개, 파주 11개, 장단 57개, 개성 12개, 풍덕 9개의 분포를 보여준다. 이와 같은 군별 주막의 분포는 앞서 살핀 경기 남서부일대의 그것과 매우 유사하다.

<그림 3>에 나타난 주막의 분포를 살펴보면 이와 같은 경향은 유사함을 넘어 거의 동일한 양상임을 알 수 있다. 서울-강화 노선에서는 교동을 제외한 강화로부터 양천까지 점차 주막의 수가 감소하고 있다. 그러나 중간에 놓인 김포의 경우 8개소의 주막 가운데 5개소가 남서쪽 해안지역에 집중되어 있음을 알 수 있다. 이들을 제외한다면 서울 인근의 양천일대에 주막이 다소 존재하다가 그 외곽인 김포의 주막 밀도는 감소하며, 가장 외곽지역인 통진과 강화 일대의 주막 밀도가 증가하는 양

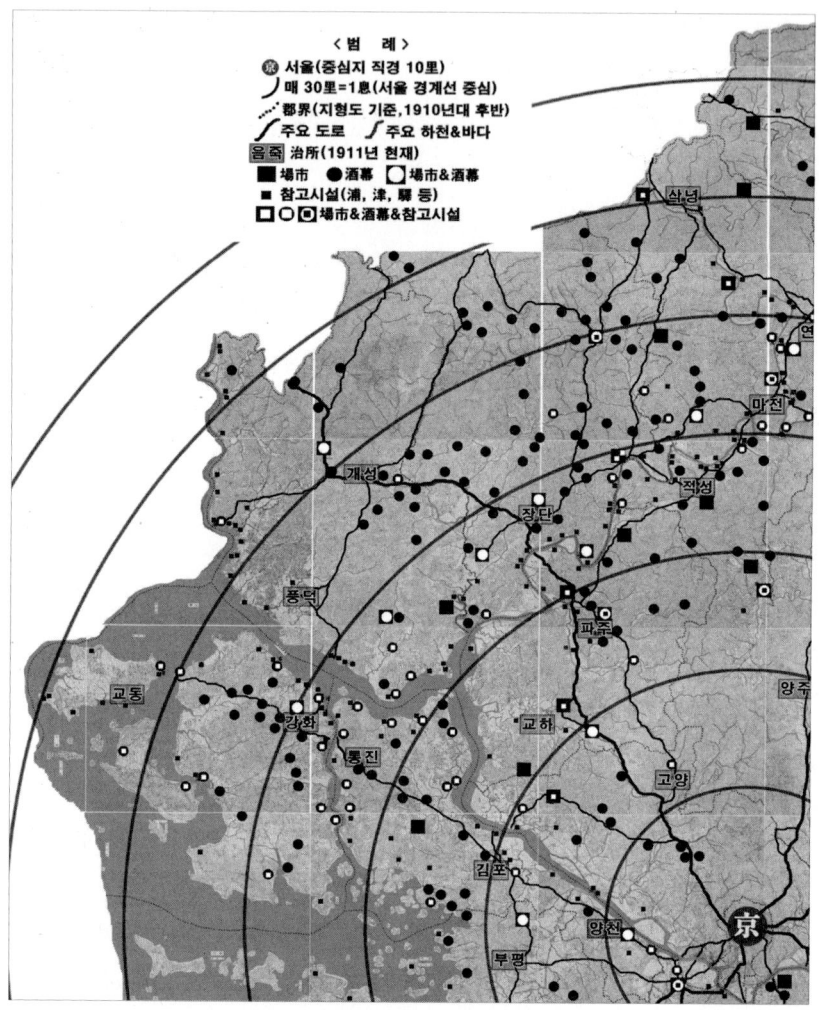

〈그림 3〉 경기 북서부 지역의 주막 분포

상을 보여준다.

서울-개성 노선 역시 마찬가지이다. 서울과 접한 고양에는 10개소의 주막이 존재한다. 그러나 그 외곽인 교하에는 주막을 확인할 수 없다. 교하의 경우를 조사수준의 문제로 치부한다 하더라도 파주 역시 마찬가지이다. 파주에 존재하는 11개 주막의 대부분은 치소를 중심으로 북쪽에 위치하며, 남쪽에 소재한 주막은 단 2개소에 불과하다. 그리고 파주 북부를 위시하여 그 바깥쪽으로 위치한 장단과 개성, 풍덕에 다시 다수의 주막들이 등장한다.

주요도로와 관련한 주막의 분포도 남서부의 그것과 동일한 양상을 보여준다. 이는 앞서의 추정에 힘을 더해주는 것으로, 보다 구체적으로 다음의 두 가지로 정리할 수 있다. 첫째, 경기도 내 주막의 분포는 서울과의 거리에 영향을 받는다. 이는 도보로 이동하는 당시의 상황을 반영히는 것으로, 일정한 시간 내에 이동할 수 있는 거리의 제약에 기인한다. 주막의 밀도가 낮은 중간지대가 대체로 30리가 넘는 것으로 볼 때, 주막의 분포는 사람의 1일 이동거리(1日程=3息=90里)를 반영한 것으로 추정된다. 이와 같이 서울과의 거리가 경기도 내 주막의 분포에 중요한 영향을 미친다는 것은 결국 당시 서울과 경기 각지간의 인적 이동이 매우 활발하였음을 의미한다. 둘째, 서울에 인접한 지역은 서울을 중심으로 하는 권역이 형성되나, 서울에서 떨어진 경기 외곽 지역은 지방 거점을 중심으로 하는 권역이 형성되고 있다. 그리고 이들 지역은 지방 거점을 통하여 서울로 연결되고 있다고 할 수 있다.

이 지역에 존재하는 한강하류는 서울로 향하는 물산의 중요한 이동로에 걸맞게 포구와 나루 및 주막이 요소요소에 위치하고 있다. 이와 같은 모습은 임진강 역시 마찬가지이나, 예성강은 포구와 나루의 분포에 비해 주막의 수가 지나치게 적게 나타난다. 그러나 예성강의 경우를 구체적으로 언급하기 위해서는 강 건너편 황해도 지역에 대한 검토가 선행되어야 한다.

인천 남쪽 서해안 일대의 나루와 포구가 주막과 별 관련성을 보이지 않음에 비해, 이 지역의 연안에는 주막이 매우 발달해 있다. 김포와 인접한 부평 일대에는 바닷가에 위치한 포구가 2곳임에 비해 이에 인접한 주막은

7개소로 확인될 정도이다. 이러한 정황은 두 가지로 해석할 여지가 존재한다. 하나는 해산물을 구입하려는 상인들의 왕래이고, 다른 하나는 이곳을 기점으로 이루어지는 물산과 인구의 원거리 해상 이동이다. 어느 경우이건 서울이라는 대도시를 배후로 하기 때문에 가능한 일이라 볼 수 있다.

4) 경기 북동부 지역의 주막 분포

여기에서 경기 북동부로 간주하여 분석의 대상으로 삼은 고을은 양주를 포함하여 8개군이다. 이 지역의 주요도로는 서울을 출발하여 경기도 북동방향으로 뻗어 나가 강원도 금화와 금성을 거쳐 함경도 원산에 이르고, 보다 연장하여 두만강 유역의 경흥에 이르는 도로라 할 수 있다. 현재의 3번 국도와 43번 국도가 이에 해당한다. 그리고 이 도로와 서울-의주간 도로를 횡으로 연결하는 도로가 경기 북부에 존재하였다. 가평을 제외한 양주, 포천, 영평, 적성, 마전, 연천, 삭녕이 이에 해당하는 고을이다. 가평은 서울에서 동쪽으로 가다가 북한강을 따라 춘천, 양구로 이어지는 현 46번 국도의 경기 동편 경계에 위치한다.

임진강의 상류가 삭녕으로부터 연천, 마전, 적성을 지나 흘러가고 있으며, 영평 인근에서 흘러 내려온 한탄강이 마전 근처에서 임진강과 합류하고 있다. 또한 동으로는 가평을 거쳐 내려온 북한강이 양주 남단에서 남한강과 합류하여 서울로 흘러 들어간다. 이 지역은 경기도 내에서 가장 험준한 지역으로 서울-경흥로는 골짜기와 고개로 이루어져 있다시피 하다. 그러나 모든 구간의 마차운행이 가능하다는 언급으로 볼 때, 도로 자체의 사정은 그다지 나쁘지 않았던 것으로 파악된다.[26]

경기 북서부 지역의 주막 분포를 검토하는 가장 큰 장애는 ≪조선지지자료≫에 양주군이 누락되었다는 사실이다. <그림 4>를 통해서도 알

---

26) 『(國譯)韓國誌』, 韓國精神文化研究院, 1984, 237~245쪽.

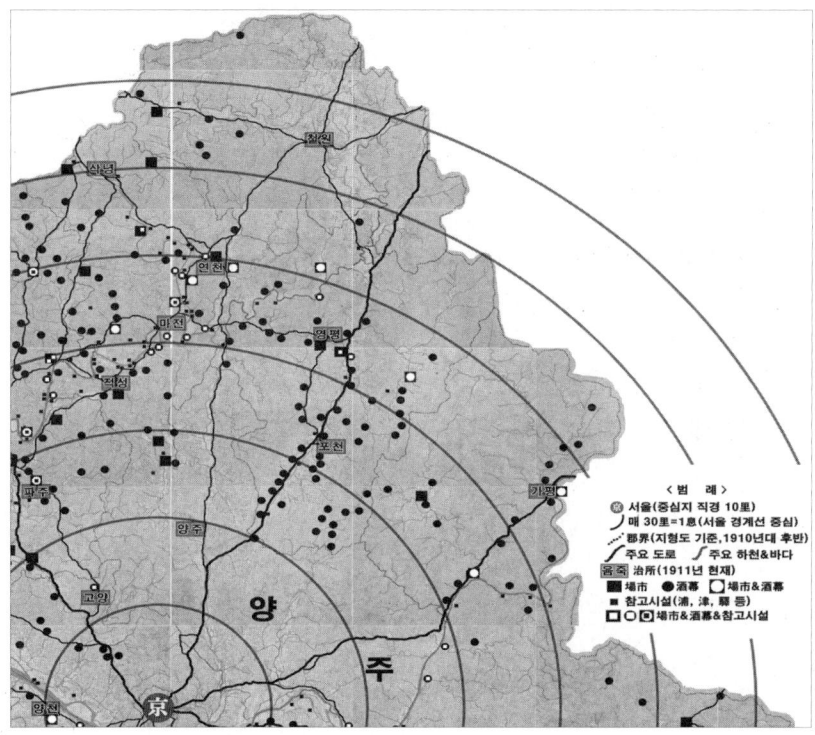

〈그림 4〉 경기 북동부 지역의 주막 분포

수 있듯이 양주는 서울의 동쪽과 북쪽에 걸쳐 인접한 매우 넓은 지역이
었다. 특히 북쪽으로는 마전과 경계를 맞대고 있을 정도로 길게 연장되
어 있었다. 따라서 이 지역의 분석은 특히 서울에 인접한 지역에 대해서
는 제한적일 수밖에 없다.

양주를 제외한 7개군에 분포하는 주막의 총 수는 120개소이다. 북부
지역에 위치한 지역인 적성이 13개소, 마전이 15개소, 연천이 12개소, 삭
녕이 9개소의 주막을 기재하고 있다. 북동쪽으로는 중앙에 위치한 포천
이 38개로 가장 많은 주막의 분포를 보여주며, 그 바깥쪽에 위치한 영평
은 14개소를 나타낸다. 동편의 가평은 19개소로, 포천을 제외하면 각 군

별 주막의 편차가 적다고 할 수 있다.

양주지역의 사례를 알 수 없어 정확한 판단은 어렵지만, 북부지역의 적성, 마전, 연천, 삭녕 일대는 앞서 살핀 경기 북서부 및 남서부의 외곽 지역과 동일한 양상을 보이는 것으로 판단된다. 적성 등지의 주막의 분포는 앞서 살핀 두 지역의 서울 인접 지역에 비하여 밀도가 높으며, 주요도로에 대한 밀집도도 상대적으로 낮은 모습을 보여준다.

반면 포천과 영평 및 가평 일대는 다소 다른 양상을 보여준다. 포천과 영평의 주막들은 반 정도가 주요도로에 인접하여 촘촘히 위치하는 모습을 보여준다. 나머지 반 정도와 가평군의 일부 주막이 포천-영평과 가평의 중간지대에 위치하고 있다. 이들은 포천 남동쪽에 위치한 水源山에서 발원하는 물길을 따라 자리한 것으로 지형도의 "聯路"로 연결되어 있다.27) 그리고 이 연로는 계곡과 고개를 따라 생긴 길로, 서울-포천 및 서울-가평 도로와 평행하게 왕숙천을 따라 서울을 향해 가다가 서울에 거의 근접한 지역에서 서울-가평 도로와 합류하고 있다. 반대편으로는 역시 서울-포천도로와 평행선을 이루면서 철원 지방에 이르고 있다. 이 도로는 현재 47번 국도가 자리한 곳으로, 당시까지는 주요도로로 발전하지는 못한 상태였다.

이와 같은 주막의 분포는 이제까지 살핀 것과는 또 다른 모습을 보여준다. 주요도로와 관련하여 볼 때, 경기도 외곽지역의 경우 지역 거점의 구심력이 서울보다 강하게 작용하면서 지역 거점을 통하여 서울로 연결되는 경향이 이제까지 살핀 모습이었다. 그러나 포천과 영평 및 가평 일대의 주막은 해당 지역 내에 주요 거점이 존재하지 않은 상태에서 서울로 향하는 주요도로를 따라 늘어서는, 서울 인근 지역의 분포와 유사한 모습을 보여 준다. 더 나아가서 계곡과 고개로 연결된 산길이 서울과 지

---

27) <지형도>의 도로는 그 규모에 따라 1등도로-2등도로-연로-간로-소로로 구분하고 있다. 이 글에서 주요도로라 칭하는 것은 1등도로와 2등도로이다.

역을 연결하는 주요도로의 기능을 수행하기도 한다.

이것은 험한 지형적 배경으로 인하여 도로의 자유로운 연장이 어려운 상황에서, 주요도로 자체가 지역 거점의 구실을 하고 있는 것으로 보아야 할 것이다. 그리고 이와 같은 지리적 특성으로 인하여 계곡과 고개를 따라 연결되는 산길도 주요도로와 동일한 기능을 수행하였다. 주막뿐 아니라, 이 지역의 장시 역시도 예외 없이 도로에 인접하여 존재한다는 점에서 이러한 판단은 타당하다. 더하여 계곡과 고개를 잇는 산길에도 이와 같이 주막이 집중적으로 존재하였고, 장시도 열리고 있었다는 사실은 당시의 사람들과 물산이 얼마나 활발하게 전국을 이동하고 있었는지를 반증한다고 할 수 있다.

5) 경기 남동부 지역의 주막 분포

이에 해당하는 지역은 광주, 용인, 양성, 안성, 양지, 죽산, 이천, 음죽, 여주, 양평의 10개 군이다. 이 지역은 지금과 마찬가지로 당시에도 서울과 우리나라의 동부와 남부지역을 잇는 주요 도로들이 종횡으로 교차하는 교통이 발달한 도시였다. 가장 중요한 도로로 서울에서 광주와 이천을 지나 음죽, 장호원을 거쳐 충청북도 충주로 연결되는 현재의 3번 국도에 해당하는 도로가 존재했다. 그리고 수원에서 시작하여 용인과 양지, 이천과 여주를 거쳐 강원도 원주로 연결되는 현재의 42번 국도와 영동고속도로가 지나는 도로가 이 지역을 횡으로 가로지르고 있다.

이외의 주요도로로는 서울에서 한강-남한강을 따라 양평에 이르는 도로가 존재했는데, 양평에서 동쪽으로 강원도 횡성과 홍천으로 가는 도로가 현재 6번 국도와 44번 국도이다. 또한 양평에서 남쪽으로 여주를 거쳐 음죽의 장호원에 이르는 도로는 현재의 37번 국도에 해당한다. 그리고 이 지역의 가장 남단 외곽지역을 평택에서 시작하여 안성, 죽산을 거쳐 음죽의 장호원까지 횡단하는 도로는 현재의 38번 국도에 해당한다.

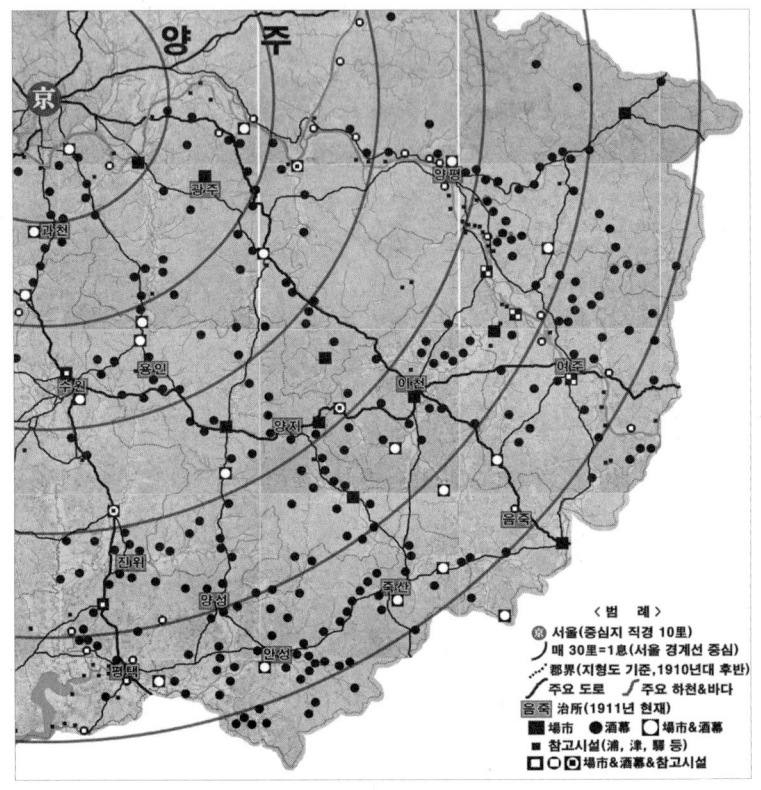

〈그림 5〉 경기 남동부 지역의 주막 분포

　이 밖에도 이 지역의 고을들을 세로로 연결하는 도로들이 존재하였
다. 하천으로는 서울에서 양주와 광주의 경계를 따라 양평과 여주, 충청
북도 충주로 거슬러 올라가는 한강-남한강의 주요 수계가 또한 이 지역
에 존재하였다.

　〈그림 5〉를 통해서도 알 수 있듯, 경기 남동부 지역 역시 다른 지역
들에서 나타나는 주막의 분포 양상이 거의 유사하게 반복된다. 서울에
가장 인접한 광주의 경우 주막의 수가 39개소에 달하며, 용인 역시 30개
소의 주막이 분포한다. 그런데 지도를 통하여 실제 위치를 확인해 본 결

과, 상당히 넓은 범위에 산재되어 분포하고 있으며, 다수가 주요도로에 인접하여 입지한 것을 확인할 수 있다.

그 외곽에 위치한 양지(10개소), 양성(15개소), 안성(28개소), 죽산(30개소), 음죽(4개소), 여주(45개소), 양평(37개소)에 소재한 주막들은 보다 밀집해서 분포하며, 주요도로 이외의 지역에도 다수가 산재해 있다. 결국 이 지역 역시 경기도 내 주막의 분포는 서울과의 거리에 영향을 받는다는 사실과 서울 인근은 서울권역을, 외곽지역은 지역거점을 중심으로 하는 권역을 구성한다는 양상을 다시 한 번 확인해 준다.

이 지역에 위치한 고을들의 치소는 대부분 교통의 요지에 입지한다. 따라서 치소를 중심으로 장시도 발달하는 모습을 보여주며, 경기 외곽지역의 경우 각 지역거점을 중심으로 형성되는 권역의 모습을 뚜렷이 나타내고 있다. 이를 가장 잘 보여주는 지역이 안성이다. 안성은 죽산과 양성, 평택과 주요도로로 연결되는데, 이들 주요도로는 물론이고 치소를 중심으로 하여 사방으로 주막이 밀집하여 분포한다. 그리고 장시는 치소와 같은 지역에 주막과 함께 존재한다. 이는 안성을 중심으로 형성된 지방권역을 단적으로 보여주며, 조선시대에 대구 및 전주와 함께 3대 장에 들었을 정도로 규모가 컸던 안성장의 역할에 기인한 것이라 볼 수 있다. 안성만큼은 아니지만 이 지역의 죽산, 양지, 이천, 여주 등지에서도 교통의 요지이자 장을 끼고 있는 상업적 중심지로서 지역권역이 형성되는 양상을 확인할 수 있다.

양평의 경우 지방권역의 중심지로서의 역할을 잘 보여줌과 동시에 배후지역들을 서울과 연결하는 지역 거점으로서의 모습도 단적으로 보여준다. 치소의 동쪽으로 횡성 및 홍천으로 향하는 길과 여주로 이어지는 길을 양 끝으로 하는 부채꼴 모양의 넓은 지역에 다수의 주막이 퍼져서 존재한다. 반면 치소의 서쪽으로는 서울로 향하는 길을 따라서만 주막이 입지하는 것을 확인할 수 있다. 즉 주막의 분포로 볼 때, 양평은 동

편의 넓은 지역과 서쪽의 서울을 연결하는 중요한 지역 거점으로서의
역할을 하고 있음을 확인할 수 있다.

4. 결 론

이상에서 주막의 구체적인 입지 및 사회경제적 배경을 검토하였고,
이어서 경기도에 존재했던 주막들의 분포와 그 양상을 개괄적으로 살펴
보았다. 전자는 전라남도 구례군 토지면의 사례를 분석한 것으로, 1890
년과 1895년에 작성된 두 건의 토지면 <가좌책>에 대한 분석을 통하여
이루어졌다. 후자는 1911년경에 작성된 ≪조선지지자료 - 경기도편 - ≫
에 수록된 주막들을 지도상의 실제 위치에 비정하고 그 분포양상을 검
토하는 방법으로 접근하였다.

우리는 농촌지역의 주막에 대하여 대체로 인가들과 떨어진 곳에 홀
로 존재할 것이라고 생각해 왔다. 그러나 <가좌책>과 ≪조선지지자료≫
에 등장하는 구례군 토지면의 주막들은 이와는 다르게 다른 인가들과
함께 촌락에 존재하였음을 확인할 수 있었다. 이것은 영세성과 불안정성
이라는 당시 농촌 지역에 소재한 많은 주막의 공통적인 성격에서 말미
암은 것이었다. 즉 주막업이 사회적, 경제적으로 안정적인 생업의 수단
이 되기에는 불충분했으며 임시적이거나 보조적인 생계유지 방편으로서
기능했기에, 주막업을 위한 독립된 공간이 아니라 사람들이 모여 사는
촌락 내에 주막이 존재할 수밖에 없었다.

실제 1890년과 1895년의 토지면 <가좌책>을 분석한 결과, 토지면의
주막들은 가구구성, 경제적 기반, 사회신분, 폐업과 절호 등의 다양한 양
상의 불안정성을 보여주고 있었다. 토지면의 주막들은 대체로 과부와 홀
아비로 대표되는 불안정한 가구구성과 상대적으로 낮은 사회·경제적 상
태를 영위하는 가호에서, 생계수단의 일환으로 여성이 중심이 되어 영세

한 규모로 운영되던 상태였다. 그리고 주막업은 해당 호의 절호나 업종 포기현상으로 볼 때, 경제적인 안정성은 물론 사회적 인식의 측면에서도 그리 좋은 결과를 가져오지는 못했던 것으로 추정된다.

《조선지지자료-경기도편-》에 따르면, 주막들은 1910년 무렵 서울과 양주 등지를 제외한 경기도 전역에 600여 개소 이상이 존재하였다. 이 주막들은 경기도 내의 곳곳에 자리하였으며, 이것은 당시 사람들의 이동이 얼마나 활발하였는지를 단적으로 보여준다.

경기도 내 주막의 분포가 보여주는 중요한 특징은 그것이 서울과의 거리와 밀접한 관계를 지닌다는 사실이다. 대체적인 경향은 서울 인접 지역에는 일정한 수의 주막들이 분포하나, 중간지대에는 상대적으로 적은 수의 주막들이 분포하며, 가장 바깥쪽인 경기도 외곽지역에 많은 주막들이 산재되어 나타나는 모습을 보여준다. 이는 도보로 이동하는 당시의 상황을 반영한 것으로 보인다. 이와 같이 서울과의 거리가 경기도 내 주막의 분포에 중요한 영향을 미친다는 것은 결국 당시 서울과 경기 각지간의 인적 이동이 그만큼 활발하였음을 반증한다고 하겠다.

서울과의 거리와 더불어 경기도 내 주요도로와의 인접성을 함께 고려하면 또 다른 중요한 특징을 발견할 수 있다. 서울에 인접한 지역의 주막들은 주로 서울을 중심으로 펼쳐진 주요도로에 인접하여 자리한 반면, 경기 외곽 지역은 주요도로에서 벗어난 지역에도 다수의 주막들이 입지한다. 이는 서울에 인접한 지역의 경우 서울의 구심력이 작용하면서 서울을 중심으로 하는 권역이 형성되었음을 추정하게 한다. 반면 서울에서 떨어진 경기 외곽 지역은 교통의 요지, 장시, 치소 등의 지방 거점을 중심으로 하는 권역이 형성되었으며, 이들 지역은 지방 거점을 통하여 서울로 연결되는 모습을 나타낸다.

서울에서 떨어진 외곽지역이라 하더라도, 산악 지대와 같이 험한 지형의 경우는 도로의 발달이 제한되면서 다른 지역과 같은 지방거점의 모습이 나타나지 않는다. 주요도로가 존재하는 경우에는 해당 도로 자체가 지방거점의 역할을 수행하였으며, 그렇지 않은 경우에는 계곡과 고개를 연결하는 험한 산로일지라도 해당 도로가 지역 거점의 구실을 하는 모습을 보여준다.

주요 하천과 해안가에 소재한 나루와 포구의 경우도 지역에 따라 주막과의 관련성이 상이하게 나타난다. 한강 및 임진강의 경우는 나루와 주막이 매우 밀접하게 관련을 맺고 있음을 알 수 있다. 이는 이 두 하천이 주요한 물류와 인구의 이동로의 구실을 하기 때문에 나타나는 현상이다. 또한 험준한 고개와 마찬가지로 주요 육로를 통한 이동을 가로막는 큰 하천이기 때문에 나타난 현상일 가능성도 역시 존재한다.

연안 및 도서지역에 존재한 나루와 포구의 경우 인천일대를 기준으로 상반되는 모습을 보여준다. 인천 남쪽으로 위치한 서해연안 및 도서지역의 나루와 포구는 주막과 별다른 관련성을 보여주지 않는다. 이는 해당 나루와 포구들이 인근 주민들의 근거리 이동이나 어선의 정박 등을 위한 시설이었다는 이유에서 기인한 것으로 추정해 볼 수 있다.

반면 인천 북쪽의 김포, 통진, 강화 일대의 연안지역은 주막이 매우 발달한 모습을 보여준다. 해산물 등을 구입하려는 상인들의 빈번한 왕래나 이곳을 기점으로 이루어지는 물산과 인구의 원거리 해상 이동에 기인한 것으로 판단된다. 이것은 결국 이 지역이 서울이라는 대도시를 배후로 하기 때문에 가능한 일이라 볼 수 있다.

이상에서 살핀 경기도 내 주막의 분포에 대한 특징은 전체적 양상을 통해 유추해 낸 결과물들이다. 서론에서 언급했듯이 이 글의 목적은 일차적으로 보다 심화된 분석의 가능성을 검토하고 그 토대를 확보하는 것에 있다. 따라서 이러한 결론에 대해서는 관련한 많은 자료들 및 기존의 연구성과들을 통한 보다 구체적이고 실증적인 분석이 차후의 과제로 남아있다.

〈참고문헌〉

『朝鮮地誌資料』(국립중앙도서관 古 2703-1).
『庚寅八月日 吐旨面家座姓名成册』(한국학중앙연구원 장서각 MF 35-005093).
『乙未四月日 吐旨面家座册』(한국학중앙연구원 장서각 MF 35-005093).
朝鮮總督府 編, 『(近世)韓國五萬分之一地形圖』(경인문화사 영인본).
『新舊對照 朝鮮全道府郡面里洞名稱一覽』, 1917.
丁若鏞, 『牧民心書』.
『(國譯)韓國誌』, 韓國精神文化研究院, 1984.

B. 비숍(신복룡 역주), 『(한말 외국인 기록 21)조선과 그 이웃나라들』, 집문당, 2000.
日韓書房編輯部, 『朝鮮地誌』, 日韓書房, 1912.
朝鮮總督府 編, 『朝鮮の市場』, 1924.
한글학회 편, 『한국지명총람』, 1966.
羅鍾宇, 「傳統 宿泊施設의 變遷 - 韓末 서울을 中心으로-」『鄕土 서울』 37, 1979.
마쓰다 도시히코, 「『주막담총(酒幕談叢)』을 통해 본 1910년대 조선의 사회상황과 민중」, 김농노 외, 『일제 식민지 시기의 통치체제의 형성』, 2006, 혜안.
배도식, 「옛 酒幕의 民俗的 考察」『한국민속학』 15, 민속학회, 1982.
裵桃植, 『韓國民俗의 現場』, 集文堂, 1993.
신종원, 「필사본 ≪朝鮮地誌資料≫解題 - 강원도를 중심으로-」『강원도 땅이름의 참모습 - ≪朝鮮地誌資料≫ 江原道篇-』, 경인문화사, 2007.
신종원·김홍삼, 「필사본 ≪朝鮮地誌資料≫解題 - 경기도를 중심으로-」『경기 땅이름의 참모습 - ≪朝鮮地誌資料≫ 京畿道篇-』, 경기문화재단, 2008
李鍾範, 「19세기 후반 賦稅制度의 운영과 社會構造 - 전라도 구례현 사례-」『동방학지』 89·90 합집, 연세대학교 국학연구원, 1995.
李俊九, 「朝鮮後期의 閑良과 그 地位」『國史館論叢』 제5집, 國史編纂委員會, 1989.
임종국(민족문제연구소 엮음), 『한국인의 생활과 풍속(상)』, 아세아문화사,

1995.

주영하, 「'주막'의 근대적 지속과 분화 – 한국음식점의 근대성에 대한 일고(一考) – 」『실천민속학연구』 제11호, 2008.

崔永俊, 『嶺南大路 – 韓國古道路의 歷史地理的 研究 – 』, 고려대학교 민족문화연구소, 2004.

허우긍·도도로키 히로시, 『개항기 전후 경상도의 육상교통』, 서울대학교출판부, 2007.

필사본 『朝鮮地誌資料』 京畿道 廣州郡 수록 地名 表記의 분석적 연구*

-漢字 地名 表記의 재해석 현상을 중심으로-

이건식

(한국학중앙연구원 선임연구원)

1. 서 언

『朝鮮地誌資料』[1]는 1911년에 작성된 것[2]으로 추정되며, 지명 연구의 귀중한 자료로 평가되어 왔다.[3] 몇 사람이 부분부분 필사한 54책으로 현재 국립중앙도서관에 유일하게 소장된[4] 『朝鮮地誌資料』에는 전국

---

* 이 글은 2008년 11월 21일 경기문화재연구원과 한국학중앙연구원 동아시아 역사문화연구소가 공동으로 주최한 朝鮮地誌資料의 地理 정보 활용을 위한 학술회의에서 필자가 발표한 「漢字 차용 표기로 굴절된 우리 지명의 참모습」을 전반적으로 수정한 것이다. 학술회의 자료집을 책으로 출간하는 것이 지체되어 『震檀學報』 제107호에 투고되어 게재되었다. 이 때도 글의 내용이 전반적으로 수정되었다. 이 글은 『진단학보』에 실린 것을 그대로 수록한 것이다.
1) 국립중앙도서관 소장번호, 古2703.
2) 신종원, 『강원도 땅이름의 참모습』, 경인문화사, 2007, 3~9쪽.
3) 임용기, 「지명 자료의 데이터베이스 구축과 관련한 몇 가지 문제」 『한국어와 정보화』, 태학사, 2002, 107~108쪽.

각 지역의 小地名까지도 풍부하게 수록되어 있음은 물론, 특히 借字表記에 대응하는 한글 표기(토박이말)의 지명도 풍부하게 수록되어 있기[5] 때문이다. 이 글은 『朝鮮地誌資料』 京畿道 廣州郡 편에 수록된 地名 表記를 대상으로 그 특징을 분석하여 漢字 地名 表記로 발생되는 지명의 재해석 현상 일부를 밝히고자 한다.

土山名, 古碑名, 書院名을 제외하면, 『朝鮮地誌資料』 京畿道 廣州郡 편에는 877개의 지명이 수록되어 있다. 이 중에서 漢字 表記로만 제시된 지명은 673개, 한글 표기로만 제시된 지명은 15개, 漢字 表記와 대응되는 한글 표기가 모두 제시된 지명은 189개 등이다. 漢字 借字 表記와 대응 한글 표기가 『龍飛御天歌』에서 173개,[6] 『頤齋亂藁』에 413개[7] 등이 수록된 것과 비교해 볼 때, 『朝鮮地誌資料』의 그것은 매우 풍부한 것임을 알 수 있다. 1903년에 간행된 『羅馬字索引 朝鮮地名字彙』에 3,047개 지명[8]의 한자 표기와 대응 로마자 표기가 수록된 것과 비교해 볼 때도 『朝鮮地誌資料』의 그것은 매우 풍부한 것임을 알 수 있다.

수록 지명의 방대성으로 말미암아 『朝鮮地誌資料』의 지명에 대한 종합적인 연구가 이루어지지는 않았으나 부분적인 연구는 진행되었다. 임용기(1996)에서 『朝鮮地誌資料』의 서지적 특징을 연구하였다. 그 결과

---

4) 임용기, 「朝鮮地誌資料와 부평의 지명」 『기전문화연구』 제24집, 인천교육대학교 기전문화연구소, 143쪽.

5) 임용기, 「지명 자료의 데이터베이스 구축과 관련한 몇 가지 문제」 『한국어와 정보화』, 태학사, 2002, 107~108쪽.

6) 송기중, 「近代 地名에 남은 訓讀 表記」 『지명학』 6, 한국지명학회, 2001, 180쪽.

7) 조강봉, 「頤齋亂藁 소재 한글표기어휘 자료」 『지명학』 13, 한국지명학회, 2007.12, 276~287쪽에 頤齋亂藁의 지명 표기 자료가 소개되어 있는데 필자가 이곳에 소개된 지명의 수를 계산한 것이다. 413개의 일부에는 지명의 표기가 아닌 것도 더러 있음을 밝혀 둔다.

8) 송기중, 「近代 地名에 남은 訓讀 表記」 『지명학』 6, 한국지명학회, 2001, 182쪽.

함경도 지역의 것이 누락되어 있으며, 전라도의 것도 1책만 남아 있음이
밝혀졌다.9) 임용기(1996)는 조선 후기 부평군 읍지에 수록된 지명과의
대조를 통해 『朝鮮地誌資料』의 부평군 편에 부평 지역의 모든 지명이
낱낱이 기재되지 않은 사실을 밝혔다.10) 그리고 한자 차자 표기와 한글
표기의 관계에 대해서도 개괄적으로나마 기술하였다. 김기혁(2004)에서
는 『朝鮮地誌資料』 자료 중 부산과 기장 지역의 내용을 발췌하여 영인
자료를 간행하면서, 『朝鮮地誌資料』의 행정 구역명이 1896년에 개편된
것을 반영하고 있다는 특징11)을 밝혔다. 신종원(2007)에서는 『朝鮮地誌
資料』의 강원도 편 전체를 다루면서 내용 서지적인 사항을 깊이 고찰하
여 편찬 시기를 1911년으로 확실하게 추정하였다.12) 더 나아가 신종원
(2007)은 잘못된 편집 오류로 오자가 있음을 기술하였고13), 지명이 가지
는 역사자료, 민속자료, 국어자료로서의 가치를 드러내었다. 또 한자 차
자 표기자와 한글 표기의 관계에 대해서도 개괄적으로 다루고 있다. 한
편 강원대학교박물관(1996)14), 한정규(2002)15), 박채은(2007)16) 등에서
는 각각 화천, 속초, 울산 지역의 것을 발췌·영인하면서 『朝鮮地誌資料』
에 대한 해제를 작성하였다.

이상으로 살펴본 바와 같이 지금까지의 『朝鮮地誌資料』에 대한 연구

---

9) 임용기, 「朝鮮地誌資料와 부평의 지명」 『기전문화연구』 제24집, 인천교육
   대학교 기전문화연구소, 146~147쪽.
10) 임용기, 「朝鮮地誌資料와 부평의 지명」 『기전문화연구』 제24집, 인천교육
    대학교 기전문화연구소, 179~181쪽.
11) 김기혁, 「朝鮮地誌資料 중 부산지명자료」 『부산지역연구』 10권 1호, 143~
    144쪽.
12) 신종원, 『강원도 땅이름의 참모습』, 경인문화사, 2007, 3~9쪽.
13) 신종원, 『강원도 땅이름의 참모습』, 경인문화사, 2007, 10~13쪽.
14) 강원대학교박물관, 『화천의 역사와 문화유적』, 강원대학교, 1996.
15) 한정규 엮음, 『속초의 옛땅이름』, 속초문화원, 2002.
16) 박채은 책임편집, 『필사본 朝鮮地誌資料속 蔚山의 옛 땅이름』, 울산남구문
    화원 부설 향토문화연구소, 2007.

는 매우 미진하다. 앞으로 『朝鮮地誌資料』에 대한 정밀한 연구가 필요
하다. 全國을 대상으로 한 『朝鮮地誌資料』의 지명 수록 양식은 道와 郡
마다 다소 차이를 가지고 있다. 따라서 『朝鮮地誌資料』 전체를 대상으
로 내용 서지적인 사항이 정밀하게 규명되어야 한다. 이를 바탕으로 한
자 표기와 대응된 한글 표기의 상관 관계를 정밀하게 분석한 다음, 한자
로만 표기된 지명 표기의 특징을 분석해야 할 것이다.

　그런데 차자 표기는 수의적이어서 지명의 한자 표기가 가지는 표기
법적 특징을 밝히는 것은 그리 쉬운 일이 아니다. 이 글에서는 이러한
차자 표기의 불완전성과 수의성을 넘어서는 하나의 방편으로 금석문이
나 문헌 자료에서 역사적인 이표기를 수집하여 이표기 간의 상관 관계
속에서 한자로만 표기된 지명 표기의 특징을 밝히고자 한다.

　18세기 후반에 간행된 『輿地圖書』의 廣州郡 坊里 龜川面 條와 『戶口
總數』의 廣州郡 中臺面 條에는 각각 古多只洞과 巨余未洞이 실려 있다.
이 古多只洞과 巨余未洞은 『朝鮮地誌資料』에는 실려 있지 않다. 古多只
洞과 巨余味洞이 촌락명이자 행정 구역이므로 古多只洞과 巨余味洞은
각각 『朝鮮地誌資料』 광주군 편에 실려 있는 龜川面 高德里와 中垈面의
巨余洞에 대한 異表記임이 분명하다. 또 『朝鮮地誌資料』 광주군 편의
彦州面에 대한 異表記를 19세기 말에서 20세기 초의 고문서에서 발견할
수 있다. 규장각에 소장된 고문서에서 우리는 彦州面의 異表記인, 彦朱
面[17], 彦州里面[18], 彦周里面[19] 등을 확인할 수 있다. 이러한 異表記는
한자 차자 표기의 불완전성과 수의성에 말미암아 발생된 것이다. 그렇지

---

17) 龍洞宮事例節目(奎 18343-9), 1848년(헌종 14), "廣州彦朱面良才大峙兩里
　　賜牌田畓卜數".
18) 權秉九訴狀(山訟)(奎 82761), 『고문서』, 1903년(광무 7), "被告本府彦州里面
　　大峙居鄭煥圭".
19) 京畿道各郡訴狀(奎 19148), 『고문서 19』, 1906(광무 10), "京畿 廣州府 彦周
　　里面 居 請願人 尹敬淳"

만 이러한 이표기는 역설적으로 한자로만 표기된 지명 표기의 특징과 지명의 의미를 밝히는 단서가 된다.

『世宗實錄地理志』, 『新增東國輿地勝覽』, 『輿地圖書』 등 전국 지리지의 광주군 또는 광주목 조와 규장각 소장의 광주군 고지도[20] 등에서 『朝鮮地誌資料』에는 수록되지 않은 광주군의 한자 차자 표기 지명을 많이 발견할 수 있다. 원전의 오류 등 여러 문제를 검토한 후에나 정확한 수를 파악할 수 있기는 하지만 적게는 100여개에서 많게는 300개 정도일 것으로 추측된다. 『朝鮮地誌資料』에 누락된 지명도 있을 수 있고, 『朝鮮地誌資料』와는 계통이 다른 이칭이어서 누락된 지명도 있을 것이다. 그러나 대부분은 異表記 관계에 있는 한자 차자 표기로 추정된다. 그렇지만 異表記 관계에 있음을 증명하기란 쉽지 않다. 특히 고지도에 수록된 지명 표기는 그 위치가 정확히 표시되지 않아 더욱 그것을 증명하기가 어렵다.

그런데 神道碑, 墓碣, 墓表 등 金石文에 기재된 지명의 異表記는 그 관계를 증명하기가 비교적 쉽다. 즉, 특별한 경우가 아니면 금석문의 出土地와 금석문에 기재된 지명은 일치하기 때문이다. 이 점에 착안하여 이 글은 광주군 내에 산재한 금석문에서 광주군 지명의 한자 차자 표기를 수집하여 『朝鮮地誌資料』 광주군 편에 실린 지명과 대조하고자 한다.

광주군은 역사·문화적으로 유서가 깊다. 따라서 신도비, 묘갈, 묘표 등 금석문 자료가 풍부히 남아 있다. 또 금석문 자료를 남긴 사람들도 역사적으로 중요한 인물이다. 이것은 광주군 지명의 異表記를 비교적 많이 수집할 수 있음을 말한다. 이 점이 이 글에서 광주군의 지명 표기를 연구 대상으로 삼은 까닭이다.

---

20) 이 글에서는 규장각 소장 광주부 지도 중, 『해동지도(1724~1776 古大 4709-41-v.1-8)』, 『광여도(古 4790-58:[18世紀(英祖13~英祖52:1737~1776)])』, 『1872년 지방도』, 『대동방여전도([19世紀 中盤(哲宗 年間:1849~1863)』, 『동여도[19世紀 中盤(哲宗 年間:1849~1863)]』, 『輿地圖(古4709-68)』 등을 검토하였다.

2.『朝鮮地誌資料』수록 경기도 광주군 지명의 특징 분석

1) 수록 지명의 종류 분석

古碑名과 土山物名을 제외하면,『朝鮮地誌資料』경기도 광주군 편에는 모두 887개의 지명이 실려 있다. 두 가지 관점에서 887개 지명과 그 표기의 종류를 이해할 수 있다. 하나는 지명 표기의 관점이고, 다른 하나는 門目의 관점이다.

『朝鮮地誌資料』에는 세 종류의 지명 표기 방식이 보인다. 즉 한글로만 표기 된 지명, 한자와 한글이 모두 표기된 지명, 한자로만 표기된 지명 등이다. 세 종류의 지명 표기를 구체적인 예로 설명하기로 한다. 다음은 彦州面의 山谷名에 기재된 것을 가져온 것이다.

1) ㄱ. 사당굴
    ㄴ. 薇谷/고사리골
    ㄷ. 南山谷

(1ㄱ)은 지명이 한글로만 표기된 것으로 전체 887개 중 15개의 지명이 이 방식의 표기로 기재되어 있다. (1ㄴ)은 한자와 한글 표기가 모두 제시된 지명 표기로 전체 887개 중 183개의 지명이 이 방식의 표기로 기재되어 있다. (1ㄷ)은 한자만으로 지명을 표기한 것이다. 이 유형이 가장 많다. 887개의 지명 중 699개의 지명이 이 방식으로 표기되어 있다.

『朝鮮地誌資料』에는 행정 구역의 단위인 面과 門目을 기준으로 지명을 수록하고 있다. 面과 門目에 따라 수록된 지명의 수를 정리하면 다음과 같다.

〈표 1〉

面名	山谷名	嶺峙峴名	江川溪澗名	池名	渡津名	浦口名	城保名	野坪名	堤堰洑名	驛名	院名	古蹟名所名	市場名	寺刹名	酒幕名	洞里村名	合計
郡內面	16	2		1			4	3					1	1	3	19	50
東部面	15	4	5	2	2	1		28	5	1	1		1		6	17	88
退村面	4	2	2		1			2							1	21	34
慶安面	5	3	2					3		1				1	4	19	38
草月面	1	2	1					3				1			4	28	40
實村面	34	12	3		2			10	1							30	92
都尺面	34	15	6					23	23				1	1	3	13	119
細村面	1	1							1					2	1	7	13
突馬面	27		2					15	4	1					3	15	67
五浦面	20	11						19								19	69
樂生面	1		1					1	3					1	5	14	26
大旺面	4		1					3	2					2		21	33
旺倫面	7	5						10						1		21	44
義谷面	3	1						3						2		8	18
彦州面	33	16	8	2		2		16	5				1	1	4	21	109
中臺面	1	1	2					1	1					1	1	10	18
西部面	1														1	11	13
九川面	1				2		1	1							2	10	17
합계	208	75	33	5	5	5	5	141	45	3	1	1	7	10	39	304	887

산, 고개 등은 행정 구역을 나누는 경계가 되며, 하천은 여러 면을 통과할 수 있다. 산과 하천의 이러한 특성으로 산, 고개, 하천 등은 2개 이상의 面에 이중으로 등재될 가능성이 있다. 『朝鮮地誌資料』 경기도 광주군 편에서 산, 고개, 하천 등의 지명이 중복적으로 기재된 현상을 관찰할 수 있다. 2개면 이상에 중복적으로 기재된 지명은 다음과 같다.

2) ㄱ. 渴馬峙(慶安面, 突馬面), 葛峴(都尺面, 實村面), 慶安川(慶安面, 退

---

21) '院名'은 여기에서는 '鄕校'를 말한다.

村面), 菊秀峯(都尺面, 五浦面), 慕洛山(儀谷面, 旺倫面), 發梨峯(突
馬面, 五浦面), 白馬山(五浦面, 慶安面), 屛風山(郡內面, 旺倫面), 靈
長山(突馬面, 細村面), 五峰山(郡內面, 旺倫面), 二拜峴(慶安面, 細
村面), 炭川(大旺面, 中垈面)
ㄴ. 淸溪山(樂生面, 大旺面, 彦州面, 儀谷面)

(2ㄱ)은 2개의 면에 이중으로 기재된 지명이고, (2ㄴ)은 4개의 면에
중복적으로 기재된 지명이다. (2ㄱ)의 11개, (2ㄴ)의 3개를 제외하면, 『朝
鮮地誌資料』 경기도 광주군 편에는 전체 887개 중 14개를 제외한 873개
의 지명이 수록되었다.

<표 1>에서 山谷名, 嶺峙峴名, 江川溪澗名, 池名, 渡津名, 浦口名, 城
保名, 野坪名, 堤堰洑名, 驛名, 院名, 古蹟名所名, 市場名, 寺刹名, 酒幕
名, 洞里村名 등으로 門目의 명칭을 제시했다. 그러나 『朝鮮地誌資料』
경기도 광주군 편에 門目의 명칭이 일관되게 통일되어 기재된 것은 아
니다. 山谷名, 嶺峙峴名, 江川溪澗名, 堤堰洑名, 洞里村名 등은 면마다
그 명칭이 다소 다르다. 문목 명칭이 다른 것을 제시하면 다음과 같다.

〈표 2〉

面名	山谷名	嶺峙峴名	江川溪澗名	堤堰洑名	洞里村名
郡內面	山名	嶺峙峴名	江川溪澗名	堤堰洑名	洞里村名
東部面	山谷名	嶺峙峴名	江川溪澗名	堤堰洑名	洞里名
退村面	山谷名	嶺峙峴名	江川溪澗名	堤堰洑名	洞里名
慶安面	山名	嶺峙峴名	江川溪澗名	堤堰洑名	洞里名
草月面	山名	嶺峙名	江川名	堤堰洑名	洞里名
實村面	山谷名	嶺峙名	江川溪澗名	洑名	洞里名
都尺面	山谷名	嶺峙峴名	川名	堤堰洑名	洞里名
細村面	山名	嶺峙峴名	川名	堤堰洑名	洞里名
突馬面	山谷名	嶺峙峴名	川溪名	堤堰洑名	洞里名
五浦面	山谷名	嶺峙峴名	川溪名	堤堰洑名	洞里名
樂生面	山谷名	嶺峙峴名	江川溪澗名	堤堰洑名	洞里名
大旺面	山谷名	嶺峙峴名	江川溪澗名	堤堰洑名	洞里名

旺倫面	山名/谷名	嶺峙峴名	江川溪澗名	堤堰洑名	洞里名
義谷面	山谷名	嶺峙峴名	江川溪澗名	堤堰洑名	洞里名
彦州面	山谷名	嶺峙峴名	江川溪澗名	堤堰洑名	洞里村名
中臺面	山名	嶺峙峴名	江川名	堤堰名	洞里村名
西部面	山谷名	嶺峙峴名	江川名	堤堰名	洞里村名
九川面	山名	峴嶺峙名	江川名	堤堰名	洞里村名

山谷名, 嶺峙峴名, 堤堰洑名, 江川溪澗名, 洞里村名 등은 모두 山, 谷, 嶺, 峙, 峴, 堤, 堰, 洑, 江, 川, 溪, 澗 등의 구성소가 의미적으로 동등한 지위로 결합된 일종의 병렬 복합어이다. 따라서 山谷名 대 山名, 嶺峙峴名 대 嶺峙名, 江川溪澗名 대 江川名, 川名, 川溪名, 洞里村名 대 洞里名 등은 일반적으로 수록된 지명의 종류에 따라 결정된다. 旺倫面의 경우 山名과 谷名을 분리해서 지명을 기재하고 있는데, 이것이 그 증거가 된다. 그런데 東部面 洞里名의 경우에 '洞'과 '里'로 끝나는 '洞里名'을 기재한 것은 물론, '校村, 船村, 渼沙村, 長禮村' 등 '村'으로 끝나는 지명을 기재하고 있다. 이 경우 '洞里村名'으로 기재해야 할 것이다. 즉 문목의 명칭과 수록된 지명의 종류가 일관되게 부합된 것은 아니다.

2) 洞里村名의 의미

<표 2>에 제시된 바와 같이, 경기도 광주군의 지명 887개 중 약 34%에 달하는 304개의 지명이 洞里村名으로 기재되었다. 면의 기재 순서와 지명 표기가 일부 차이를 보여 주는 것을 제외한다면, 『朝鮮地誌資料』에 수록된 동리촌명의 항목은 1912년에 조선총독부에서 발행한 『地方行政區域名稱一覽[22]』에 제시된 洞里名과 기재 항목이 거의 일치한다.

---

22) 이 곳에서 말한 『地方行政區域名稱一覽』은 국립중앙도서관에 소장된 '朝 25-33-1-3'의 제3책이다. 太學社에서 1985년에 영인 간행한 『舊韓國地方行政區域名稱一覽』이 국립중앙도서관본을 저본으로 영인한 것인지는 확인되지 않는다. 그러나 기재 내용은 완전히 같다. 『舊韓國地方行政區域名稱一

『朝鮮地誌資料』에서 樂生面은 五浦面과 大旺面 사이 11번째로 기재되어 있다. 그러나 1912년에 작성된 『地方行政區域名稱一覽』에서 樂生面은 제일 마지막인 18번째로 기재되고 있다. 면을 기재하는 순서에 차이를 보이는 것은 이것이 유일하다.

『朝鮮地誌資料』의 것을 '/'의 앞에, 『地方行政區域名稱一覽』의 것을 '/' 뒤에 제시하여 표기 상의 차이를 정리하면 다음과 같다.

  3) ㄱ. 元堂里/元堂洞(草月面), 壽進里/壽進洞(細村面), 倉坪洞/倉坪里(五浦面)
     ㄴ. 雄洞里/雄洞(都尺面)
     ㄷ. 狎[丘鳥]亭里/狎鷗亭里(彦州面)
     ㄹ. 芳荑洞/芳第洞, 吉里洞/吉野洞(九川面)

(3ㄱ)은 '洞'과 '里'가 교체되어 표기된 것이다. (3ㄴ)의 雄洞은 '洞'과 '里'를 행정 구역 단위를 나타낸 것으로 보고, 里를 소거하고 표기한 것이다. (3ㄷ)은 이체자로 표기한 예이다. 그리고 (3ㄹ)은 『地方行政區域名稱一覽』의 표기가 오자를 보인 것이다. (3)에 제시된 것 이외에는 『朝鮮地誌資料』에 실린 동리촌명과 『地方行政區域名稱一覽』에 실린 행정 구역의 최소 단위의 명칭은 완전히 일치한다. 이것은 『朝鮮地誌資料』에 실린 동리촌명 역시 행정 구역의 최소 단위임을 말하는 것이다.

1913년 12월 29일 공포되고, 1914년 4월 1일 시행된 조선총독부령 제111호로 지방 행정 구역의 개편이 있었을 때, 행정 구역 최소 단위인 동리촌명도 대폭 축소된다. 이러한 행정 구역 개편 결과는 1917년에 越智唯七이 編한 『(新舊對照)朝鮮全道府郡面里洞名稱一覽』에서 확인할 수 있다. 이 자료에는 경기도 광주군의 행정 구역 최소 단위 183개가 기재

覽』의 명칭은 원본의 본래 명칭이 아닐 것으로 생각된다. 자료 이해에 혼선이 있을 수 있다. 앞으로 우리는 원본의 본래 명칭인 『地方行政區域名稱一覽』을 사용하는 것이 바람직할 것이다.

되어 있다. 1758년에 편찬된 『輿地圖書』와 1789년에 작성된 『戶口總數』에도 행정 구역의 최소 단위인 동리촌명이 기재되어 있다. 최소 단위 행정 구역의 시대적 증가를 면별로 살펴보면 다음과 같다.

〈표 3〉

面名	輿地圖書	戶口總數	朝鮮地誌資料	1912	1917
城內/郡內面23)	2	2	19	19	
東部面	6	6	17	17	12
退村面	3	5	21	21	13
慶安面	4	11	19	19	12
草月面	3	3	28	28	15
實村面	3	3	30	30	14
都尺面	4	5	13	13	9
細村面	4	4	7	7	
突馬面	2	2	15	15	11
五浦面	4	8	19	19	8
樂生面	5	5	14	14	11
大旺面	17	17	21	21	14
旺倫面	4	3	21	21	
義谷面	2	6	8	8	
彦州面	12	12	21	21	14
中臺面	8	8	10	10	11
西部面	5	6	11	11	11
九川面	8	8	10	10	10
草阜面	2	2			
北方面	7	7			
月谷面	7	9			
聲串面	5	5			
一用面	2				
松洞面	4				
中部面					13
南終面					5
함께	123	13724)	304	304	183

23) 『輿地圖書』와 『戶口總數』에서는 城內 二洞이라 하고 있고, 『朝鮮地誌資料』

『輿地圖書』, 『戶口總數』, 『朝鮮地誌資料』 등에서는 '義谷面, 中臺面' 등으로 표기했는데, 1912년의 『地方行政區域一覽』과 1917년의 『(新舊對照)朝鮮全道府郡面里洞名稱一覽』에서는 '儀谷面, 中臺面' 등으로 표기하고 있다. 또 『輿地圖書』, 『戶口總數』 등에서는 '王倫面, 龜川面' 등으로 표기했는데, 『朝鮮地誌資料』, 1912년의 『地方行政區域一覽』, 1917년의 『(新舊對照)朝鮮全道府郡面里洞名稱一覽』 등에서는 '旺倫面, 九川面' 등으로 표기하고 있다. 面名의 표기만 보면 『輿地圖書』와 『戶口總數』가 공통적 성격을 가졌고, 1912년의 『地方行政區域一覽』과 1917년의 『(新舊對照)朝鮮全道府郡面里洞名稱一覽』이 공통적 성격을 가졌다. 그리고 『朝鮮地誌資料』는 두 계통을 연결시키는 중간적인 성격을 가졌다 하겠다. 이 점에서 신종원(2007)이 『朝鮮地誌資料』의 편찬 시기를 1911년으로 추정한 것이 타당한 것임을 확인할 수 있다.

一用面과 松洞面은 1789년(정조 13) 7월 15일에 수원으로 이속되었다.25) 1906년(光武 10) 9월 24일에 勅令 第四十九號로 草阜面은 楊州로 이속되었고, 聲串面, 月谷面, 北方面 등은 安山으로 이속되었다.26) 1913

부터는 郡內面이라 하고 있다. 1899년에 간행된 규장각 소장의 『廣州府邑誌(규장각, 古915.12G9946)』에도 '城內兩洞'이라 하고 있다.

24) 『戶口總數』에서는 廣州에 속한 里를 131개, 島를 3개로 제시하고 있다. 그러나 필자가 파악한 것은 137개였다. 필자는 『戶口總數』에 기재된 경안면의 동리수를 '上一里, 下一里, 前枝里, 直洞里, 蜜目里, 三里, 茅田里, 雙嶺里, 中里, 驛洞, 酒幕里' 등으로 파악하였다. 都尺面의 경우에는 '一里, 二里, 三里, 四里, 五里' 등으로 파악하였다. 五浦面의 경우에는 '上一里, 上二里, 上三里, 泰尺里, 中洞, 水洞里 守屯里, 官보里' 등으로 파악하였다. 樂生面의 경우에는 '一里, 二里, 三里, 四里, 五里' 등으로 파악하였다. 義谷面의 경우에는 '蒜洞, 葛山里, 浦隅里, 淸溪洞, 鶴峴, 於逸里' 등으로 파악하였다. 月谷面의 경우에는 '一里, 二里, 大岱洞, 笠北洞, 五龍洞, 沙士里, 上草坪, 下草坪, 嘗樹里' 등으로 파악하였다.

25) 『正祖實錄』, 1789년(正祖 13), 7월 15일 조, "수원 읍소재지를 八達山 밑으로 옮기고 廣州의 두 面을 떼어 수원에 붙였다."

26) 勅令第四十九號, 奎 17706, "地方區域整理件, 第一條 地方區域은 別表와갓

년 12월 29일 조선총독부령 제111호로 지방 행정 구역의 개편이 있었을 때, 군내면과 세촌면이 중부면으로 통합되었으며 남종면이, 광주군으로 새로이 편입되었다. 이같은 행정 구역의 통폐합에서 주목되는 것은 『輿地圖書』와 『戶口總數』에서 각각 122개와 137개이던 행정 구역 최소 단위가 1910년대의 『朝鮮地誌資料』에 이르러서 2배 이상 증가한 점이다. 일본 학습원대학도서관에 소장된 1899년(광무 3) 草阜面, 東部面, 西部面의 『廣州府統表』에 草阜面, 東部面, 西部面 등의 행정 구역 최소 단위가 각각 '11, 18, 11' 등으로 기재된 것[27)]으로 보아 행정 구역의 최소 단위의 증가는 1899년 이전에 이미 완성된 것으로 생각된다.

행정 구역의 최소 단위에 대한 완벽한 자료가 없어 더 이상은 그 이유를 설명하지 못하나 다음과 같은 면별 호구수와 인구수는 좋은 참고가 된다.

〈표 4〉

	1759[28)]		1789[29)]		1836[30)]		1899읍지		1907[31)]	
	戶數	口數	戶數	口數	戶數	口數	戶數	口數	戶數	口數
城內[32)]	1076	4108	1045	3631	1117	4353[33)]	1088	4047	844	3382
東部面	767	3273	709	2936	722	2921	722	2749	258	1047
退村面	320	1415	263	1578	462	1287	462	1487	540	2537
慶安面	497	2127	441	2425	541	2584	541	2580	788	2916
草月面	548	2734	574	3057	590	3006	590	3206	734	2705
實村面	520	2790	602	2370	599	2322	612	2321	901	3492
都尺面	454	2059	455	1938	469	1616[34)]	469	1615	628	2122

치整理흠이라 (중략), 光武十年九月二十四日奉(1906년), (중략) 廣州 二十一 草阜面 【楊州】聲串面月谷面北方面 【安山】 十七面"

27) 東洋文庫東北아시아硏究班, 『日本所在朝鮮戶籍關係資料解題』, 平成16년 3월 26일, 東洋文庫, 2004, 66쪽. "東部面:上司倉里, 下司倉里, 客山里, 泉峴里, 校村里, 山谷里, 倉隅里, 拜謁里, 望月里, 荒山里, 船村里, 上八里, 下八里, 堂亭里, 長禮里, 新坪里, 峴沙里, 德豊里 西部面:項洞, 宮里, 聖山洞, 法洞, 草一洞, 草二洞, 廣岩里, 甘北洞, 甘一洞, 多音洞"

細村面	423	1850	396	1836	375	1674	375	1674	493	1723
突馬面	495	2505	515	2773	460	2364	460	2364	599	2075
五浦面	558	3302	423	2658	417	2429	417	2429	777	2945
樂生面	639	3351	634	2952	579	2392[35]	579	2392	553	1929
大旺面	776	3733	701	4040	772	3771	772	3371	1138	3268[36]
旺倫面	276	1232	230	1113	276	1217[37]	276	1217	355	1603
義谷面	275	1113	262	1115	287	1241	287	1267	350	1620
彦州面	864	4405	723	3348	738	3256	738	3276	1071	3937
中臺面	656	2850	726	3044	727	3237	727	3237	840	3259
西部面	476	2429	441	2472	487	2654[38]	487	2751	607	2442
九川面	376	1941	410	2040	412	2071	408	2072	628	2700
草阜面	361	1598	253	1500	358	1486	358	1487		
北方面	317	1511	347	1347	327	1362	327	1408		
月谷面	351	1173	214	1049	352	1055[39]	352	1057		
聲串面	328	1705	204	1286	356	1408	356	1408		
日用面	203	1122								
松洞面	165	892								
합계	11721	55218	10568	50508	11423	49706	11,403	49415	12104	45702
도합	11713	54709	10568	50508	10490	50045	11403	49851	12104	45736
僧戶					237	455	68	143		

---

28) 『輿地圖書』에 기재된 戶口數이다.

29) 『戶口總數』에 기재된 戶口數이다.

30) 『重訂南漢志』에 기재된 호구수이다. 1836년의 호적자료를 인용한 것이다. 장서각에 소장된 『重訂南漢志(2-4309)』과 국립중앙도서관에 소장된 『重訂南漢志(한古朝62-3)』는 필사본이어서 호구수 기재에 일부 오류가 있다. 이 오류에 대해서는 해당 항목의 주석으로 설명하였다.

31) 政府財政顧問本部 編, 『韓國戶口表』, 政府財政顧問本部, 국립중앙도서관 소장본(朝37-49), [1907-1945, 추정].

32) 城內는 城內洞과 門外洞을 말한다.

33) 城內 南洞의 여성 口數가 장서각본 『重訂南漢志』에는 '1081'로 기재되어 있으나 국립중앙도서관본에는 '1082'로 기재되어 있다.

34) 장서각본에는 都尺面의 여성 口數가 누락되어 있다. 국립중앙도서관본의 경우 都尺面의 여성 口數가 '929'로 기재되어 있다.

35) 樂生面의 경우 장서각본과 국립중앙도서관본 모두 여성 口數를 '2246'으로 제시하고 있으나 남녀 口數를 '2392'로 제시하는 것으로 판단할 때 '1246' 이 바르다.

36) 국립중앙도서관 소장의 『韓國戶口表』에서 大旺面의 남녀 구수의 합을

<표 4>에서 '합계'는 면별로 기재된 것을 엑셀을 이용하여 합계를 낸 것이고, '도합'은 자료에 기재된 총수를 가져온 것이다. 『戶口總數』는 '합계'와 '도합'이 일치한다. 또 『韓國戶口表』는 대왕면의 오류를 감안하면 '합계'와 '도합'이 일치한다. 그런데 『輿地圖書』, 『重訂南漢志』, 1899년 『廣州府邑誌』 등에서는 호수와 구수의 '합계'와 '도합'이 일치하지 않는다. 그렇지만 그 차이는 큰 것이 아니어서 동리촌명의 수와 호구수와 인구수의 비례 관계를 설명하는 데에는 문제가 없다.

<표 4>에서 독특한 점은 동리촌명이 2배 이상 증가했음에도 불구하고 1759년의 『輿地圖書』에 기록된 경기도 광주부의 호구수, 인구수 등이 1907년의 『韓國戶口表[40]』에 기재된 호구수, 인구수 등과 큰 차이가 없다는 점이다.

3) 『朝鮮地誌資料』에 누락된 경기도 광주군 지명

1846년에 간행된 광주군 읍지인 『重訂南漢志』에는 약 270여개의 지명이 수록되었다. 그런데 『朝鮮地誌資料』 경기도 광주군 편에는 887개의 지명이 실려 있다. 『중정남한지』에 비교해서 많은 지명이 추가되었

'3302'으로 제시하였는데, 별도로 제시된 남성 口數와 여성 口數를 합하면 '3268'이 된다.

37) 王倫面의 경우 장서각본과 국립중앙도서관본 모두 남녀 口數의 합을 '1214'로 제시하고 있다. 그런데 남성의 口數를 '565', 여성의 口數를 '652'으로 제시하였는데 이를 합하면 남녀 口數의 합이 '1217'이다.

38) 西部面의 口數가 장서각본 『重訂南漢志』에는 '1500'로 기재되어 있으나 국립중앙도서관본에는 '1501'로 기재되어 있다. 남녀 口數 합계가 '2654'로 제시된 점에서 국립중앙도서관본의 것이 바르다.

39) 月谷面의 경우 장서각본과 국립중앙도서관본 모두 남녀 口數의 합을 '1052'로 제시하고 있다. 그런데 남성의 口數를 '594', 여성의 口數를 '561'으로 제시하였다. 이를 합하면 남녀 口數의 합이 '1055'이다.

40) 政府財政顧問本部 編, 『韓國戶口表』, 政府財政顧問本部.

다. 이것은 『朝鮮地誌資料』의 편찬 시 지역 내의 小地名도 빠짐없이 조
사하고자 했음을 말해 주는 것이다.

그런데 지역 내의 小地名을 가급적 상세히 조사하고자 하는 지명 조
사의 원칙이 실제의 조사 작업에서 일관되게 적용되었는지는 의문의 여
지가 있다. 앞에서 이미 말한 바와 같이 都尺面의 경우 119개의 지명을
싣고 있고, 細村面과 西部面의 경우에는 13개의 지명을 싣고 있다. 지명
수록의 편차가 너무 크다. 이는 지명 조사의 원칙이 일관되게 적용되지
않았을 가능성을 암시하고 있다.

규장각 소장의 『京畿廣州府量案(奎17641)[41]』에는 廣州府 22개面의
田地가 五結字號의 규식으로 기재되어 있고, 상단에 田地의 소재 지명
이 표기되어 있다. 이 소재 지명은 『朝鮮地誌資料』에 기재된 野坪名과
동등한 개념으로 이해된다. 『京畿廣州府量案』에 기재된 田地의 소재 지
명 가운데에 『朝鮮地誌資料』 경기도 광주군 편에 실리지 않은 소재 지
명을 확인할 수 있다. 광주군 경안면을 대상으로 『京畿廣州府量案』에
기재된 소재 지명을 『朝鮮地誌資料』에 수록된 지명과 대조하여 제시하
면 다음과 같다.

4) ㄱ. 垈洞, 木甘里, 筏院里, 參里(三里洞), 松亭里, 水下里, 雙嶺里, 驛村,
梨旺峴(利旺峴), 前枝里, 酒幕洞(酒幕里), 中里, 直洞, 炭洞, 胎田(胎
田里), 胎坪, 回德里
ㄴ. 內谷, 泥峴, 新基, 堯洞, 二鳥峴, 長承前坪, 通山坪
ㄷ. 錦頭谷, 澹園, 松亭里通務坪, 巖隅坪, 玉碁洞, 外芝谷, 龍山洞, 中里

---

41) http:// e-kyujanggak.snu.ac.kr/ MOK/ CONVIEW.jsp? type=MOK & ptype=list
& subtype=sm & lclass=AL & mclass= & sclass= &ntype=hj & cn=GK17641_00
의 설명을 따르면 이 자료는 量地衙門에서 1900년(光武 4)에 작성한 廣州
府 22個面에 대한 量案이다. 이 量案은 70책으로 제23책에서 제70책까지는
中草本이고, 제1부터 제22책까지는 수정된 中草本의 내용을 그대로 정리한
正書本이다.

前坪, 昌葉墟坪, 虛積洞, 軒田坪, 胎田前坪, 木甘里外村

(4ㄱ)의 지명은 『朝鮮地誌資料』의 경기도 광주군 경안면 편에도 실려 있다. 괄호 속에 제시된 지명 표기는 『朝鮮地誌資料』의 경기도 광주군 경안면 편에 실려 있는 지명 표기로 『京畿廣州府量案』의 지명 표기와 다른 것이다. (4ㄴ)은 『朝鮮地誌資料』의 경기도 광주군 경안면 편에 실려 있지 않으나 광주군의 다른 面에는 수록된 지명이다. 面의 관할 구역이 시기적으로 변하고 있으므로 경우에 따라서는 동일한 지명을 가리킬 가능성이 있다.

(4ㄷ)은 『朝鮮地誌資料』의 경기도 광주군 경안면 편은 물론 광주군의 다른 면에도 실려 있지 않은 지명이다. 경안면은 인접 군과는 이웃하지 않으므로 (4ㄷ)의 지명은 『朝鮮地誌資料』 경기도 광주군 지명 조사 시 누락된 지명임이 분명하다. 자연 재해로 『朝鮮地誌資料』 작성 당시에는 松亭里通務坪, 巖隅坪, 中里前坪, 昌葉墟坪, 軒田坪, 胎田前坪 등이 더 이상 田地로 기능하지 않을 수도 있다. 그러나 錦頭谷, 澹園, 玉碁洞, 外芝谷, 龍山洞, 虛積洞 등은 자연 지명이다. 따라서 『朝鮮地誌資料』 작성 당시에 조사되지 않은 것으로 이해하는 것이 합리적이다.

3. 『朝鮮地誌資料』 수록 경기도 광주군 지명 표기의 분석

1) 한글 표기 지명

한글로만 표기된 지명은 지명의 의미를 정확히 알 수 없는 경우가 흔하다. 『朝鮮地誌資料』 경기도 광주군 편에는 한글로만 표기된 지명 15개가 수록되어 있다.

5) ㄱ. 사당굴(廣州郡 彦州面 山谷名), 사작굴(廣州郡 彦州面 山谷名), 돌

당리(廣州郡 東部面 野坪名), 쎄묵벌42)(廣州郡 東部面 野坪名), 용
모롱이들(廣州郡 都尺面 野坪名)

ㄴ. 네게밋堰(廣州郡 彦州面 堤堰洑名), 섬밧堰(廣州郡 彦州面 堤堰洑
名), 박둥섬(廣州郡 東部面 野坪名), 여우누니(廣州郡 東部面 野坪
名), 연기(廣州郡 彦州面 野坪名), 쥴왕둥이닉(廣州郡 彦州面 江川
溪澗名), 게어리쥬막(廣州郡 彦州面 酒幕名)

ㄷ. 마쥭디(廣州郡 彦州面 山谷名), 쥴왕둥이堰(廣州郡 彦州面 堤堰洑
名), 쥴우룰(廣州郡 東部面 野坪名)

(5ㄱ)은 한글로 표기되었지만 다른 지명 표기를 고려하면, 그 의미나
원래의 한자 표기를 복원할 수 있다. '사당굴, 돌당리, 용모롱이들' 등은
『朝鮮地誌資料』경기도의 다른 군에 수록된 '祠堂谷/사당골43), 石塘里/
돌당이44), 龍隅洑/용모롱이洑45)' 등을 고려하면, 각각 '祠堂, 石塘, 龍隅'
등을 복원할 수 있다. 전라남도 고흥군 고흥읍 행정리에 있는 사작굴46)
을 '사직단이 있었던 교촌의 골짜기'로 풀이한 것을 고려하면, (5ㄱ)의
'사작굴'은 '사작[社稷]+굴[谷]' 정도로 이해된다. 국어에서 흔히 '오'가
'우'로 변화하는 고모음화를 고려한다면 '굴'을 '谷'으로 이해할 수 있다.
그러나 '社稷'이 '사직'이 아니라 '사작'으로 표기된 것은 아직 미지의
것이다.

(5ㄴ)의 '네게밋堰, 섬밧堰, 박둥섬, 여우누니, 연기, 쥴왕둥이닉, 게어
리쥬막' 등의 경우에는 일부 구성소의 의미는 이해할 수 있으나 일부 구
성소는 이해할 수 없다. 즉 '밋[本], 밧[田], 섬[島], 여우[狐], 닉[川], 쥬막

---

42) '쎄묵벌'에서 '쎄묵'은 현대 국어 '깻묵'의 異表記일 가능성이 있다. 『표준
국어대사전』에서 '깻묵'을 '쌔+묵>깻묵>밴묵'의 어형 변화로 설명하고 있다.

43) 京畿道 楊平郡 西始面 水餘里의 지명이다.

44) 京畿道 利川郡 暮面의 지명이다.

45) 廣州郡 都尺面 祥林洞의 지명이다.

46) 『한국땅이름사전』전자판에 따르면, '사작굴'은 전라남도 고흥군 고흥읍 행
정리에 있으며 교촌 서쪽에 있는 골짜기이다.

(酒幕)' 등은 이해할 수 있으나 다른 구성소는 그 의미를 이해할 수 없다. '蟹卵里/게아리47)'를 고려하면, '게어리쥬막'에서 '게어리'를 '게알[蟹卵]' 정도로 이해할 수 있다.

(5ㄷ)의 '마쥭딕, 쥴왕둥이堰, 쥴우룰' 등은 현재 그 의미를 이해할 수 없다. 서울시 강서구 등촌동에 있는 '쥴웅덩이개울'을 "'쥴'이라는 벼처럼 생긴 풀이 많이 나는 웅덩이 개울"로 풀이한 것48)을 고려하면, '쥴왕둥이堰'에서 '쥴왕둥이'는 '쥴웅덩이' 정도로 이해된다. '쥴'을 풀의 일종인 '쥴'로 이해할 때, '쥴우룰'은 '쥴우믈'의 오자로 이해된다.

2) 漢字와 한글 대역 표기 지명

(1) 한자 표기와 한글 표기의 불일치 지명

『朝鮮地誌資料』 경기도 광주군 편에 한자와 한글이 동시에 제시된 지명이 183개임은 앞에서 이미 말하였다. 그런데 다음 14개 지명은 한자와 한글의 대응 관계를 연결시키기가 매우 난해한 것이다.

6) ㄱ. 味其川/미기늡(實村面 墨坊里), 揹樓峴/비루지(廣州郡 彦州面), 舊陳坪/구진버리(廣州郡 彦州面), 舊陳川/구진기울(廣州郡 彦州面)

ㄴ. 法緣坪/범이벌(野坪名, 退村面 東垈洞), 西下川/스마루니(江川名草月面 西下村里), 西下村酒幕/사마루쥬막(酒幕名, 草月面 西下村), 細坪/자늣덜(野坪名, 突馬面 亭子洞), 支渭坪/퇴촌벌(野坪名, 退村面 支渭洞), 漁村峴/어비고기(嶺峙峴名, 旺倫面 古井洞)

ㄷ. 加馬橋坪/멍에다리(彦州面 野坪名), 唐垈坪/졈터들(野坪名, 突馬面 唐隅洞), 鶴洞峴/힝골고기(嶺峙峴名, 彦州面 鶴洞), 化鶴谷/횟골(谷名, 旺倫面 內旺倫)

(6ㄱ)의 '미기', '빈루', '구진' 등은 각각 '메기[鮎]', '벼로[遷]', '궂다

---

47) 京畿道 通津郡 半伊村面의 지명이다.

48) 『한국땅이름사전』 전자판에서 가져온 것이다.

[泥]’ 등과 대응시킬 수 있으나 명백한 증거를 제시하기는 어렵다.

(6ㄴ)은 한자 표기와 한글 표기를 관련시키기가 (6ㄱ)보다 더욱 난해한 것이다. ‘法緣坪/범이벌’에서 ‘法緣’과 ‘범이’를, ‘西下川/스마루늬’에서 ‘西下’와 ‘스마루’를, ‘細坪/자늣덜’에서 ‘細’와 ‘자늣’을, ‘支渭坪/퇴촌벌’에서 ‘支渭’와 ‘퇴촌’을, ‘漁村峴/어비고기’에서 ‘漁村’과 ‘어비’를, ‘舊陳坪/구진버리’와 ‘舊陳川/구진기울’을 관련시키기가 매우 난해하다. ‘細’와 ‘자늣’의 대응에서 ‘잘[細]’의 관형사형 ‘잔’을 생각해 볼 수 있지만 ‘웃’을 이해할 수 없다. ‘支渭’와 ‘퇴촌’의 대응에서 ‘퇴촌’은 ‘退村’이어서 ‘支渭’와 ‘퇴촌’은 동일 지역에 대한 이칭일 것으로 생각되나 자세치 않다. 西下村은 고문서에서 棲霞村으로 쓰인 자료를 발견할 수 있다.[49] ‘棲霞’ 역시 한글 표기 ‘스마루’나 ‘사마루’와 관련시키기 어렵다.

(6ㄷ)의 것 역시 한자 표기와 한글 표기의 대응 관계를 직접적으로 연결시키는 것이 난해하다. ‘加馬橋坪/멍에다리’에서 ‘加馬’는 분명하게 2자로 쓰여 있다. 그래서 ‘加馬’를 ‘멍에’와 직접 연관시키기가 다소 난해하다. ‘가마[加馬]’는 ‘사람이 타는 것’이고, ‘멍에’는 ‘수레나 쟁기를 끌기 위하여 마소의 목에 얹는 구부러진 막대’를 뜻하는 것이기 때문이다. 그러나 ‘加馬’가 ‘駕’를 2자로 나누어 쓴 오기라면, ‘駕橋坪’과 ‘멍에다리’를 연관시킬 수 있다. 『訓蒙字會』에서 ‘駕’의 뜻을 ‘멍에’로 풀이하고 있기 때문이다. ‘唐垈坪/졈터들’에서 ‘唐’과 ‘졈’의 대응도 그 연관 관계를 이해하기가 난해하다. 다만 ‘唐’을 ‘店’의 오기로 본다면 ‘店垈坪’과 ‘졈터들’의 대응은 명백하게 이해된다. ‘鶴洞峴/힛골고기’에서 ‘鶴’과 ‘힛’의 대응도 그 연관 관계를 이해하기 어렵다. ‘鶴’을 ‘鶴처럼 희다’처럼 ‘히다/희다’를 표기한 것으로 이해하면 ‘鶴’과 ‘힛’의 대응을 합리적으로 이해할 수 있다. 그러나 ‘鶴’이 ‘히다’를 ‘鶴’으로 표기하는 방식이

---

49) 李安山宅奴戊金所志(山訟)(奎, 169997), 『고문서』 19책, “華城李安山宅奴戊金(左寸) 右謹陳所志矣段 矣宅 兩世墳山 在於府下 草月面棲霞村是如乎”

보편성을 가졌는지는 더 검토해야 할 것이다. '化鶴谷/햇골'에서의 '化鶴'과 '햇'의 대응도 그 연관 관계를 얼른 이해하기 어렵다.

(2) 한자 표기와 한글 표기가 일치되는 지명

앞절에서 말한 14개의 지명을 제외하고 남은 169개 지명 모두에 대해 한자와 한글의 대응 관계를 정확하게 설명하는 것은 매우 어렵다. 비교적 쉽게 그 연관 관계를 설명할 수 있는 경우도 있지만 그 연관 관계를 가정할 수밖에 없는 경우도 있다.

한자를 빌어 사용하는 借字 표기법을 파악하는 이론은 연구자마다 견해가 다르다. 이 글에서는 남풍현(1981)[50]에 따라 音假, 音讀, 訓假, 訓讀 등 네 가지의 관점에서 객관적 근거를 제시하면서 한자와 한글의 연관 관계를 밝히도록 한다.

가) 音假 表記

音假 表記에서 '音'은 한자의 音을 빌어 우리 말을 표기하는 것을 말한다. 假란 차용한 한자의 훈과 우리말이 의미상 관련이 없는 표기를 말한다. 그러므로 音假 表記는 한자의 음만을 빌어 우리 말을 표기하는 방법을 말한다.

『朝鮮地誌資料』 경기도 광주군에 수록된 지명 표기에서 확실하게 音假 表記로 확인되는 것을 제시하면 다음과 같다.

7) ㄱ. 藪川/숫니(樂生面 遠川洞), 安垈谷/안터골(實村面 九水洞), 吉馬谷/길마구비(五浦面 新村里), 又谷/웃골(突馬面 栗里)
   ㄴ. 炭川洑/곤슌니보(突馬面 藪內村), 炭川洑/슌니보(突馬面 二梅洞), 炭川/슌니(中垈面 石村洞)
   ㄷ. 內垈谷/안터골(竹山郡 遠三面 文村里), 內垈洞/안터쓸(朔寧郡 郡內

50) 남풍현, 『借字表記法研究』, 단국대출판부, 1981, 15쪽.

面 古寺里所在)

ㄹ. 鞍峴/길마지(富平郡 馬場面 曉星里), 鞍峴/길마지(龍仁郡 枝內面
上里)

ㅁ. 上谷/웃골(龍仁郡 器谷面 上葛川), 上谷/웃골(龍仁郡 器谷面 汗亘
洞), 上谷/웃골(利川郡 長面 門岩)

(7ㄴ)의 '炭川', (7ㄷ)의 '內垈', (7ㄹ)의 '鞍', (7ㅁ)의 '上' 등에 적용
된 借字 표기법을 고려하면, (7ㄱ)의 밑줄 친 '藪, 安, 吉馬, 又谷' 등은
확실하게 音假 表記로 확인된다.

炭川은 경기도 용인시에서 발원하여 성남시 분당구 東遠洞, 수내동,
이매동 등을 거쳐 송파구 문정동을 지나 석촌동과 삼전도를 거쳐 한강
으로 흘러 들어간다. 그리고 동원동은 1914년 지방 행정 구역 개편 시
東幕洞과 遠川洞을 합쳐 만든 행정 구역이다. 그러므로 우리는 樂生面
遠川洞을 흐르는 (7ㄱ)의 '藪川'이 '炭川'임을 알 수 있다. 이 대응에서
'藪'이 音假 表記로 '숯'을 표기함을 알 수 있다. 한글 표기 '숫늬'로도
우리는 '藪川'의 '藪'가 '숫'의 일부를 음차 표기한 것임을 알 수 있다.[51]
'숫'의 종성 'ㅅ'으로 '藪'을 훈차 표기로 파악할 가능성이 배제된다.
'藪'가 훈차 표기되었다면 '숲' 또는 '숩'일 것인데, 국어 음운의 특징을
고려하면, 'ㅂ'과 'ㅅ'의 변화를 설명하기 어렵다.

'安垈谷/안터골'에서 '安'을 音讀 표기로 보아 '편안하다'의 뜻으로
파악할 수도 있다. 그러나 (7ㄷ)의 '內垈'를 고려하면, (7ㄱ)의 '安垈'를
'內垈'와 등가의 것으로 볼 수밖에 없다. 그러므로 '安'은 '안[內]'의 音
假 表記가 된다. 또 (7ㄹ)의 '鞍峴/길마지'을 고려하면, (7ㄱ)의 '吉馬'를
'길마[鞍]'을 音假 表記한 것으로 파악할 수 있다. 마찬가지로 (7ㅁ)의
'上谷/웃골'을 고려하면, (7ㄱ)의 '又'를 '웃'의 音假 表記로 파악할 수

---

51) (7ㄴ)의 '순늬'는 '숫늬'에 중화규칙과 비음동화가 적용된 표기이다. '순늬'
는 치음 아래에서 'ㅠ'가 'ㅜ'로 표기된 것이다. 방언 '셩님'이 '성님'으로
변화된 것과 같은 음운 현상이다.

있다.

다음은 『朝鮮地誌資料』 경기도 편에서 音假 表記에 대응되는 音讀
표기나 訓讀 표기를 발견할 수 없어 音假 表記로 단언할 수 없는 것이
다. 보충적인 자료를 활용하면 音假 表記임을 확인할 수 있다.

8) ㄱ. 斗得峴坪/두득지벌(彦州面), 車石坪/츠돌박이(五浦面 台峴里)
   ㄴ. 邂村酒幕/된션말쥬막(突馬面 二梅洞)
   ㄷ. 道谷坪/도꼴들(草月面 東山里)

(8ㄱ)의 '두득지벌'은 『한국지명총람』의 서울 성동구 彦州出張所 浦
二洞 편에 실린 고개 이름 '두둑재'와 대응된다. 浦二洞 편에 실린 고개
이름은 '두둑재'가 유일하다. '두둑재'에서 '두둑'은 '언덕'의 뜻이다. 그
러므로 '두득'을 표기한 '斗得'이 오늘날 '두둑'임을 알 수 있다. 『朝鮮地
誌資料』 利川郡 沙面 沙玉里 조에는 '斗得坪/두듥기'가 실려 있고, 楊平
郡 古邑面 大月里 조에는 '斗得坪/두득벌'이 실려 있다. 이러한 사실에
근거하여 우리는 '斗'와 '得'을 모두 音假字로 파악할 수 있다.

(8ㄴ)의 '邂村酒幕'과 '된션말쥬막'의 대응에서 '邂'과 '된'의 대응을
확인할 수 있다. '된'의 어간 '되다'는 '농도가 짙다'의 의미를 가진 것으
로 '몹시 심하거나 모질다'의 파생적 의미를 가지기도 한다. 지명에 '되
다'가 쓰이면 지형이 매우 험한 것을 말하게 된다. 『한국지명총람』 경기
도 광주군 돌마출장소 분당동 편에 실린 '된봉'은 매우 가파른 봉우리를
말하는 것이다. '邂'과 '된'은 의미상 관련이 없으므로 '邂'은 音假 表記
字가 된다.

(8ㄷ)의 '道谷坪/도꼴들'에서 '도'는 '猪'를 뜻하고, '道'가 '도[猪]'를
표기한 것으로 파악할 수 있다. 이 점에서 '道'는 音假 表記字가 된다.
그 근거를 제시하도록 한다. 문제가 되고 있는 '道谷坪/도꼴들'을 (9ㄷ)
으로 다시 제시한다.

9) ㄱ. 場坪/장쎌(彦州面), 舟峴/비쇼기(都尺面 宮坪里), 塔谷坪/탑션골쎌
      (彦州面)
   ㄴ. 場峴/쟝고기(旺倫面 上莊義洞)
   ㄷ. 道谷坪/도쏼들(草月面 東山里)

(9ㄱ)은 복합어 경계에서 경음화 현상이 실현된 예이다. 그런데 (9ㄴ)
의 '쟝고기'에서는 경음화 현상이 표기에 반영되지 않았다. 20세기 전반
기의 국어 표기에서는 경음화 현상은 표기에 반영될 때도 있고 그렇지
않을 때도 있다. 표기에 경음화 현상이 반영되지 않았지만 '쟝고기'의
'ㄱ'은 경음으로 발음된다. (9ㄷ)에 표기된 경음화 현상은 '道谷'에서
'道'가 표기한 어형을 추정하는 데에 도움을 준다. 경음화 현상으로 '道'
를 音讀 표기자로 보아 '도'로 읽는 것은 부정된다. 모음 아래에서는 후
행하는 무성 폐쇄음이 경음화되지 않기 때문이다. 경음화 현상을 고려한
다면 '道'는 자음을 가진 우리말을 표기한 것으로 보아야 한다. 이 문제
와 관련해서 다음과 같은 자료가 주목된다.

10) ㄱ. 독골보(洑) 도골마을 앞의 들을 보들 또는 중보들이라고 하는데
       이곳에 물을 대고 농사짓기 위하여 만든 보(洑)를 말한다. 보의
       위치는 곤지암천에 있다. (『廣州의 地名由來』52))
    ㄴ. 돼지골 [골] 대쌍령리에 있는 골짜기 (『한국지명총람』 경기도 광
       주군 대쌍령리 편)

(10ㄱ) '독골보'는 광주군 초월면 道谷洞에 있는 洑이다. '독골보'가
道谷洞에 위치하므로 '독골'과 '道谷'의 대응관계가 확인된다. '골'은
'谷'에 대응되는 것이므로 '독'과 '道'가 대응된다. 대쌍령리의 지명 '돼
지골'과 道谷洞이 우리에게 따로 따로 전하고 있지만 경음화 현상이 일
어난 '도쏼들'을 고려하면 '돼지골'과 '道谷洞'을 대응시킬 수 있다. 정

---

52) 광주문화원, 『廣州의 地名由來』, 2005, 100쪽.

확히 말해서 '돼지골'과 道谷洞은 의미상으로만 대응되고, 어형적으로는
'독골보'와 '道谷洞'이 대응된다. 기원적으로는 '돝[猪]골들'이었던 어형
이 '돌골들', '독골들', '독꼴들'의 순서로 바뀐 것이며, '道谷洞'은 마지
막의 '독꼴들'을 표기한 것이다. 그러므로 '道'는 '돝>독[猪]'을 표기한
音假 表記字가 된다.

경기도 광주군 儀谷面 鶴峴洞에 소재한 '夏牛峴/하우기고기'에서 '夏
牛'는 '하우'의 音假 表記이다.

11) ㄱ. 夏牛峴/하우기고기[53](嶺峙峴名, 儀谷面 鶴峴洞)
    ㄴ. 鶴峴洞(廣州郡 儀谷面)

(11ㄱ)의 '하우기고기'는 '고기'가 이미 포함된 '하우기'에 다시 '고
기'를 중복적으로 첨가한 것이다. '하우기'에 '고기'가 포함되어 있음은
『朝鮮地誌資料』 경기도 通津郡 桑串面 조에 등재된 鶴峴里에 대한 한글
표기가 '하우기'로 제시된 것에서 알 수 있다. 그런데 '하우기'는 '하+우
기' 정도로 분석되는데 '하' 아래에서 '고기'의 'ㄱ'이 탈락된 현상은 일
반적인 조건이 아니어서 보충적인 설명이 필요하다. 먼저 일반적인 'ㄱ'
탈락 현상을 제시하고, 이 문제에 대한 해답을 찾아 보고자 한다. 'ㄱ'의
탈락 현상과 '오'와 '우'의 교체 현상은 다음과 같은 자료에서 발견된다.

12) ㄱ. 三峴里/셰우기(竹山郡 府二面), 三峴/셰오기(竹山郡 近一二面 上
       山里), 梨峴/비우기(開城郡 東部面 太廟里), 世介峴/세우기고기
       (坡州郡 泉峴外面 三峴里), 新峴里/시오기(富平郡 石串面), 鳥峴
       酒幕/시오기쥬막(廣州郡 慶安面 鳥峴洞)
    ㄴ. 葛峴/갈우기(朔寧郡 寅目面 葛峴里所在), 七又峴/칠우기(驪州郡

---

53) 『朝鮮地誌資料』 廣州郡 義谷面 嶺峙峴名 條에 실려 있는 '하우기고기'를
   '하우지고기'로 잘못 판독할 가능성이 매우 높다. 'ㆍ'가 'ㄱ'의 아래 획에
   쓰여 있어 '기'가 '지'처럼 보이기 때문이다.

興谷面 照章洞), 葛峴洞/갈우기(果川郡 郡內面 葛峴洞), 葛峴/갈
오기(永平郡 郡內面 萬橋里)

(12ㄱ)은 모음 'ㅣ'나 'y' 아래에서 '고기'의 'ㄱ'이 탈락한 것이고,
(12ㄴ)은 'ㄹ' 아래에서 'ㄱ'이 탈락한 것이다. 이 두 예는 '고기'의 '오'
가 '오' 또는 '우'로 교체하고 있음을 보여 준다. '七又峴/칠우기'는 '夏
牛峴/하우기고기'와 유사한 표기법을 보여 준다. 즉 '고기'를 音假字
'又'와 訓讀字 '峴'으로 이중적으로 표기하는 방식이 그것이다.

'牛峴'과 '峴'의 표기가 등가의 것이라면 (11ㄱ)의 '夏牛峴'과 '鶴峴'
의 대응에서 '夏'와 '鶴'이 대응된다. 『朝鮮地誌資料』 경기도 楊平郡 南
始面 조에 실린 '鶴谷里/하일'에서 우리는 '鶴'이 '하'를 표기하는 사례를
더 찾을 수 있다. '鶴谷里'와 '하일'의 대응에서 '里'는 한글 표기에서 생
략된 것으로 정확하게는 '鶴谷'과 '하일'이 대응된다. '하일'은 '하+실
[谷]' 정도로 분석되며 모음 아래에서 'ㅅ'의 탈락 현상을 경험한 어형이
다. 이것으로 우리는 '鶴'로 표기된 국어의 음절 '하'가 특이한 음운론적
성격을 가졌음을 이해할 수 있다. 그러나 '하' 아래에서 'ㄱ'이 탈락한
현상에 대해서는 앞으로 더 연구를 해야 할 것이다.

다음은 音假 表記로 생각되는 것이지만 명백한 증거는 없다.

13) ㄱ. 梧里坪/오리보들(草月面 大雙嶺里), 八堂津/바당이나루(廣州郡 東
部面 八堂里), 八堂里酒幕/바당리쥬막(廣州郡 東部面 八堂里), 仙
谷峴/션골고기(廣州郡 實村面 上鳥峴里), 進谷/진골(廣州郡 彦州
面)
ㄴ. 月峴/다리니고기(廣州郡 大旺面 路上洞과 金峴洞 사이)

불확실하지만 (13ㄱ)에 제시된 것은 연관된 우리 말을 상정할 수 있
다. 그러나 (13ㄴ)은 현재로서는 연관된 우리말을 상정할 수 없다. '梧里,
八堂, 仙, 進' 등은 각각 우리말 '오리[鳧], '바당[바닥], 서다[立], 질다

[泥]' 등을 상정할 수 있지만 그 명백한 증거는 없다.

나) 音讀 表記

音讀 表記란 한자의 음을 이용하여 우리말을 표기하고, 차용된 한자의 訓으로도 우리말의 뜻을 나타내는 표기 방법이다. 종래의 지명 연구 일부에서는 音讀 表記法을 적용하여 표기한 우리 地名에 대해 漢譯地名이라 하고 있다.54) 그러나 '漢譯'의 개념은 적절치 못한 것이다. 한자를 빌어 우리 지명을 표기한 목적이 漢文에 의한 문자 생활을 위한 것에 있는 것이 아니라 우리의 문자 생활을 위한 것에 있다. 우리의 문자 생활을 위해 불가피하게 한자를 차용한 것이다.

다음 (14ㄱ)은 지명의 전부 요소에 音讀 표기자가 사용된 예이다.

14) ㄱ. 宮內新沴/궁안신보(樂生面 沴坪里), 陵頭山/능머리산(廣州郡 彦州面), 司馬谷/사마사골(都尺面 芳燈里), 三兄弟谷/삼형제골(東部面 上司倉里), 蓮花堰/연화제은(中垈面 可樂洞), 念珠谷/염쥬밧골(實村面 釜谷洞), 龍仁嶺/용인고기(都尺面 陶峴里), 院坪/원덜(實村面 九陽里), 場坪/장뻘(廣州郡 彦州面), 場峴/쟝고기(旺倫面 上莊義洞), 陣垈坪/진터벌(中垈面 長旨里), 倉隅場/창모루장(東部面 倉隅洞), 倉隅酒幕/창모루쥬막(東部面 倉隅里), 塔谷/탑골(東部面 八堂里), 塔谷坪/탑션골뼐(廣州郡 彦州面), 塔谷峴/탑션골고기(廣州郡 彦州面), 胎川/터기울(慶安面 胎田里), 紅浦/홍기(彦州面)

ㄴ. 廣津/광나루(廣州郡 九川面 曲橋洞), 九萬坪/구만이(廣州郡 五浦面 外谷洞), 樂生坪/낙싱벌(廣州郡 樂生面 遠川洞), 道場谷/도장골(廣州郡 東部面 上司倉里), 饒谷/료골(廣州郡 五浦面 外谷里), 法垂山/법수머리산(廣州郡 郡內面 南城里), 成錦坪/셩금모통이(廣州郡 五浦面 高岺里), 鄭琴坪/정금안들(廣州郡 大旺面 栗峴), 奄峴酒幕/음고기쥬막(廣州郡 郡內面 奄峴里), 通文峴/통문직(廣

---

54) 천소영, 「지명연구에 쓰이는 술어에 대하여」 『지명학』 5, 한국지명학회, 2001, 108~109쪽.

州郡 中岱面 長旨里)

(14ㄱ)의 밑줄 친 것들은 音讀 표기자임이 확실하다. '宮, 陵, 司馬, 三兄弟, 蓮花堰, 念珠, 龍仁, 院, 場, 陣, 倉, 塔, 胎' 등이 국어에서 흔히 한자어로 사용되는 것이다. 蓮花, 念珠, 塔 등은 불교에서 쓰이는 한자어 이며, '院, 場, 陣, 陵, 宮, 胎' 등은 '驛院, 市場, 軍陣, 王陵, 王宮, 御胎[55]' 등의 의미를 가지는 한자어이며, 龍仁은 지명이다. 彦州面의 '紅峴/불근고기'를 고려하면, 彦州面의 '紅浦/홍기'에서 '紅'은 音讀 표기자 임이 분명하다. '紅浦/홍기'는 『朝鮮地誌資料』의 편찬 당시인 1910년대 에 訓讀 표기가 音讀 표기로 전환되고 있음을 알려 준다.

(14ㄴ)의 밑줄 친 것들은 그 의미를 확인할 수 없다. 따라서 단적으로 音讀 표기자로 파악할 수 없다. 音假 表記字로 파악해야 할 경우도 있을 수 있다. 예컨대 다음은 音讀 표기일 가능성이 있으나 音讀 표기임을 결 정적으로 말할 수 없는 것들이다.

15) ㄱ. 寒川谷/한늬골(都尺面 陶峴里)
　　ㄴ. 樂生坪/낙싱벌(樂生面 遠川洞)
　　ㄷ. 廣津/광나루(九川面 曲橋洞)

(15ㄱ)의 '寒川谷'은 『한국지명총람』 경기도 광주군 陶雄里 편에 실 려있는 '한낫골'이다. 이 '한낫골'은 대응되는 한자 표기를 고려하면 '한 냇골'에서 변이된 것이다. 그러므로 '한냇골'은 '한+내+ㅅ+골' 정도로 분 석되는 데, 분석된 요소 가운데에 '한'만이 미지의 것이다. '寒'을 音讀 표기자로 본다면 '한'은 '차다'의 뜻이 된다. 그런데 직접적인 증거가 없 다. '寒'이 단순한 音假 表記字일 가능성도 배제할 수 없다. 또한 이것 역시 직접적인 증거는 없다.

---

55) 朝鮮 成宗의 御胎를 광주군 胎田里 胎峰에 봉안한 것에서 기인한다.

(15ㄴ)의 '樂生'과 (15ㄷ)의 '廣津'은 『태종실록』 1407년의 기사56)와, 1410년의 기사57)에 실릴 정도로 매우 오래된 지명 표기이다. 당시에 이 표기를 音讀 표기로 인식했는지 訓讀 표기로 인식했는지는 자세치 않다. '廣津'의 경우에는 『頤齋亂藁』에 '광나루'로 주석하고 있지만 '廣'이 音讀 표기자라고 결정적으로 말할 수 없다. '광나루'의 '광'이 가지는 기원적인 의미가 밝혀져야 하기 때문이다. 다만 김완진 선생님의 말씀처럼 충청도 '唐津'이 '唐'으로 가는 나루의 의미를 가진 것처럼 '廣津'도 '광주'로 가는 나루일 가능성이 있다.

한편 '道場谷/도장골'은 '道長谷/도장골(朔寧郡 西面 席屯里所在), 道壯里/도장골(驪州郡 金沙面), 道藏谷/도장골(楊平郡 邑內面 西部里)' 등을 고려하면, 音假 表記字일 가능성도 있다.

다음은 地名 後部 要素가 音讀 표기된 것이다.

16) ㄱ. [酒幕]
　　　宮內酒幕/궁안주막(樂生面 宮內村), 金谷酒幕/쇠골주막(樂生面 金谷洞), 勒峴酒幕/구러기쥬막(草月面 勒峴里), 春橋酒幕/방아다리쥬막(東部面 德豊洞), 遠川酒幕/모니주막(樂生面 遠川洞), 盆店酒幕/동이졈쥬막(突馬面 盆店里), 小雙嶺酒幕/ᄌᆞ근쌍여이쥬막(草月面 小雙嶺里), 新院酒幕/시원쥬막(彦州面 新院洞), 鳥峴酒幕/시오기쥬막(慶安面 鳥峴洞), 鎭村酒幕/소틔쥬막(都尺面 鎭村里), 板橋酒幕/너더리쥬막(樂生面 板橋里), 蟹川酒幕/계늬쥬막58)(九川面 上一洞), 大雙嶺酒幕/큰쌍영이쥬막(草月面 大雙嶺里)

　　ㄴ. [峯]

---

56) 『太宗實錄』, 1407년(太宗 7) 2月 13日 條, "講武于 廣州 上詣 德壽宮 告行 遂次于 樂生驛 前郊"

57) 『太宗實錄』, 1410년(太宗 10) 9月 2日 條, "上王親祭于 健元陵 次于 豊壤 之郊 翼日 上出迎于 廣津 設宴夜還"

58) 『朝鮮地誌資料』 원본에 '蟹川酒幕/계늬쥬막'으로 분명하게 기재되어 있다. '계'는 '蟹'로 보아 '게'의 오기일 가능성이 있다.

駒峯/미지봉(突馬面 上塔洞), 笠帽峰/갓무봉(郡內面 奄峴里), 凡峯/무릇봉(實村面 晩谷洞), 鵲峯/竕치봉(都尺面 芳燈里), 砥峯/숫돌봉(都尺面 芳燈里)

ㄷ. [塔]
石塔/돌탑(東部面 八堂里)

ㄹ. [山]
龜山澤/구산못(東部面 望月里), 水潮山/물밀이슨(彦州面), 鵂巖山/부엉바위산(彦州面), 法垂山/법수머리산(郡內面 南城里), 陵頭山/능머리산(彦州面), 鷹峯山/민봉산(彦州面)

ㅁ. [場]
獐項場/노로목장(市場名, 都尺面 老谷洞), 倉隅場/창모루장(市場名, 廣州郡 東部面 倉隅洞)

'酒幕, 峯, 塔, 山' 등은 한자어로 국어에서 흔히 쓰이는 것이다. 門目의 명칭 '市場名'을 고려하면, '場'은 '市場'의 의미로 사용된 것임을 알 수 있다. '酒幕, 峯, 塔, 山, 場' 등이 지명에서 '주막, 봉, 탑, 산, 장' 등을 표기하고 있으므로 우리는 이 한자가 音讀 표기자로 사용된 것임을 알 수 있다.

다) 訓假 表記

訓假 表記는 한자의 훈을 빌어 우리 말을 표기하되, 지명의 의미를 한자의 훈과는 관계없이 표기하는 방법을 말한다. 이 표기의 예는 단 하나가 찾아진다.

17) ㄱ. 星浦酒幕/베리기쥬막(慶安面 胎田里)
    ㄴ. 베루개 [들] 태전리에 있는 들. 벼가 많이 남(한국지명총람 경기도 광주군 광주읍)
    ㄷ. 벼루게(국토지리정보원 1:25000 성남 지형도)

(17ㄱ), (17ㄴ), (17ㄷ) 등은 모두 동일한 지명에 대한 이표기이다. (17

ㄱ) '星浦酒幕'과 '베리기쥬막'의 대응에서 '星'과 '베리'의 대응을 확인할 수 있다. 星浦가 기원적으로 '星'의 뜻에서 출발한 것이라면, 星은 訓讀 표기자가 된다. 그런데 (17ㄴ)의 '베루개', (17ㄷ)의 '벼루게'를 고려하면 '베리기쥬막'에서 '베리'는 '벼랑'의 뜻을 가지는 중세어 '벼로'의 변이형으로 생각된다. 따라서 '星浦酒幕'에서 星은 한자의 훈과는 관계없이 차용된 訓假字가 된다. 그러나 '벼루'와 '베루'는 '벼랑'을 뜻하는 중세어 '벼로'와 연관될 수 있는 어형이지만 '베리'를 '벼로'와 연관시키는 것은 음운론적으로 문제가 있다. 이 점이 이 주장의 한계이다.

라) 訓讀 表記

訓讀 表記란 한자의 훈을 빌어 우리 말을 표기하고, 동시에 한자의 훈으로 그 의미까지도 표시하는 방법을 말한다. 지명의 전부 요소와 후부 요소로 나누어 訓讀 표기에 해당되는 것을 설명하도록 한다.

먼저 우리 말의 관형사, 동사, 형용사, 부사 등을 訓讀 표기한 것을 찾아 보면 다음과 같다.

> 18) ㄱ. 관형사
>   시 : 新場墟/시장터(五浦面 文顯洞), 新垈川/시터말니(都尺面 三里), 新畓坪/시논들(突馬面 島村)
>   ㄴ. 동사와 형용사
>   괴다 : 磊石峴/괸돌고기(彦州面)
>   눕다 : 臥牛坪/눈쇼들(都尺面 牛峙洞)
>   넓다 : 廣峴/넉고기(實村面 新村)
>   멀다 : 遠川酒幕/모니주막(樂生面 遠川洞)
>   밀다 : 水潮山/물밀이손(彦州面)
>   붉다 : 紅峴/불근고기(彦州面)
>   작다 : 小雙嶺酒幕/ᄌ근쌍여이쥬막(草月面 小雙嶺里), 小峴/ᄌ근고기(旺倫面 五馬洞)
>   *즐다 : 經道峴/지러버리고기(彦州面)

    질다59) : 泥峴/질고기(都尺面 柳余洞), 泥軒坪/진마루들(郡內面
         佛堂洞)
    차다 : 寒井谷/찬우물골(彥州面), 冷井/찬우물(旺倫面 藤谷洞)
    크다 : 大峴/큰고기(旺倫面 五馬洞), 大雙嶺酒幕/큰썅영이쥬막
         (草月面 大雙嶺里), 大井坪/큰우물골(都尺面 老谷洞), 大
         川/큰기울(都尺面 宮坪里)

  ㄹ. 부사
    凡峯/무릇봉(實村面 晩谷洞)

  (18)에서 밑줄 친 것들이 訓讀 표기자이다. 대부분은 대응되는 한글
표기로 訓讀 표기임을 쉽게 이해할 수 있다. 그런데 '廣峴/넉고기, 遠川
酒幕/모닉주막, 經道峴/지러버리고기' 등의 경우에, 한자와 한글의 대응
관계를 이해하려면 보충적인 설명이 필요하다. '넉고기'는 '넙[廣]+고기'
정도로 분석된다. 후행하는 'ㄱ'의 영향을 받아 '넙'이 '넉'으로 실현된
것이다. '모닉'는 '멀[遠]-+ㄹ+닉' 정도로 분석되는 '멀닉'에서 국어의 여
러 음운 현상이 적용된 어형이다. 'ㄹ'이 'ㄴ' 앞에서 탈락되어 '머닉'가
형성되고, '머닉'에 '어'가 '으'로 바뀌는 현상이 적용되어 '므닉'가 형성
되었다가 다시 순음 'ㅁ' 아래에서 '으'가 원순모음화 되어 '모닉'의 어
형이 형성된 것이다. 'ㅓ'가 'ㅗ'로 바뀐 현상은 이병근(1969)이 말한 순
음 아래에서의 비원순모음화 현상과 반대되는 현상이다. 이병근(1969)에
따르면 경기도 지역 방언에서는 18세기 중엽에 비롯되어 19세기 중엽에
확실해 지고, 현대 경기 지역어에 확대된60) 현상이61) 비원순모음화인데
이것과 반대되는 현상이다.

---

59) '泥坪/지늡들(突馬面 亭子洞)'에서 '지늡'이 '진흙[泥]'과 관련 있는 것으로
   생각된다. 그러나 '진흙'을 '지늡'으로 연관시킬 수 있는 뚜렷한 근거는 없다.
60) 이병근, 「경기지역어의 모음체계와 비원순모음화」, 『동아문화』 9집, 서울대
   동아문화연구소, 1969, 166쪽.
61) 實村面 下悅美洞에 기재된 '丁峰/거무릭지'에서 '거무릭'는 '고무릭'에서 교
   체된 것으로 순음 앞에서도 이러한 음운 현상이 일어남을 보여 준다.

『小學諺解』에서 '經'을 '즐음낄'로 번역하고 있다.62) 따라서 '經道峴'
에서 '經道'는 '지름길'을 뜻한다. 그러므로 '經道峴'과 '지러버리고기'와
의 대응관계를 이해할 수 있다. '지름길'을 형성한 동사 '지르다'는 '徑'
을 의미하고, 이것의 선대형은 '즈르다'이다. '지러버리고기'에서 '버리'
의 의미는 알 수 없으나 '지러'는 '질+어' 정도로 분석된다.

다음은 지명의 전부 요소에서 우리 말의 명사가 訓讀 표기된 것이다.
설명과 이해의 편의를 위해서 訓讀 표기된 사례를 '동물, 식물, 기타' 등
으로 분류하여 제시한다.

19) ㄱ. 鸛畓谷/황시논골(五浦面 倉坪村), 鮫龍坪/도룡곗(旺倫面 五馬洞),
   駒峯/미지봉(突馬面 上塔洞), 狗井坪/개우물골(都尺面 老谷洞),
   馬乙峙/말치고기(都尺面 楸谷里), 蚌潭/됴기눕(九川面 岩寺洞),
   牛嶺/쇠고기(彦州面), 牛川嶺/소니실고기(都尺面 老谷洞), 牛峙/
   쇼틔(都尺面 牛峙洞), 鷹峯/미봉(東部面 上司倉里), 鷹峯/미봉지
   (突馬面 亭子洞), 鷹峯山/미봉산(彦州面), 鷹峯峴/미봉지(都尺面
   雲井洞), 鷹峴/밋지(都尺面 陶峴里), 鵲峯/짯치봉(都尺面 芳燈里),
   鵲村洑/싸치말洑(都尺面 內都尺里), 獐項場/노로목장(都尺面 老
   谷洞), 鳥峴/시고기(郡內面 屯田里), 鳥峴酒幕/시오기쥬막(慶安面
   鳥峴洞), 雉谷/꽁의골(彦州面), 蟹川酒幕/계니쥬막(九川面 上一
   洞)
   ㄴ. 乭梨坪/돌비들(都尺面 雲井洞), 柳坪/버들숩치(突馬面 下塔洞), 麻
   田谷/슴박골(突馬面 藪內村), 薇谷/고사리골(彦州面), 栗島谷/밤슴
   골(都尺面 祥林洞), 栗木隅坪/밤나무멀이딜(彦州面), 楮坪/닥나무
   딜(實村面 九陽里), 松峴谷/솔기골(彦州面), 楸嶺/가실고기(突馬面
   盆店里)
   ㄷ. 間谷/시이골(實村面 九水洞), 金谷酒幕/쇠골주막(樂生面 金谷洞),
   勒峴酒幕/구러기쥬막(草月面 勒峴里), 勒峴坪/구러기들(草月面
   勒峴里), 笠帽峰/갓무봉(郡內面 奄峴洞), 猫糞坪/괴똥딜(都尺面 雲
   井洞), 釜谷/가마골(突馬面 葛峴里), 盆店酒幕/동이졈쥬막(突馬面

---

62) 『小學諺解』, 卷四 46, "둔님에 즐음낄로 말믜암디 아니ᄒ며(行不由經)"

盆店里), 佛谷/부쳐골(五浦面 梅谷里), 佛堂店/부쳐당이(九川面 岩寺洞), 寺谷/졀골(突馬面 麗水洞), 寺峴/졀고기(彦州面), 市峴/장고기(都尺面 宮坪里), 陽峴/볏고기(突馬面 陽峴里), 染井/옷우물(旺倫面 藤谷洞), 春橋酒幕/방아다리쥬막(東部面 德豊洞), 場峴/쟝고기(旺倫面 上莊義洞), 丁峰/거무리직(實村面 下悅美洞), 宗坪/마루들(突馬面 盆店里), 舟橋酒幕/빈다리(西部面 甘北洞), 舟峴/빈뾰기(都尺面 宮坪里), 砥峯/슛돌봉(都尺面 芳燈里), 車谷口/수리실이귀(五浦面 倉坪村), 車峴/수루직(實村面 下悅美洞), 胄峯/투구봉(東部面 八堂里), 炭川/슌닉(中垈面 石村洞), 炭川洑/곤슌닉보(突馬面 藪內村), 炭川洑/슌닉보(突馬面 二梅洞), 塔谷/탑골(東部面 八堂里), 塔谷坪/탑션골셜(彦州面), 塔谷峴/탑션골고기(彦州面), 胎川/티기울(慶安面 胎田里)

(19ㄱ)은 訓讀 표기된 명사가 동물에 속하고, (19ㄴ)은 식물에 속하는 것이다. (19ㄷ)은 분류의 기준을 세우기가 어려워 기타로 묶어서 제시한 것이다.

(19)에 제시된 지명은 지명의 전부 요소가 명사이므로, '명사+명사'의 구성으로 이루어진 복합어가 된다. 국어에서 이러한 구성을 가지는 복합명사의 의미 해석은 다양할 수 있다. 예컨대 (19ㄷ) '釜谷/가마골'의 경우 '가마'와 '골' 간의 의미 관계를 '가마'처럼 생긴 '형상 관계'와 '가마'를 생산하는 '소산(所産) 관계'의 두 가지로 이해할 수 있다. 지명이 생성된 유래에 따라 그 의미 관계를 결정해야 할 것이다. 물론 일반적으로는 (19ㄱ) 동물의 경우 '형상 관계'로 (19ㄴ) 식물의 경우 '소산 관계'로 이해되지만 예외적으로 해석해야할 경우도 있다. 예컨대 (19ㄱ) '鶴卤谷/황식논골'에서 '황식'와 '논'의 의미 관계는 '황식'가 많이 찾아오는 '논'으로도 이해될 수 있기 때문이다.

(19ㄱ) '鳥峴/식고기'와 '鳥峴酒幕/식오기쥬막'은 동일한 음운 환경에서 하나는 'ㄱ' 탈락 현상을 보여주고, 하나는 그렇지 않은 현상을 보여준다. 이 사례는 한자를 빌어 운용되는 借字 표기법의 본질적인 특질을

말해 주고 있다. ‘싀’는 비록 모음을 ‘ㅣ’로 표기하고 있지만 의미상으로
는 모음을 ‘ㅐ’로 표기한 ‘새’가 되어야 할 것이다. 이 ‘새’가 중세국어에
서 ‘草’ 또는 ‘鳥’의 의미를 가지는 동음이의어라는 특질에서 ‘鳥峴酒幕/
싀오기쥬막’에서의 ‘鳥’와 ‘싀’의 관계가 느슨해진다. 즉 ‘싀’가 ‘鳥’가
아니라 ‘草’일 가능성도 배제할 수 없다.『신증동국여지승람』忠淸道 延
豐縣의 산천 조에 “鳥嶺을 草岵이라고도 한다”의 기사가 그러한 가능성
을 열어 준다. ‘鳥’와 ‘草’가 모두 우리말 ‘새’를 표기한 점에서 우리는
‘鳥嶺’과 ‘草岵’의 異表記 관계에 대하여 이해할 수 있다. 즉 동음이의어
를 가지는 우리말이 借字로 표기될 때 그 연관 관계기 왜곡되는 현상이
있음을 이해할 수 있다. ‘鳥峴酒幕’을 黃胤錫의 『頤齋亂藁』卷九 九月
二十四日 조에 ‘沙五介店/새오개’로 표기한 것도 그러한 가능성을 뒷받
침한다.

지명의 후부 요소로 사용되는 ‘坪, 峙, 峴, 川’ 등은 우리 말 하나에만
대응되지 않고, 둘 이상의 우리 말에 대응하고 있다.

‘坪’이 우리 말 ‘들’과 ‘벌’에 대응되는 예는 다음과 같다.

20) ㄱ. 勒峴坪/구러기들(草月面 勒峴里), 臥牛坪/눈쇼들(都尺面 牛峙洞),
　　　道谷坪/도꼴들(草月面 東山里), 乭梨坪/돌빅들(都尺面 雲井洞),
　　　宗坪/마루들(突馬面 盆店里), 前枝坪/압가지들(慶安面 前枝里),
　　　梧里坪/오리보들(草月面 大雙嶺里), 唐垈坪/졈터들(突馬面 唐隅
　　　洞), 鄭琴坪/정금안들(大旺面 栗峴), 泥坪/지늘들(突馬面 亭子洞),
　　　泥軒坪/진마루들(郡內面 佛堂洞), 一田坪/한밧들(旺倫面 藤谷洞),
　　　師滿坪/ᄉ만이들(儀谷面), 新畓坪/싀논들(突馬面 島村)
　　ㄴ. 猫糞坪/괴똥덜(都尺面 雲井洞), 塔谷坪/탑션골졀(彥州面), 楮坪/닥
　　　나무덜(實村面 九陽里), 栗木隅坪/밤나무멀이덜(彥州面), 院坪/원
　　　덜(實村面 九陽里), 細坪/자늣덜(突馬面 亭子洞), 長沙坪/장사리
　　　덜(實村面 昆池岩)
　　ㄷ. 舊陳坪/구진버리(彥州面), 樂生坪/낙싱벌(樂生面 遠川洞), 斗得峴
　　　坪/두득지벌(彥州面), 法緣坪/범이벌(退村面 東垈洞), 長坪/장벌

(彥州面), 場坪/장쌜(彥州面), 陣垈坪/진터벌(中垈面 長旨里), 支渭坪/퇴촌벌(退村面 支渭洞)

(20ㄴ)의 '덜'은 대응되는 한자로 보아 '들'이 분명하다. '들'은 장음이다. 장음의 '어'가 경기 방언에서 '으'로 실현되는 현상은 매우 일반적인('어른>으른') 이러한 현상과 관련하여 장음의 '으'와 '어'간의 유사성에 주목하여 '덜'과 '들'의 교체 관계를 생각해 볼 수 있다. 맞춤법 규정에는 '든지'와 '던지'를 구분하게 되어 있으나 실제 언어에서는 이 둘이 마구 섞여 쓰이는 것도 참조할 수 있다.

(20ㄷ)은 坪이 '벌'로 대응된 것이다. (20)에 나타난 사례만 가지고서 '들'과 '벌'의 차이를 논할 수 없다. 전국적인 사례를 가지고 일반화하여 논의할 일이다.

일반적으로 嶺은 규모가 큰 '재'로, 峴은 규모가 작은 '고개'로 알려져 있다.[63] 다음과 같이 흥미로운 대응 관계를 보여 준다

21) ㄱ. 楸嶺/가실고기(突馬面 盆店里), 牛川嶺/소니실고기(都尺面 老谷洞), 牛嶺/쇠고기(彥州面), 龍仁嶺/용인고기(都尺面 陶峴里), 灰嶺/회고기(實村面 長在洞)
    ㄴ. 鷹峯/미봉지(突馬面 亭子洞), 丁峰/거무러지(實村面 下悅美洞)
    ㄷ. 葛峴/갈고기(都尺面 鎭村里), 葛峴/갈고기(實村面 國井浦), 磊石峴/괸돌고기(彥州面), 廣峴/넉고기(實村面 新村), 異峴/다랑고기(都尺面 宮坪里), 月峴/다리닉고기(大旺面 路上洞과 金峴洞 사이), 德峴/덕고기(都尺面 宮坪里), 陶峴/도고기(都尺面 陶峴里), 陽峴/볏고기(突馬面 陽峴里), 紅峴/불근고기(彥州面), 仙谷峴/션골고기

---

63) 黃胤錫은 『頤齋亂藁』에서 峴을 小嶺으로 주석하고 있다. 한편 '峙'는 '고개' 또는 '재'의 뜻을 가지고 있다. '馬乙峙/말치고기(都尺面 楸谷里), 牛峙/쇼틔(都尺面 牛峙洞)'에서 보는 것처럼 '峙'는 구개음화를 겪은 '치' 또는 구개음화를 겪지 않은 '티', '틔' 등으로 쓰인다. '峙'는 '고개'나 '재'를 뜻하는 한국고유한자이다. 이에 대해서는 이건식(2008)에서 자세히 설명하였다.

(實村面 上鳥峴里), 漁村峴/어비고기(旺倫面 古井洞), 連長峴/연장
이고기(郡內面 佛堂洞), 利旺峴/이왕이고기(慶安面 直洞), 市峴/
장고기(都尺面 宮坪里), 場峴/쟝고기(旺倫面 上莊義洞), 寺峴/졀
고기(彦州面), 經道峴/지러버리고기(彦州面), 泥峴/질고기(都尺面
柳余洞), 大峴/큰고기(旺倫面 五馬洞), 塔谷峴/탑션골고기(彦州
面), 夏牛峴/하우지고기(儀谷面 鶴峴洞), 灰峴/회고기(都尺面 柳
余洞), 培高峴/비고기(突馬面 唐隅洞), 舟峴/비쇼기(都尺面 宮坪
里), 鳥峴/시고기(郡內面 屯田里), 小峴/쟈근고기(旺倫面 五馬洞),
垓峴/히고기(彦州面 鶴洞), 鶴洞峴/힉골고기(彦州面 鶴洞)

ㄹ. 鷹峯峴/미봉지(都尺面 雲井洞), 鷹峴/밎지(都尺面 陶峴里), 揹樓峴
/비루지(彦州面), 車峴/수루지(實村面 下悅美洞), 通文峴/통문지
(中垈面 長旨里), 二拜峴/이비지(慶安面 木甘里)

'峰, 峯'은 '嶺, 峙, 峴'과는 다르게 특별나게 솟아난, 산 봉우리를 말
하는 것이다. 그런데 (21ㄴ)에서는 '峰, 峯'이 '지'와 대응되고 있다. 이
것은 특이한 사례이다.

(21ㄷ)에서의 '峴'과 '고기'의 대응은 일상적인 것이지만 (21ㄱ)에서
의 '嶺'과 '고기'의 대응, (21ㄹ)에서의 '峴'과 '지'의 대응은 일상적이지
않다. (21ㄱ)에서는 규모가 큰 '嶺'이 규모가 작은 '고개'와 대응하고 있
다. 특이한 사례이다. (21ㄹ)에서는 규모가 작은 '峴'이 규모가 큰 '지'와
대응하고 있다. 특이한 사례이다. 이같은 특이한 사례는 우리말에서 '고
개'와 '재'의 구별이 사라지고 '고개'로 통합되고 있음을 보여 주는 것이
라기보다는 오히려 국어에서 한자 '嶺'과 '峴'의 구별이 약화되었음을
말해 준다.

다음은 川이 '닉, 기울, 늡' 등으로, 또 '溪'가 '닉'로 대응되는 예이다.

22) ㄱ. 後川/뒤닉(都尺面 雲井洞), 藪川/숫닉(樂生面 遠川洞), 炭川/숫닉
(中垈面 石村洞), 前川/압닉(都尺面 祥林洞), 西下川/스마루닉(草
月面 西下村里), 新垈川/싀터말닉(都尺面 三里)

ㄴ. 舊陳川/구진기울(彦州面), 洑通川/보통이기울(彦州面), 大川/큰기

울(都尺面 宮坪里), 胎川/터기울(慶安面 胎田里)
ㄷ. 味其川/미기늡(實村面 墨坊里)
ㄹ. 前溪/압닉(突馬面 島村)

『訓蒙字會』에서 '川'을 '내'라 하고 있고, '澗'과 '溪'를 '시내'라 하고 있다. '溪'를 작은 것, '澗'을 큰 것이라 하고 있다.[64] 따라서 溪, 澗, 川 등의 순서로 그 규모가 큰 것이 된다. 漢字에서의 이러한 구별과 마찬가지로 국어에서 '내'가 '시내'보다는 그 규모가 큰 것이다. 『표준국어대사전』에서 '개울'을 '골짜기나 들에 흐르는 작은 물줄기'로 풀이하고 있으므로 '개울'은 '내'보다는 그 규모가 작은 것이다. 그런데 (22ㄱ)과 (22ㄴ)은 이러한 진술과 배치된다. 규모가 큰 '川'이 '닉'와 '기울' 모두에 대응하고 있기 때문이다.

(22ㄷ)에서 '川'이 '늡[沼]'에 대응된 것은 현재 미지의 것이다. 그리고 (22ㄹ)에서 '溪'가 '닉'에 대응되는 것도 불일치된다. 『朝鮮地誌資料』 경기도 편의 광주군 이외의 지역에서 '溪'가 '닉'와 대응되고, '川'이 '기울'에 대응되는 기묘한 사례를 찾아 제시하면 다음과 같다.

  23) ㄱ. 陵村溪/능말닉(竹山郡 遠三面 陵村里), 芳灘溪/방여울닉(朔寧郡
         南面 貴存里所在), 藪村溪/숩말닉(驪州郡 池內面 雲村里), 陽岩溪
         /볏바위닉(竹山郡 西二面 陶村), 張承溪/장승박이닉(龍仁郡 縣內
         面 倉洞), 前溪/압닉(朔寧郡 南面 貴存里所在), 前溪/압닉(永平郡
         郡內面 梁文里), 倉洞溪/충말닉(竹山郡 遠三面 倉洞里), 坪村溪/
         벌말닉(開城郡 嶺南面 伴程里), 後溪/뒤닉(永平郡 郡內面 梁文
         里)
    ㄴ. 乾川/마른기울(積城郡 西面 道長洞 區內), 內浦川/안찌기울(積城
         郡 東面 栗浦里 區內), 唐山川/당메기울(抱川郡 淸凉面 淸凉里),
         沐浴川/메기만기울(抱川郡 淸凉面 左儀里), 濱汀川/빈정이기울
         (富平郡 毛月串面 連希里), 玉川/옥산이기울(抱川郡 郡內面 東邊

---

64) 『訓蒙字會』, 溪, "시내 간 水注川曰溪 小曰溪 大曰澗"

里), 前川/압기울(抱川郡 東村面 明德里), 舟隅川/비머우기울(龍
仁郡 蒲谷面 英谷里), 超然臺川/초연되기울(抱川郡 淸凉面 甘巖
里), 坪川/벌기울(抱川郡 內洞面 廣峴里), 坪村川/벌말기울(抱川
郡 淸凉面 柳橋里)

(22)와 (23)에서 보는 바와 같이 '川'이 '늬'와 대응하면서 한편으로는
'기울'에 대응하는 현상과 '溪'가 '기울'에 대응하면서 '늬'에도 대응하
는 현상은 국어에서 '늬'와 '기울'의 변별적 의미 차이가 부분적으로 약
화되었음을 말하는 것이라기보다 국어에서 한자 川과 溪의 구별이 약화
되었음을 말하는 것이다.

다음은 '浦'가 '늬'와 '기' 두 가지에 대응되는 예이다.

24) ㄱ. 浮里島前浦/부렴압늬(彦州面 浮里島里)
    ㄴ. 紅浦/홍기(彦州面)

'浦'는 '기'와 대응되는 것이 일반적인데, (24ㄱ)처럼 '浦'가 '늬'와 대
응되는 것은 현재는 미지의 것이다.

다음은 지명 후부 요소가 訓讀 표기된 예이다.

25) ㄱ. 釜谷/가마골(突馬面 葛峴里), 薇谷/고사리골(彦州面), 道場谷/도장
    골(東部面 上司倉里), 後谷/뒤골(突馬面 麗水洞), 饒谷/료골(五浦
    面 外谷里), 栗島谷/밤슘골(都尺面 祥林洞), 鵂岩谷/부엉바위골(東
    部面 上司倉里), 佛谷/부쳐골(五浦面 梅谷里), 司馬谷/사마사골(都
    尺面 芳燈里), 三兄弟谷/삼형제골(東部面 上司倉里), 松峴谷/솔기
    골(彦州面), 安垈谷/안터골(實村面 九水洞), 念珠谷/염쥬밧골(實村
    面 釜谷洞), 古垈谷/옛터골(實村面 九陽里), 又谷/웃골(突馬面 栗
    里), 寺谷/졀골(突馬面 麗水洞), 進谷/진골(彦州面), 寒井谷/찬우물
    골(彦州面), 大谷/큰골(都尺面 楸谷里), 塔谷/탑골(東部面 八堂里),
    寒川谷/한늬골(都尺面 陶峴里), 鶴畓谷/황시논골(五浦面 倉坪村),
    化鶴谷/횃골(旺倫面 內旺倫), 麻田谷/슴박골(突馬面 藪內村), 間谷

/시이골(實村面 九水洞), 新寺谷/시졀골(五浦面 梅谷里), 雉谷/꽁
의골(彦州面), 二十峴谷/스무고긔골작이(彦州面)
ㄴ. 蚌潭/됴긔늡(九川面 岩寺洞), 箭島/쏠셤(彦州面 大峙洞), 葛籠邊/
가롱기(五浦面 獨山里), 東同山/동동뫼(實村面 墨坊里), 染井/옷
우물(旺倫面 藤谷洞), 冷井/찬우물(旺倫面 藤谷洞), 廣津/광나루
(九川面 曲橋洞), 八堂津/바당이나루(東部面 八堂里), 佳灘/가녀
울(彦州面), 秋灘/가러울(九川面 高德里), 龜山澤/구산못(東部面
望月里), 新場墟/시장터(五浦面 文顯洞)

(25)에 訓讀 표기된 것들은 오늘날 대체로 音讀 표기로 전환되었다.
이를 통해 20세기 초까지만 해도 우리 지명의 상당수가 音讀되지 않고
訓讀 표기되었음을 알 수 있다.

3) 한자 표기 지명

『朝鮮地誌資料』경기도 광주군 편에 실린 지명 877개 중 677개나 되
는 지명이 한자로만 기재되어 있다. 쓰여진 한자가 한자의 훈과는 무관
한 音假 表記字일 가능성이 충분히 있다. 그리하여 한자의 의미를 통해
서 지명의 기원적 의미를 파악하다가는 낭패를 보기 쉽다. 그런데『朝鮮
地誌資料』에서 한자로만 표기된 것이 다른 문헌 자료에서는 다른 한자
를 사용해서 표기하는 경우가 있다. 우리는 異表記 간의 공통 분모를 생
각함으로써 한자 표기를 넘어서 지명의 기원적 의미에 한 발자국 다가
갈 수 있다. 또 이러한 작업을 통해서 借字 표기법을 사용하는 주체마다
借字 표기법을 운용하는 방법이 시대적으로 가변적임을 이해할 수 있다.

(1) 『輿地圖書』와 『戶口總數』의 행정 단위 촌락명 異表記

『輿地圖書』는 1757년에서 1765년 사이에 각 읍에서 편찬한 읍지를
성책하여 편찬한 것이고,『戶口總數』는 1789년 당시의 戶口帳籍을 정리

한 것이다. 촌락명과 함께 호구수가 기재되어 있으므로 이 자료에 나타
나는 촌락명은 행정 단위가 된다. 『輿地圖書』와 『戶口總數』에 기재된
촌락명을 『朝鮮地誌資料』와 대조해서 표기 상 차이가 나는 것을 제시하
면 다음 <표 5>와 같다.

〈표 5〉

『輿地圖書』		『戶口總數』		『朝鮮地誌資料』	
면명	동명	면명	동명	면명	동명
龜川面	古多只洞	龜川面	古多只洞	龜川面	高德里
龜川面	其里洞	龜川面	其里洞	九川面	吉里洞
西部面	冬音巖里	西部面	冬音巖里	西部面	鶴岩洞
龜川面	明日院里	龜川面	明日院洞	九川面	明逸洞
五浦面	軍需屯里	五浦面	守屯里	五浦面	屯里
中臺面	巨余味洞	中臺面	巨余未洞	中垈面	巨余洞
細村面	丹臺里	細村面	丹臺洞	細村面	丹垈洞
彦州面	論古介里	彦州面	論古介	彦州面	論峴洞
彦州面	方下橋	彦州面	方下橋	彦州面	方下橋里
彦州面	扶老島里	彦州面	扶老島	彦州面	浮里島里
		義谷面	於逸里	儀谷面	義逸內外洞

<표 5>에 나타난 행정 단위 촌락명 표기의 변천 사항을 다음과 같이
정리할 수 있다.

26) ㄱ. 고유어를 표기한 음차 표기가 훈차 표기로 바뀌었다.(冬音巖里/
　　　　鶴岩洞, 論古介里/論峴洞)
　　ㄴ. 借字 표기자에 변화가 발생했다.(古多只洞/高德里, 其里洞/吉里
　　　　洞, 巨余味洞/巨余未洞, 丹臺里/丹垈洞, 扶老島里/浮里島里, 明日
　　　　院里/明逸洞)
　　ㄷ. 일부 借字가 생략되었다.(軍需屯里/守屯里/屯里, 巨余味洞/巨余未
　　　　洞/巨余洞, 明日院里/明逸洞)

'冬音巖里'와 '鶴岩洞'의 대응에서 '冬音'이 '두룸이[鶴][65)]'의 音假 表記임을 확인할 수 있다. 여기에서 음차 표기가 훈차 표기로 바뀌고 있음을 이해할 수 있다. (26ㄴ)과 (26ㄷ)은 借字 표기의 수의성을 감안하여 충분히 이해될 만한 변화이지만 '古多只洞/高德里'와 '巨余味洞/巨余未洞/巨余洞'의 변화는 설명이 보충되어야 이해될 수 있다.

'古多只洞'과 '高德里'의 대응으로 볼 때, '古多只'와 '高德'은 모두 우리말 音相 '고덕'을 표기한 점은 확실하다. 그런데 '古多只'가 선대형이고, '高德'이 후대형이라는 점에서 '古多只'와 '高德'은 모두 한자의 훈과는 아무런 관련이 없는 音假 表記字로 보아야 할 것이다. 『한국지명총람』에 실린 바 있듯이 고려말 李養中이 높은 德을 지키면서 고덕동에 살았기 때문이라는 지명 유래는 지양되어야 할 것이다. 漢字語의 강력한 영향으로도 音讀表記는 音假 表記化 되지 않을 것으로 생각된다. '고더기'의 '덕'을 '언덕'의 '덕'으로 파악할 수 있는 근거를 찾아야 할 것이다.

마찬가지로 巨岩이란 사람이 살아 '巨余洞'이 유래되었다는 『한국지명총람』의 설명과 같은 방식의 견해는 지양되어야 할 것이다. 『한국지명총람』에 실린 바대로 '巨余洞'의 현지 지명인 '김이' 또는 '겜리'는 오히려 '巨余味洞, 巨余未洞' 등과 더 잘 대응된다. 이 표기에는 'ㅁ'을 확인시켜 줄 수 있는 借字 '味'와 '未'가 있는 것도 그러한 사실을 뒷받침한다. 『朝鮮地誌資料』 광주군 동부면의 동리촌 조에는 '荒山洞'이 실려 있다. 이 '荒山洞'은 경기도 하남시 草一洞의 지명 '거칠미'와 잘 대응된다. 이것을 고려하면 '味'와 '未'는 '뫼[山]'에서 교체된 '미'를 표기한 것으로 생각된다.

(2) 『頤齋亂藁』에 실린 광주군 지명의 異表記

『朝鮮地誌資料』 경기도 광주군 편에 한자로만 제시된 지명이 677개

---

65) 『物譜』, 羽虫, 두룸이(鶴).

임은 앞에서 언급한 바 있다. 한글 표기가 기재되지 않았다고 해서 이들이 音讀 표기된 것이라고 볼 수 없다. 지명 조사 시 한글 표기가 조사되지 않은 것으로 보아야 한다. 광주군 지명의 한글 표기 몇 가지를 소개한 『頤齋亂藁』를 검토하면 그러한 사실을 확인할 수 있다.

27) ㄱ. 自松坡東南行十五里 始入險路 過細谷峴[ᄀᆞᄂᆞ골 고개] 又五里 過猪田小峴[돗밤이고개] 又五里 至德隱臺小店[던듸] 又五里 過深店[기픈술막] 又過利孚峙[니부듸]通行十里 至牡甘里店[모감이] 始得坦路 又三里 至沙五介店[새오개] 又南行七里 至慶安驛 場市墟邊 大店午飯 自松坡至此五十里 ○沙五介店 直廣州南漢山城東門外 用一錢四分 餘一兩八錢六分(『頤齋亂藁』 卷九, 九月二十四日乙卯)

ㄴ. 曉前雨 晩飯乃發 大霧瀰漫 西風寒甚 自慶安 循長谷北行而 西凡十里 至沙峴[새오개]酒幕 又西行十里 至毛甘[모감이]酒幕 自此西北行踰利富峙 從嶺腰 透迤而轉 凡五里 至深川[깁프내]酒幕 又西北行逾二小峙 凡五里至三歧[삼거리亦曰던듸]酒幕 又西行 踰二小峙 凡五里 至細洞[ᄀᆞᄂᆞ골]酒幕 始得平坦之路 西行至松坡[솔파곤이]津南酒幕二十里午飯 自慶安至松坡 五十五里 ○此路甚惡 蓋自南漢山城東南而西而北而又西 繚繞回抱而行也 ○利富峙東邊 亦不坦易 而西邊則危崖路回 凡歷三四回而又復西北 傾俯而下 彷想春川石坡嶺也 (『頤齋亂藁』 卷九, 二十一日戊子)

(27ㄱ)은 松坡에서 慶安驛에 이르기까지의 중간 경유지가 표시되어 있고, (27ㄴ)은 반대로 慶安에서 松坡에 이르기까지의 중간 경유지가 표시되어 있다. 중간 경유지를 『朝鮮地誌資料』와 대조하여 제시하면 다음과 같다.

〈표 6〉

『頤齋亂藁』 권 9	『頤齋亂藁』 권 7	『朝鮮地誌資料』
松坡	松坡[솔파곤이]津南酒幕	松坡津(中垈面 松坡洞)
細谷峴/ᄀᆞᄂᆞ골 고개	細洞[ᄀᆞᄂᆞ골]酒幕	細谷洞(細村面)

	二小峙	미상
猪田小峴/돗밤이고개		미상
德隱臺小店/던듸	三歧[삼거리亦曰던듸]酒幕	丹岱店(細村面 丹岱洞)
	二小峙	미상
深店/기픈술막	深川[깁프내]酒幕	미상
利孚峙/니부틔	利富峙	二拜峴/이비지(慶安面 木甘里)
牡甘里店/모감이	毛甘[모감이]酒幕	木甘里(慶安面)
沙五介店/새오개	沙峴[새오개]酒幕	烏峴酒幕/시오기쥬막 (慶安面 烏峴洞)
慶安驛	慶安 循長谷	慶安驛(慶安面 驛村)

'솔파곤이'는 사실 '松坡'보다는 '松坡串'과 정확히 대응한다. 『重訂
南漢志』山川 조에 '松坡串津'이 등재되어 있는 것이 참고가 된다. '곤
이'는 '곶[串]'을 표기한 것인데 '곶'이 후행한 '나루[津]'의 영향으로 비
음동화의 적용을 받아 '곤'이 형성된 것이다. 『睡翁先生日記』卷一 甲子
二月十三日 丁酉 조의 '松坡昆'이 참고가 된다.

'松坡'와 '솔파'의 대응에서 '松'은 訓讀 표기되었고, '坡'는 音讀 표
기된 것이 흥미롭다. 한자에서 '坡'는 '언덕'의 뜻인 '두듥'[66]을 표시하
는 것인데, 우리 지명에서 아주 드물게 사용된다. 이런 점에서 보면 그
뜻이 잘 알려진 '松'은 訓讀 표기 되었고, 그 뜻이 잘 알려지지 않은 '坡'
는 音讀되었다는 사실을 알 수 있다.

'던듸'를 고려하면 '丹岱'의 '丹'은 '단'이 아니라 '던'을 표기한 것임
을 알 수 있다. 『頤齋亂藁』권7의 다른 곳에서 '加臺/던딕'가 기재되어
있다, 이 異表記 사례도 '丹'이 '단'이 아니라 '던'을 표기한 것임을 말해
준다. '던듸'와 '던딕'는 흔히 교체되어 쓰인다. '딕'는 한국 고유한자
'岱'로 표기되었다. '던'의 의미는 현재 정확히 알 수 없다. 다만 '丹'이
訓讀 표기자가 아니라 音假 表記字일 가능성이 높다.

'牡甘', '毛甘', '木甘'의 대응에서 借字 표기의 수의성을 잘 관찰할

---

66) 『訓蒙字會』, 上 2, "坡두듥 파".

수 있다. '새오개'와 '싀오기'의 대응도 흔히 교체되는 어형이다. 후대의
자료인 『朝鮮地誌資料』가 선대형의 표기를 제시하고 있다. '沙五介, 沙
峴, 鳥峴' 등의 대응에서 '鳥峴'가 '싀오기'를 표기한 것이 분명함을 알
수 있다. 그런데 '沙'는 '鳥峴'의 '鳥'가 기원적으로 '새[鳥]'의 의미가 아
님을 시사해 준다. 뒤에서 기술하겠지만 '鳥峴'이 '草峴'으로도 표기되는
데 이는 '鳥峴'의 '鳥'가 '새[草]'를 표기한 音假字임을 확신케 한다. 경
상도 문경에 소재한 '鳥嶺'의 선대형 표기가 '草岾'인 것을 고려할 때,
그러한 사실을 확신할 수 있다.

　『頤齋亂藁』에는 다음과 같은 訓讀 표기 자료가 더 발견된다.

28) ㄱ. 朝飯後十里至險川店舍[廣州地머후내](『頤齋亂藁』 卷五)
　　ㄴ. 曉發過月川嶺[다라재]大路三巨里店舍 至板橋店舍朝飯(『頤齋亂藁』
　　　　卷五)
　　ㄷ. 利川北距廣州昆珠浦店[곤주애]三十里(『頤齋亂藁』 卷七, 十九日
　　　　丙辰), 午後發廣峴酒幕 西北行一里 逾廣峴 可容騎上 而馬德 步行
　　　　過此 則入廣州地矣 循長谷西行十九里 過昆珠浦[곤주애]酒幕[在
　　　　川邊](『頤齋亂藁』 卷七, 二十日丁亥)
　　ㄹ. 余與二友 就渼陰津頭 拏一過去舟 行至楸灘[굴여흘]水涉船滯 又
　　　　至廣津 遞舟至麻田渡(『頤齋亂藁』 卷七, 初七日癸卯)
　　ㅁ. 爲余三人 先後周旋 共至夫島[부셤]民漢洪三明家 投宿 已二三更
　　　　矣(『頤齋亂藁』 卷七, 初七日癸卯)

(28)에 제시된 지명은 모두 광주군 지역의 지명이다.

(3) 광주군 지역의 금석문 자료에 나타난 異表記

　신도비, 묘표, 묘갈 등의 금석문에는 일반적으로 묘지의 위치가 내용
으로 기재된다. 금석문에 기재된 지명은 오늘날의 지명과 확실하게 대응
시킬 수 있다. 이렇게 해서 수집된 異表記는 확실하게 믿을 수 있다. 국
립문화재연구소의 정보시스템[67])에 의지해서 광주군 지역의 지명 표기와

관계되는 異表記를 정리해서 제시하면 다음 <표 7>과 같다.

〈표 7〉

금석문 자료명	건립연도	등재 지명	기재내용	출토지	구분
南陽洪公 墓碣	1456년 (세조 2)	狐村 之洞	狐村之洞	경기도 성남시 중원구 여수동	異表記
金裕 墓碣	1663년 (현종 4)	狐洞	葬廣州治南狐洞	경기도 성남시 중원구 여수동 산 33번지	異表記
曺夢禎神道碑	1615년 (광해군 7)	景峴里	葬廣州治南景峴里	경기도 성남시 분당구 서현동 산 안골	異表記
李元哲 墓碣	1701년 (숙종 27)	主人洞	葬于廣州南主人洞	경기도 성남시 분당구 분당동	
成景溫 墓碣	1508년 (중종 3)	井林山	葬于廣州治西井林山	경기도 하남시 초일동	
李鋼 墓表	1540년 (중종 35)	其自山	葬于廣州治西其自山	경기도 하남시 초이동 산 4번지	
踈菴任公叔英之墓	1704년 (숙종 30)	五星青坪	墓在廣州治西五星青坪	경기도 하남시 초일동 산 2번지	
任叔英墓碣	1704년 (숙종 30)	青坪里	葬于廣州治西青坪里	경기도 하남시 초일동 산 2번지 청뜰	
任說神道碑	1707년 (숙종 33)	庭坪	墓在廣州治北庭坪	경기도 하남시 초일동 산 2번지 풍천임씨 묘역 내	
任榮老 墓表	1708년 (숙종 34)	庭坪	廟舅廣州治北庭坪	경기도 하남시 초일동 산 2번지 청뜰	
朴慶應 墓碣	1684년 (숙종 10)	茂山	葬在廣州府北茂山	경기도 하남시 풍산동 산 98-1번지	
李永輝墓 碣銘	1629년 (인조 7)	廣秀山	葬于廣州廣秀山	서울특별시 강남구 수서동 산 10-1번지	異表記
李後地 墓表	1669년 (현종 10)	聖林村	廣州聖林村卯向之原	경기도 광주시 남종면 이석리 산(거북산)	異表記
徐命元 墓碣	1805년 (순조 5)	草峴	移葬于同州之慶安面草峴達長洞	경기도 광주시 목현동 산 25-2 새오고개	異表記

---

67) http://gsm.nricp.go.kr/_third/user/main.jsp.

<표 7>의 구분에서 '異表記'로 기재한 것은 대응되는 지명이 『朝鮮地誌資料』 경기도 광주군 편에 등재되어 있음을 확인한 것이다. 표시를 하지 않은 것은 『朝鮮地誌資料』 경기도 광주군 편에 등재되지 않은 지명 표기이다.

<표 7>에서 異表記로 표시된 지명을 『朝鮮地誌資料』의 그것과 대응시켜 제시하면 다음 <표 8>과 같다.

〈표 8〉

금석문 기재 지명		『朝鮮地誌資料』	현재 주소
사용시기	시명표기		
1456년(세조 2)	狐村之洞	麗水洞	경기도 성남시 중원구 여수동
1663년(현종 4)	狐洞	麗水洞	경기도 성남시 중원구 여수동 산 33번지
1615년(광해군 7)	景峴里	陽峴里	경기도 성남시 분당구 서현동 산 안골
1629년(인조 7)	廣秀山	光秀山	서울특별시 강남구 수서동 산 10-1번지
1669년(현종 10)	聖林村	石林洞	경기도 광주시 남종면 이석리 산(거북산)
1805년(순조 5)	草峴	鳥峴	경기도 광주시 목현동 산 25-2 새오고개

狐村之洞과 麗水洞의 대응에서 '狐'와 '麗水'의 대응을 확인할 수 있고, 麗水가 '여우'를 뜻하는 중세어형 '여스'[68]에 대한 音假字 表記임을 확인할 수 있다. 景峴里와 陽峴里의 대응에서 우리는 陽峴里의 陽이 '볕'의 의미를 가짐을 알 수 있으며, 우리말 '볕'은 '景'으로도 표기될 수 있음을 알 수 있다. '廣秀山'과 '光秀山'의 대응에서 '廣'과 '光'은 의미상 공통성이 없으므로 이들이 音讀 표기인 점을 이해할 수 있다. 이것을 통해 지명의 借字 표기에서 한자의 음으로 읽는 音讀法이 17세기 중반에 확립된 사실을 이해할 수 있다. 聖林村과 石林洞의 대응은 '石林'이 音讀 표기이고, '석림'에 비음동화가 적용된 '성림'을 '聖林'으로 표기한 것이다. 聖林에서 '聖'은 음차 표기가 된다. 草峴과 鳥峴의 대응 관계는 앞에서 설명한 바 있다.

---

68) 『訓蒙字會』 上 19, "狐 여스 호".

　　<표 7>의 '主人洞, 草德里, 井林山, 茂山' 등은 현재의 지명에서 확인
되지 않으나 庭坪, 靑坪, 其自山 등은 현재의 지명에서 확인된다. '庭坪'
과 '靑坪'은 경기도 하남시 초일동에 있는 지명 '청뜰'로 확인되며, 其自
山은 경기도 하남시 초이동에 있는 지명 '지지미'와의 연관성을 생각해
볼 수 있다.

(4) 『重訂南漢志』에 소개된 異表記

　　『重訂南漢志』는 1846년(헌종 12)에 洪敬謨(1774~1851)가 편찬한 경
기도 광주의 읍지이다. 山川 조에 광주군 지역의 지명에 대한 異名과 異
表記가 소개되어 있다. 정리하여 제시하면 다음과 같다. 아래에서 '勝覽'
은 『新增東國輿地勝覽』을 말한다.

　　　29) ㄱ. 修理山/在州北果川安山界 一名見佛山, 天柱峯/一名鷹峯, 鶩子山/
　　　　　　　在退村面 一名牛山, 良才川/在彦州面 一名公需川, 椒泉/在龜川面
　　　　　　　鷹峯山下 一名冷井, 太湖/在東部面北 一名芚池湖, 淸溪山/在義谷
　　　　　　　面北果川界 一名靑龍山, 水鍾山/在草阜面東南 勝覽作早谷山 又
　　　　　　　稱草洞山, 蜂巖峯/在本城東 又稱望月峯, 楮子島 在彦州江中 俗稱
　　　　　　　舞童島 島南小岩如童形 故名 有祈雨壇
　　　　　ㄴ. 月川峴/又稱懸川 勝覽作穿川峴 在淸溪天臨之間
　　　　　ㄷ. 圓寂山/在實村面 一名元寂山, 利保院/一云利夫 一云理輔 在州南
　　　　　　　二十五里, 秋嶺/在五浦面龍仁界 勝覽作楸嶺, 大華山/在都尺五浦
　　　　　　　之間 勝覽作大海山, 渴馬峙/在慶安西北 勝覽作佳亇, 鷗浦/勝覽作
　　　　　　　仇叱浦 在聲串面南陽界[今屬水原], 渡迷津 在東部面 俗稱斗尾 又
　　　　　　　稱 斗迷
　　　　　ㄹ. 禿浦 在龜川面 麗史作鹵水浦 俗名渼陰, 利保峙/在慶安面北 勝覽
　　　　　　　作梨嶺 卽淸凉山之過峽

　　(29ㄱ)의 대응 짝들은 異表記 관계에 있는 것이 아니라 異稱 관계에
있는 것으로 생각된다. 대응의 짝들이 서로 다른 의미를 가진 것으로 판

단되기 때문이다. '一名'의 용어를 쓴 것도 이러한 사실을 뒷받침한다.

(29ㄴ)의 '月川'과 '懸川'은 異表記 관계에 있지만 '穿川'은 이칭 관계에 있다. '月川峴'은 『頤齋亂藁』에 '月川嶺'으로 기재되고, 대응 한글 표기가 '다라재'로 기대되어 있음은 앞에서 이미 설명하였다. 경부 고속도로에서 부산을 향하여 가다가 판교 바로 직전에 고개를 만나는데 '月川峴'은 이 부근의 고개를 말한다. 오늘날 '月川峴'은 '달래내고개' 또는 '다리내고개'로 불리고 있다. '다라, 달래, 다리' 등이 '月'과 '懸'에 대응되는 것을 알 수 있고, '月'이 음을 이용한 借字 표기자이고, '懸'이 훈 '달다'를 이용한 借字 표기자임을 알 수 있다. 그러나 '다라, 달래, 다리' 등의 뜻을 이해하지 않고서는 적용된 借字 표기법을 정확하게 말할 수 없다. '月川峴'의 이칭 '穿川峴'은 '다라, 달래, 다리' 등의 뜻을 알려준다. '穿'이 '뚫다'의 뜻을 가지는 것이 참고가 된다. 『頤齋亂藁』 권 10의 "산의 돌을 뚫어서 洛東의 근원이 되게 하였으니 穿川[쑤루내]이라 한다"[69]의 기사도 참고가 된다. 결국 '다라, 달래, 다리'는 인위적으로 만든 水路를 의미하는 것이라 하겠다. 따라서 '月'은 音假字가 되며 '懸'은 訓假字가 된다. '月川'과 '穿川'은 유사어이므로 '月川峴'과 '穿川峴'은 이칭 관계에 있다.

(29ㄷ)은 異表記 관계에 있는 것으로 생각되나 앞으로 더 연구가 필요하다. (29ㄹ)의 禿浦를 '민나루'로 보면 '渼陰'과 '禿浦'가 異表記 관계에 있는 것으로 볼 수 있으나 이에 대한 것도 앞으로 더 연구가 필요하다.

(5) 기타 文獻 資料에서의 異表記

조선시대에 간행된 문집에는 인물들의 묘지명이 실려 있다. 묘지명에 故人을 장사 지낸 곳의 지명이 표기되므로 우리는 『朝鮮地誌資料』보다

---

69) 黃胤錫, 『頤齋亂藁』 卷十, 初八日甲子 條, "穿山石南流爲洛東源 曰穿川[쑤루내]"

선대형인 異表記를 수집할 수 있다. 아래에 현재까지 조사된 내용을 정
리해 둔다.

<표 9>

『朝鮮地誌資料』	文獻 資料
栗里(突馬面)	廣州己馬面加次谷栗里(容軒集), 廣州朽栗里(淸江集)
柏峴里(樂生面)	廣州城踰里(羅州押海丁氏述先錄), 廣州樂生里慈隱踰洞(羅州押海丁氏述先錄), 靑龍之肩名爲慈隱踰伊峴(羅州押海丁氏述先錄)
下悅美洞(實村面)	廣州治東余乙未里(慕齋集), 廣州東余美里(直齋集)
金谷洞(樂生面)	廣州治南樂生里素谷(晩悔集), 廣州治南樂生里素谷(宋子大全)
遠川洞(樂生面)	廣州險川里(陶谷集), 廣州險川(海石遺稿)
西霞洞, 西下川/〈마루 니(廣州郡 草月面)	廣州草月面棲霞里(貞菴集)
石雲里	廣州樂生里道論(圓嶠集)
突馬面	廣州石馬里(金陵集), 廣州石馬里(老洲集)
古古里(廣州郡 旺倫面)	廣州旺倫古洞里(太常諡狀錄)

　성남시 분당구 栗洞을 '석은바미, 썩은배미'로 부르는데 이에 대한
훈차표기 '朽栗里'을 확인할 수 있다. '加次谷栗里'의 경우는 미상이다.
　柏峴里에 대한 音假 表記를 '慈隱踰洞 慈隱踰伊峴'에서 확인할 수
있다. '잣너미고개'는 비음동화의 적용으로 '잔너미고개'로 실현된다.
'城踰里'에서는 '잔너미'의 訓讀 표기를 발견할 수 있다. '잣너미'의 '잣'
은 두 가지 뜻이 있다. 잣[柏]과 잣[城]의 두 가지다. 『한국지명총람』에
서는 '柏'과 관련한 지명 유래를 소개하고 있다. 그런데 『羅州押海丁氏
述先錄』에서는 '城'과 관련된 지명 유래를 소개하고 있다. 어느 것이 옳
다고 결정적으로 말할 수 없다. 두 가지 지명 유래가 발생할 가능성이
있는 상황에 있기 때문이다.
　'下悅美洞'에 대응된 '余乙未里, 余美里' 등은 '悅美'가 音讀字가 아
니라 音假字일 가능성을 알려 준다. 音讀된 '悅美'가 音假 표기되는 것

은 드물기 때문이다. '열[十]+미[山]'의 가능성이 있다.

'素谷'으로 우리는 '金谷洞'이 訓讀 표기임을 확인할 수 있다. '突馬面'과 '石馬里'의 대응으로 우리는 '突'을 音假 表記字로, '石'을 訓讀 표기자로 이해할 수 있다. 또 '古古里'와 '古洞里'의 대응으로 '古'는 음가 표기자, 洞은 訓讀 표기자임을 이해할 수 있다. 그런데 제1음절 '古'의 경우에 적용된 借字 표기법을 밝히기는 어렵다. '石雲里'와 '道論'의 대응은 借字 표기법이 형태소마다 적용되는 것이 아니라 단어 전체를 대상으로 적용되는 것을 보여준다. '道論'은 '돌[石]+운[雲]'의 실현형인 '도룬'을 音假 표기한 것이다. '石雲'에서 '雲'이 音讀된 것을 알 수 있는데, '雲'과 같이 보편적인 의미를 가진 것은 이른 시기부터 音讀 표기된 것으로 이해된다.

遠川洞과 險川里의 대응은 訓讀 표기자도 경우에 따라 바뀔 수 있음을 말해 준다. '遠'과 '險' 모두 '멀다'의 훈을 가지고 있다. 출현된 자료의 작성 연대를 고려하면 '險川里'가 '遠川洞'보다는 선대형으로 판단된다. 동일한 訓讀字라 하더라도 보다 보편적인 글자로 바뀌는 경향이 있음을 알 수 있다.

한편 '西霞洞, 西下川/스마루닉, 棲霞里' 등의 대응은 현재 미지의 것이다.

4. 결 언

이 글은 1911년에 작성된 것으로 추정되는 『朝鮮地誌資料』 경기도 광주군 편에 수록된 지명 표기를 중심으로 金石文과 文獻 資料에 나타나는 광주군 지역의 지명 표기를 분석하여 漢字 地名 表記로 발생되는 地名 표기의 재해석 현상을 고찰하여 다음과 같은 결론을 도출하였다.

『朝鮮地誌資料』 경기도 광주군 편에 수록된 지명 표기의 종류로 한글로만 표기된 것이 15개, 한자와 한글로 동시에 표기된 것이 183개, 한자로만 표기된 것이 699개로 정리하였다. 지명을 묶어서 제시하는 門目의 명칭은 면마다 그 명칭 사용에 차이가 있음을 파악하였다. 즉 山谷名, 嶺峙峴名, 江川溪澗名, 堤堰洑名, 洞里村名 등은 면마다 그 명칭 사용에 차이가 있었다. 아울러 1900년에 작성된 『京畿廣州府量案』의 지명을 정리하여 『朝鮮地誌資料』에 수록되지 않은 지명이 있음을 밝혔다.

한자와 한글이 동시에 제시된 지명 표기에서 한자와 한글 표기를 얼른 연결시키기 어려운 것을 정리하여 후일의 연구 과제로 남겨 두었다. 그리고 한자와 한글 표기의 대응 관계를 얼른 연결시키기 쉬운 것을 음가 표기, 음독 표기, 훈가 표기, 훈독 표기로 나누어 표기의 특징을 설명하였다. 이러한 분석의 결과 小地名의 경우에는 20세기초까지 지명의 훈독 표기가 존재하였음을 다시 확인하게 되었다.

금석문과 문헌 자료에서 경기도 광주군 지역의 지명을 조사하여 한자로만 표기된 지명을 이해하고자 하였다. 이 결과 행정 단위 촌락명 표기의 경우에는 첫째, 고유를 표기한 음차 표기가 훈차 표기로 바뀐 현상(冬音巖里/鶴岩洞, 論古介里/論峴洞), 둘째 借字 표기자의 변화 현상(古多只洞/高德里, 其里洞/吉里洞), 셋째 일부 借字가 생략된 현상(軍需屯里/守屯里/屯里, 巨余昧洞/巨余未洞/巨余洞) 등을 확인하였다. 소지명의 경우 훈독 표기의 음독 표기화 현상(狐洞/麗水洞), 훈독 표기자의 교체 현상(景峴里/陽峴里, 草峴/鳥峴), 음독 표기자의 교체 현상(廣秀山/光秀山, 聖林村/石林洞) 등을 확인하였다.

狐洞/麗水洞, 景峴里/陽峴里, 草峴/鳥峴, 廣秀山/光秀山, 聖林村/石林洞 등의 교체 현상은 발음의 동질성에 기초하여 발생한 것이지만 景峴里/陽峴里의 교체 현상을 제외하고는 지명의 기원적 의미를 굴절시키는 결과를 초래하게 됨을 주장하였다. 이 글에서는 이러한 현상을 잠정적으로 '한자 차자 표기 굴절 현상'으로 명명하고자 한다.

한자 차자 표기의 굴절 현상에 대한 기제를 도표로 제시하면 다음과 같다. 이표기와는 다른 성격을 가지는 異稱 表記의 경우도 고려해야 하나 그 상관 관계가 너무 복잡해지므로 이 글에서는 잠정적으로 제외하기로 한다.

〈그림〉

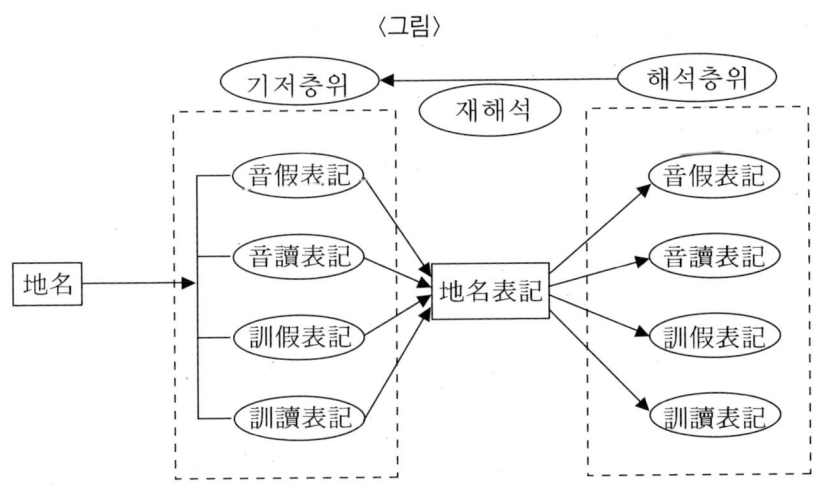

기저 층위에서 地名의 기원적인 의미에 근거해서 지명의 차자 표기가 최초로 형성될 것이다. 그런데 한자 표기의 불완전성으로 말미암아 기저 층위의 지명 차자 표기는 지명의 본래 의미와는 다르게 해석 층위에서 다른 차자 표기가 적용될 수 있다.

이론적으로는 16가지의 경우가 발생할 수 있다. 그런데 지명의 의미 파악에 있어서는 음독 표기와 훈독 표기의 구분은 의미가 없다. 또 훈가 표기는 아주 특수한 경우에만 보이므로 현실적으로는 4가지의 경우만 발생할 가능성이 높다. 즉 기저 층위와 해석 층위에서 한자의 음만을 활용하는 '假'의 방법과 한자의 '訓'을 활용하는 '讀'의 방법 등 두 가지의 경우만 현실적으로는 구분된다.

　기저 층위의 차자 표기법이 해석 층위에서 다른 차자 표기법으로 잘
못 해석될 때, 지명의 기원적인 의미는 상실되고 새로운 의미가 생성된
다. 이러한 사례로 麗水洞을 들 수 있다. 麗水洞의 선대형 표기는 狐村
이다. 이 이표기 사례에 근거해 보면 麗水洞은 기저 층위에서 음가 표기
가 적용된 것이나 해석 층위에서 훈독 표기 또는 음독 표기가 적용되어
지명의 기원적인 의미가 상실되었다. 이로 말미암아 麗水洞의 기원적인
의미와는 관련이 없는 "이곳에 처음 정착하였다는 김윤탁(金允濯)이 마
을 앞의 개울이 유난히 맑고 깨끗하다 하여 천자문에 나오는 글귀를 인
용하여 '金生麗水'라 칭한데서 유래하였다"[70]는 잘못된 지명 유래가 생
성되게 되었다.

　기저 층위의 국어 형태소가 중의적인 의미를 가지고 있어 해석 층위
에서 기원적인 의미 형태소가 다시 재해석되는 경우도 있다. 즉 鳥峴과
栢峴이 그러한 사례에 해당된다. '鳥'와 '栢'은 각각 우리말 '새'와 '잣'
을 표기하는 훈독 표기자이다. 그런데 '새'와 '잣'은 중의적인 의미를 가
지고 있다. '새'의 경우에는 '鳥' 또는 '草'의 두 가지 의미가 있으며 '잣'
의 경우에는 '잣나무[栢]'와 '잣[城]'의 두 가지 의미가 있다. 전자의 경
우는 '草'의 의미가 기원적인 것으로 판단되나 후자의 경우에는 그 경중
을 가릴 수 없다.

---

70) 성남시사편찬위원회, 『성남시사 1－자연과 민속』, 2004, 306쪽.

〈참고문헌〉

[자료]

1/25000 성남 지형도(국토지리정보원, 2008년 인쇄)

『京畿廣州府量案(奎 17641-v.1-70)』(규장각 소장본)

『舊韓國地方行政區域名稱一覽』(朝鮮總督府, 明治四十五年, 태학사 영인본)

『輿地圖書』上·下(국사편찬위원회 영인본, http://db.history.go.kr)

『頤齋亂藁』(한국학자료총선 한국학중앙연구원, 1998, http://yoksa.aks.ac.kr)

『李朝語辭典』(劉昌惇, 연세대학교 출판부, 1994)

『朝鮮地誌資料 경기도편(古2703-1-1-7)』(국립중앙도서관 소장본)

『正祖實錄』(http://silook.history.go.kt/main/main.jsp)

『重訂南漢志(한고朝62-3)』(국립중앙도서관 소장본)

『重訂南漢志(2-4309)』(장서각 소장본)

『地方行政區域名稱一覽(朝25-33-1-3)』(국립중앙도서관 소장본)

勅令第四十九號(奎 17706)(규장각 소장본)

『太宗實錄』(http://silook.history.go.kt/main/main.jsp)

　한국금석문종합영상정보시스템(http://gsm.nricp.go.kr/_third/user/main.jsp)

『한국땅이름전자사전』 1.0. (한글학회, 나모인터렉티브, 1998)

『한국지명총람 경기도편』(한글학회)

『韓國戶口表』(국립중앙도서관 소장본 朝37-49)

『戶口總數(奎 1602-v.1-9)』(서울대학교 규장각 영인본)

『訓蒙字會』(東洋學叢書 第一輯, 1971, 단국대학교 동양학연구소 영인본)

[논저]

강원대학교박물관, 『화천의 역사와 문화유적』, 강원대학교, 1996.

광주문화원, 『廣州의 地名由來』, 2005.

김기혁, 「朝鮮地誌資料 중 부산지명자료」 『부산지역연구』 10권 1호, 143-114
　　　쪽.

남풍현, 『借字表記法研究』, 단국대출판부, 1981.

東洋文庫東北아시아硏究班, 『日本所在朝鮮戶籍關係資料解題』, 平成16년 3월
　　　26일, 東洋文庫, 66쪽.

박채은 책임편집, 『필사본 朝鮮地誌資料속 蔚山의 옛 땅이름』, 울산남구문화

원 부설 향토문화연구소, 2007.

한정규 엮음, 『속초의 옛땅이름』, 속초문화원, 2002.

송기중, 「近代 地名에 남은 訓讀 表記」 『지명학』 6, 한국지명학회, 2001, 335~366쪽.

신종원, 『강원도 땅이름의 참모습』, 경인문화사, 2007.

이건식, 「黃胤錫의 1775년 全國 地理誌 編纂 凡例의 특징 분석 - 1775년 무렵 弘文館의 전국 지리지 편찬 關例의 復元 시도」 『지명학』 14집, 2008, 101~150쪽.

이건식, 「韓國 固有漢字의 發達 - 地名의 후부 요소 表記를 중심으로 - 」 『구결연구』 22집, 2009, 219~259쪽.

이병근, 「경기지역어의 모음체계와 비원순모음화」 『동아문화』 9집, 서울대 동아문화연구소, 1969, 151~167쪽.

임용기, 「朝鮮地誌資料와 부평의 지명」 『기전문화연구』 제24집, 인천교육대학교 기전문화연구소, 141~210쪽.

임용기, 「지명 자료의 데이터베이스 구축과 관련한 몇 가지 문제」 『한국어와 정보화』, 태학사, 2002, 89~137쪽.

조강봉, 「頤齋亂藁 소재 한글표기어휘 자료」 『지명학』 13, 한국지명학회, 2007, 275~287쪽.

천소영, 「지명연구에 쓰이는 술어에 대하여」 『지명학』 5, 한국지명학회, 2001, 97~118쪽.

필사본 『조선지지자료 경기도편』에 보이는 민속문화의 재발견

장장식

(국립민속박물관)

1. 머리말

이 글은 필사본 『朝鮮地誌資料』의 '경기도편'에 수록된 지명을 대상으로 하여 민속문화를 읽어내는 데 목적을 둔다. 다소 어려운 논제가 아닐 수 없다. 『조선지지자료』를 편찬하기 위해 수많은 사람들이 동원되었고, 해당지역의 지명을 우리말과 한자어로 옮긴 표기자들이 제각각이었음은 분명한 일이다. 무엇보다도 지명의 現地音을 어떻게 인식하는가가 표기를 좌우하고, 이를 어떻게 한자어로 구현하는가가 또하나의 과제였을 것이다. 결국 우리는 전사된 우리말과 한자어를 대상으로 당대의 상황을 유추하고 판단할 수밖에 없다. 이를테면 '의도되지 않은 個別性'을 통해 '總體的 意圖'를 추출해야 한다. 이것이 이 글의 과제이고 이를 해결하기 위해 귀납적 추론을 동원해야 한다. 사정이 이렇기에 주어진 논제를 달성하는 것은 버거운 일이다.

필사본 『조선지지자료』는 略字는 물론 俗字와 僻字로 쓰이고, 더러는 일본어로 쓰였거나 흘림체로 쓰였다. 판독하는 데 시간이 걸리고, 때로는 오독할 수도 있는 개연성이 있다. 기본적으로 언어학적 소양이 필요하고, 인문학의 여러 분야에서 접근할 필요성이 있다. 특히 인문학의 총합적인 정보가 축적되었을 때, 당대의 기록을 제대로 이해하고 '보이지 않은 것'을 유추할 수 있다. 게다가 경기도편으로 한정하여 이해한다는 것은 매우 부분적인 작업이다. 그러므로 『조선지지자료』 전체를 대상으로 하되 관련 학제간의 제휴를 통한 통합적인 분석과 이해가 이루어져야 한다.

필사본 『조선지지자료』는 국립중앙도서관이 제공하는 사이트[1])를 통해 pdf파일을 내려받을 수 있고, 이를 통해 자료의 상세한 내용을 읽을 수 있다. 그러나 『조선지지자료』에 대한 연구성과는 아직 시작 단계이고 특정 지역 중심의 부분적이다. 이 자료를 활용한 전국단위와 지역단위의 연구가 크게 기대되는 까닭이 여기에 있다.

다음은 지금까지 『조선지지자료』를 대상으로 한 연구성과물이다.

① 유재영, 「조선지지자료에 대한 고찰」 『우리말 연구의 샘터-연산 도수희 선생 화갑기념논총』, 박이정, 1994
② 임용기, 「<조선지지자료>와 부평의 지명」 『기전문화연구』 24, 기전문화연구소, 1996
③ 김기혁, 「조선지지자료 중 부산지명 자료」 『부산지역연구』 10권 1호, 2004
④ 김기혁·윤용출, 「조선 – 일제강점기 울릉도 지명의 생성과 변화」 『문화역사지리』 18-1(통권 28호), 2006
⑤ 신종원, 『강원도 땅이름의 참모습 -<조선지지자료> 강원도편』, 경인문화사, 2007
⑥ 박채은, 『필사본 <조선지지자료> 속 울산의 옛 땅이름』, 울산 남구문화원 부설 향토사연구소, 2007
⑦ 신종원, 「필사본 <조선지지자료> 해제 – 강원도를 중심으로」 『강원

---

1) http://www.nl.go.kr/DB소개/원문정보DB/고서.

민속학』제22집, 강원도민속학회, 2008

　　부평과 울산, 부산과 울릉도라는 특정 지역을 대상으로 한 연구 4편과 강원도 전체를 대상으로 한 연구 2편 및 원천자료에 대한 연구 1편이 필자가 접할 수 있는 연구성과이다. 이 글을 작성하는 데 도움을 준 것은 물론이다.

　　연구성과에 의하면, 필사본 54책『조선지지자료』는2) 도별(道別) 분책(分冊)을 원칙으로 하되 1도별 1책이 아닌 몇 개의 군을 그룹화하여 분책하였으며, 각 군을 면단위로 나눠 묶은 자료이다. 편찬동기, 펴낸이, 펴낸 곳, 펴낸 날짜 등이 분명하지 않으나『조선지지자료』는『조선지명사서』편찬을 위한 기초자료이거나『조선지지』를 편찬하기 위한 기초자료로 만들어진 것이다.3)

　　그러나 전체적으로 볼 때『조선지지자료』에 수록된 지명의 충실도에 차이가 나고, 누락된 부분이 많은 편이다. 부평의 경우 77개 마을 중 16곳(21%)이나 조사가 이루어지지 않았다. 이런 사정을 감안한다면 미조사 지역의 전국 숫자는 더욱 커질 수밖에 없다. 그리고『조선지지자료』에 '양주'와 '경성'이 누락되어 있어 54책의『조선지지자료』가운데 1-2가 '양주-경성' 편일 가능성이 있다. 그렇지 않으면 양주와 경성을 나눠 아예 1-2, 1-3의 분책으로 꾸몄을 가능성도 있다. 이는 현존하는『조선지지자료』가 완본이 아닌 낙질(落帙)이라는 것을 뜻한다.

　　『조선지지자료』의 대체적인 편찬 시기는 1910년경이다. 임용기는『조선지지자료』에 등장하는 행정구역 명칭이 1896년 개편된 것이라는 점을 들어 적어도 1910년에서 1914년 이전 사이에 간행된 것으로 추정한다. 이에 대해 신종원은 간행시기를 좀더 좁혀 1910년 10월 이후에서 1911

---

2) 국립중앙도서관 소장본. 54책의 필사본. 4주쌍변 반곽은 15.8×21.2㎝
3) 임용기,「<조선지지자료>와 부평의 지명」『기전문화연구』24, 기전문화연구소, 1996, 157쪽. 이하 내용은 임용기의 연구성과를 요약하여 제시한다.

년 12월 사이로 본다.4) 그 이유로 『조선지지자료』와 1912년 1월의 『구한국지명』을 비교하여 『조선지지자료』가 앞서고, 강원도의 지명이 헌병·경찰제도 설립 이후의 사정을 반영하고 있다는 점을 들었다. 매우 설득력 있는 추정이다.

이 글은 연구의 제한점을 갖고 시작한다. 경기도편이라 하지만 『조선지지자료』에 수록된 경기도 관련 지명은 방대한 양이다. 이 가운데 민속을 지시하는 용어 역시 매우 다양하다. 사정이 이렇기 때문에 빈도수가 높고 경기도 전역을 거쳐 두루 나타나는 민속신앙과 관련된 '당', '장승'으로 한정한다.

또한 통시적 연구는 차후의 과제로 남기고 지명의 표기가 당대의 발음(현실음)이 얼마나 정확하게 구현되었는가는 별도의 문제로 돌린다. 이것이 이 글이 지닌 한계이지만 지명을 통한 민속읽기의 일환으로 시작한다는 점과 검토 대상이 1C 전의 귀중한 자료라는 점에서 의의를 두고 싶다. 바꿔 말하면 민속물 또는 민속현장을 지시하는 이름을 분석함으로써 당대의 민속적 인식을 살피는, 이를테면 '연구 영역을 확대시키는' 계기를 삼고자 한다.

2. 堂 관련 지명의 양상과 특징

1. 산곡명이나 촌명으로 '당골'을 표기한 곳은 14곳이고,5) 한자 표기

---

4) 신종원, 『강원도 땅이름의 참모습 - ≪조선지지자료≫ 강원도편』, 경인문화사, 2007, 9쪽.

5) 堂谷 당골 ; 始興郡 東面 禿山里/谷名, 堂谷 당골 ; 陽城郡 金谷面 長西里/谷名, 堂谷峴 당골고기 ; 陽城郡 紙洞面 梨峴/嶺峴名, 堂谷 당골 ; 永平郡 北面 東自逸里/谷名, 堂谷 당골 ; 利川郡 柏面 內村/산곡명, 堂谷 당골 平澤郡 南面 月井里/坪名, 堂谷 당골 ; 豊德郡 中面 艾浦里/산곡명, 堂谷 당골 ; 仁川府 永宗面/洞里村名, 唐谷 당골 抱川郡 加山面 馬山里/村名, 唐谷 당골 ;

는 '堂谷'과 '堂洞' 및 '唐谷'으로 갈린다. '堂谷'과 '堂洞'이 동일한 표기라면 '唐谷'은 다른 표기이다. 표기상의 오기로 볼 수 있지만 이를 단순 오기의 문제로만 볼 것은 아니다. 왜냐하면 당대의 음가를 구현하는 표기상의 한 방법으로 볼 수 있기 때문이다. 바꿔 말하면 오늘날의 개념인 '堂'을 '堂'으로 표기하지 않고 '唐'으로 표기했다는 것은[6] 두 어휘 사이의 실제적 구분이 모호했다는 점이다. 이를 두고 한자 식별 능력으로만 간주하는 것은 당대의 상황을 지나치게 학문적 안목으로 보는 것은 아닐까 한다. '唐木坪 당나무골'의 표기처럼[7] 마을을 지키는 신령한 수목을 가리켜 '唐木'이라 한 것은 이를 반영한 결과가 아닌가 한다.[8]

2. 당꼴과 당꼴고기, 당메(당뫼)와 당메기울, 당산이들, 당기보와 같은 嶺峴名, 산곡명, 野坪名, 川名, 坪名, 포구명, 洑名 등을 표기한 한자어 가운데 기본적으로 '堂山'을 반영한 곳은 11곳이다.[9] 이 중 '堂山'이

驪州郡 池內面 院村里/산곡명, 堂谷坪 당꼴 ; 安城郡 居谷面 本里/坪名, 堂洞峴 당꼴고기 ; 坡州郡 七井面 堂洞里/峴名, 堂谷坪 당꼴 ; 安城郡 居谷面 本里/坪名, 堂谷峴 당꼴고기 ; 陽城郡 紙洞面 梨峴/嶺峴名, 堂洞峴 당꼴고기 ; 坡州郡 七井面 堂洞里/峴名

6) 다른 용례에 의하면, 棠과 塘으로도 표기하고 있다. 이들은 뜻옮김이 아니라 소리옮김에 해당한다.

7) 唐木坪 당나무골 ; 竹山郡 府一面 邑內里 /坪名

8) 이는 우리가 생각하는 '堂'으로 표기되는 '당'이 한자어에서 비롯된 것이 아니라 순우리말일 가능성을 타진할 수 있는 실마리가 된다. 당의 이표기인 唐, 棠, 塘은 단순한 오기라 아니라 본디 음가를 구현하고자 하는 표기자의 의식을 반영한 것이라는 해석에서다.

9) 堂山 당메 ; 開城郡 西面/山谷名, 棠山 당뫼 ; 利川郡 月面 下郡梁/산곡명, 堂山橋野 당미다리벌 ; 富平郡 堂山面 東陽里/野坪名, 堂山橋川 당미다리기 ; 富平郡 堂山面 東陽里/川名, 堂山里 당목골 ; 安城郡 北里面/里名, 堂山津 당이쑤미 ; 驪州郡 等神面 堂山里/渡津名, 堂山坪 당산이들 ; 仁川府 多所面 忠勳里/坪名, 唐山川 당메기울 ; 抱川郡 淸凉面 淸凉里/川名, 唐山村 당메말 ; 抱川郡 淸凉面 淸凉里/村名, 堂里 당말 果川郡 南面 堂里/洞里

라는 표기 대신 '唐山'[10]과 '棠山'[11]도 확인된다. 이런 사정을 고려한다면 '堂'의 이자 표기인 '唐'과 '棠'은 소리옮김의 이두식 표기일 수 있고, 읍치 주도의 城隍堂과는 달리 민간신앙의 대상인 '○○당'에 대한 인식이 확실하게 자리잡히지 않은 결과일 수 있다. '堂浦洑 당기보'는[12] '堂山'을 반영하지 않았지만 '堂山浦洑'의 의미를 구현하고 있다.

3. '堂'의 위치와 관련된 지명의 수효는 매우 많다. 약 25곳의 지명에서 발견된다. 당과의 상하, 전후 관계 등 당을 기준점으로 한 방향상의 위계성을 지명으로 삼는 경우이다. 신앙적 聖所가 자연경관의 좌표로서 작용하여 지역의 지리를 개념화한다.

-당의 머리쪽에 위치한 곳 ; 堂頭浦 당머리[13]
-당의 위쪽에 위치한 곳; 堂上山 당상뫼[14]
-당의 아래쪽에 위치한 곳; 唐阿谷 당알[15], 堂下坪 당아릭[16], 堂下坪 당하들[17]과 같은 용례는 '아래'를 뜻하는 우리말 '알'과 '아릭' 및 한자어 '당하'를 직접 쓴 지명이다.
-당의 앞에 위치한 곳; 堂前坪 당압들[18]

村名, 堂橋洞 당셩다리골 ; 開城郡 北部面 梨井里/洞名
10) 唐山川 당메기울(抱川郡 淸凉面 淸凉里/川名)과 唐山村 당메말(抱川郡 淸凉面 淸凉里/村名)이다.
11) 棠山 당뫼 ; 利川郡 月面 下郡梁/산곡명
12) 堂浦洑 당기보 ; 通津郡 所伊浦面 西栭岩里/洑名
13) 堂頭浦 당머리 豊德郡 西面 堂頭浦/浦口名. 한자표기 堂頭浦는 우리말 '당머리개'에 대응하고 현실음 '당머리'는 한자어 堂頭에 대응한다. 그러나 '堂頭浦 당머리'로 병기한 것은 이런 1:1대응의 번잡함을 피하려는 뜻으로 보인다. 이런 사례는 매우 흔하게 나타난다.
14) 堂上山 당상뫼 ; 金浦郡 高蘭台面 楓谷里/山谷名
15) 唐阿谷 당알 ; 驪州郡 北面 外龍洞/山谷名
16) 堂下坪 당아릭 ; 利川郡 草面 高垈岩/野坪名, 堂下坪 당아릭 ; 竹山郡 北二面 坪村/野坪名
17) 堂下坪 당하들 ; 利川郡 大面 道理洞/野坪名

-당의 뒤에 위치한 곳; 당의 뒤쪽이라는 뜻의 '堂後'를 쓰는 곳(堂後谷川 당뒤골늬, 堂後坪 당뒷들, 堂後峴 당뒤고기[19])과 '堂北里 당뒤'[20] 처럼 '堂北'과 '後谷 싱당이꼴'의 '後谷'이라는 지명[21])도 눈에 띈다.

　　堂後谷川 당뒤골늬, 堂後坪 당뒷들, 堂後峴 당뒤고기
　　堂北里 당뒤
　　後谷 싱당이꼴

그러나 堂北의 어순을 바꿔 '北堂'으로 그 뜻을 드러내는 곳도 있다. 北堂谷 불당골[22), 北堂谷山 북당쏠[23)의 경우, '佛堂谷'의 오기로 보이나 구현된 상황에 적극적인 의미를 부여한다면 '불당골'의 '불'을 '北'으로 인식한 결과가 아닌가 한다.

-당의 모퉁이에 위치한 곳; 한자어 '堂隅' 또는 '唐隅'로 표기한 곳의 우리말은 '당무루, 당머루, 당어루, 당모로, 당모루, 당모롱이, 당모룽, 당못퉁이'이다.[24) 이들은 모두 '모퉁이'를 구현하는 우리말로서

18) 堂前坪 당압들 ; 利川郡 新面 支石里/野坪名, 堂前坪 당압들 ; 竹山郡 遠一面 佐贊里/野坪名, 堂前坪 당압들 ; 振威郡 松庄面 東嶺里에 있다/坪名, 堂前坪 당압평 ; 竹山郡 遠三面 杜洞里/野坪名
19) 堂後谷川 당뒤골늬 ; 仁川府 永宗面 后所里/川名, 堂後坪 당뒷들 平澤郡 南面 新成里/坪名, 堂後峴 당뒤고기 ; 陽智郡 木岳面 高安洞/峴名
20) 堂北里 당뒤 ; 竹山郡 南面/里名
21) 後谷 싱당이꼴 ; 朔寧郡 東面 陶淵里所在/곡명. 그러나 後谷과 싱당이꼴이 어떻게 대응되는지 알 수 없다.
22) 北堂谷 불당골 ; 平澤郡 南面 西亭里/坪名
23) 北堂谷山 북당쏠 ; 安城郡 居谷面 三綱里/산명
24) 唐隅 당무루들 ; 利川郡 柏面 白隅/野坪名, 堂隅洞 당머루 ; 驪州郡 北面/洞里村名, 唐毛樓坪 당모루들 ; 楊平郡 北下道面 獨山里/野坪名, 堂隅酒幕 당어루주막 ; 驪州郡 北面 堂隅洞/酒幕名, 唐隅坪 당모로 ; 陽智郡 木岳面 後洞/野坪名, 堂隅坪 당모로 ; 竹山郡 南二面 下台里/野坪名, 唐隅坪 당모로들 ; 抱川郡 西面 雪雲里/坪名, 堂隅坪 당모롱이 ; 龍仁郡 水余面 驛洞/野坪名, 堂隅坪 당모롱이 ; 竹山郡 西一面 栗峴里/野坪名, 堂隅坪 당모룽 ; 豊德郡

현지음이 반영된 결과이다. '堂隅'를 '唐隅'로 표기한 것은 '堂山'과 '唐山'의 표기 관계와 같다. 특히 '唐毛樓坪 당모루들'25)은 '唐+毛樓 +坪'로 형성된 어휘인데, 이 때 모퉁이를 뜻하는 말을 '毛樓'와 같이 이두식으로 소리옮김한 점이 두드러진다.

-당의 너머에 위치한 곳; 2곳에서 발견되는 지명이며, '당을 경계로 가로막은 저쪽의 공간'이라는 뜻에서 '당너머'를 쓴 경우이다. 대표 적인 용례는 唐越坪 당너머26)와 堂踰坪 당너머27) 및 唐峴 당너머28) 이다. 唐越과 堂踰의 표기는 唐과 堂은 앞선 사례에서 보이는 바이 고, 越과 踰는 '너머'를 각각 구현하여 뜻옮김을 한 한자어이니 큰 차이는 없다. '당너머'를 '唐峴'으로 표기한 경우는 1곳인데, 峴자를 통하여 고개이름을 표기0하되 '너머'를 직접 드러내지 않은 점(*唐 越峴)과 '唐'으로 표기한 것이 눈에 띈다.

4. 당이 위치한 곳을 직접적으로 들어 지명으로 삼은 곳은 18곳이다. 대표적으로 구현된 우리말은 '당고기'이고 '堂峴'으로 표기했다. 고개를 뜻하는 '재'를 구현한 '당직'의 경우도 '堂峴'으로 표기한다.29) '堂街坪 당거리쓸'은30) '장승거리'와 같은 용례로 '당이 있는 거리(堂+街+坪)'를 한자화한 것이다. 이는 소리옮김의 다른 용례에서 보듯 '堂街里坪'로 표

中面 東江里/野坪, 堂隅坪 당못퉁이 ; 龍仁郡 器谷面 甫羅洞/野坪名

25) 唐毛樓坪 당모루들 ; 楊平郡 北下道面 獨山里/野坪名

26) 唐越坪 당너머 ; 利川郡 大面 大浦洞川/野坪名

27) 堂踰坪 당너머 ; 安城郡 木村面 東邊里/坪名

28) 唐峴 당너머 ; 驪州郡 興谷面 新村洞/嶺峙峴名

29) 堂峴 당직 ; 利川郡 加面 山內/嶺峙峴名, 堂峴 당직 ; 豊德郡 南面 月巖里/ 嶺峴, 堂峴山 당솔윗산 ; 安城郡 辰頭面 陽地村/산명, 堂峴山 당직 ; 龍仁郡 邑內面 南洞/山名, 堂峴山 당직 ; 利川郡 新面 松亭/山谷名, 堂峴坪 당직들 ; 竹山郡 府一面 九山里 /坪名

30) 堂街坪 당거리쓸 果川郡 南面 龍虎洞/野坪名

기할 수 있다.

아울러 堂峴 당재고기[31]와 堂峴山 당쏠윗산[32]의 표기는 색다르다. 이들은 '堂峴'과 '堂峴山'으로 표기하되 우리말과의 대응이 분명하지 않다. 거꾸로 이들 한자명을 우리말로 바꾼다면 당고개 또는 당재가 된다. 특히 '당쏠윗산'의 한자표기 '堂峴山'은 '당고개뫼' 또는 '당재뫼'로 대응된다. 이러한 표기의 착종(錯綜)은 본디의 말뜻을 정확하게 반영하지 못한 사례에 해당한다. '堂峴'의 한자 표기 가운데 '唐峴 당쇠기'[33]는 '唐'과 '堂'의 혼란을 반영한 표기이다.

5. 복수의 堂을 가진 것으로 짐작되는 지역의 경우, 大小로 지명을 표기하기도 한다. 小堂谷 소당꼴, 小堂洞 소당이골, 小堂里 소당이쌀리, 小堂野 소당이쓸, 小堂井里 즈근당정이[34]의 지명은 큰 당(大堂)에 대응하는 작은 당(小堂)을 드러내는 지명이다. 이에 비해 大堂谷 듸당꼴, 大堂峴 큰당지, 大巫谷 큰무당꼴[35]은 큰 당을 이르는 말이다. 일반적인 마을제당이 이중 또는 삼중구조임을 감안할 때, 대소 또는 상하의 당명은 당시의 신앙체계를 보여준다.

듸당꼴, 큰당지는 본디 지명이 구현된 형태이고, '큰무당꼴'의 '큰무당'은 '작은 무당'에 대응하는 무당이라는 의미를 지닌다. 그러나 '이름난 무당이 거주하는 마을'에서 비롯된 것으로 추정된다.

---

31) 堂峴 당재고기 ; 振威郡 馬山面 藪村에 있다/峴名.
32) 堂峴山 당쏠윗산 ; 安城郡 辰頭面 陽地村/산명.
33) 唐峴 당쇠기 ; 驪州郡 康川面 看梅里/嶺峙峴名.
34) 小堂谷 소당꼴 ; 安城郡 居谷面 本里/곡명, 小堂洞 소당이골 ; 仁川府 永宗面/洞里村名, 小堂里 소당이쌀리; 仁川府 永宗面/洞里村名, 小堂野 소당이쓸 ; 仁川府 多所面 禾洞里/野名, 小堂井里 즈근당정이 果川郡 南面 富谷洞/洞里村名.
35) 大堂谷 듸당꼴 ; 安城郡 居谷面 本里/곡명, 大堂峴 큰당지 ; 江華郡 矢島/嶺峙峴, 大巫谷 큰무당꼴 ; 朔寧郡 西面 席屯里所在/곡명.

6. 경기도의 경우 무속식의 마을제의를 거행하는 당을 '都堂'이라 하고, 도당에서 거행되는 마을굿을 '도당굿'이라 한다. 특히 도당굿은 경기 지역의 마을에서 두루 전승했는데 대부분 소멸되고, 현재 봉화산 도당굿, 염창동 도당굿, 신기리 도당굿 등의 서울[36]과 부천의 장말도당굿과 인천의 동막도당굿, 수원의 거북도당굿, 남양주의 담터도당굿, 구리의 갈매동도당굿 등 경기도의 몇몇 마을에서 전승되고 있다.[37]

도당이 어떤 의미를 갖고 都堂이라 표기한 것인가는 정확히 밝혀지지 않았다. 다만 여러 추정이 가능한데 그 중의 하나가 '해당 지역의 으뜸이 되는 당'이라는 해석이다. 이 때 '우두머리'의 뜻을 나타내는 都를 쓸 수 있고, 실제로 여러 분야의 우두머리를 뜻하는 都木手, 都편수, 都妓(행수 기생), 都監考(監考의 우두머리), 都監官(宮房田 서리의 우두머리), 都巫女[38] 등의 용례를 쉽게 찾을 수 있다. 都의 용례에서 보듯 도당은 '으뜸가는 당, 우두머리가 되는 당'이라는 의미를 갖는다.

도당굿은 '都堂祭' 기록에서 보듯 분명한 역사적 내력을 보여준다.

우리나라 풍속에는 호랑이의 우환이 많아 밤에는 출입을 할 수 없었다. 백성들이 돈을 모아 제물을 마련하여 마을의 鎭山에서 山君에게 제

---

36) 봉화산도당이 위치한 중랑구 신내동과 염창동도당이 위치한 강서구 염창동 및 신기리도당이 위치한 영등포구 신길동은 본래 경기도 관내였고, 서울이 확장되면서 서울시로 편입된 곳이다.

37) 이 밖에 도당이 존재하거나 도당굿이 전승되고 있는 곳으로 시흥 군자봉 도당, 안산 잿머리 도당, 화성 조암 도당, 수원 평동 벌말 도당, 수원 고색동 큰말 도당, 강화 외포리 도당, 고양 정발산 도당, 광주 무갑리 도당, 양평 성덕리 도당, 야주 이포 삼선당 등을 들 수 있다. cf. 하주성, 『경기도의 굿』, 경기문화재단, 1999, 23쪽.

38) 연산군 12년 병인(1506) 3월 을미(15일)에 전교하기를 "星宿廳의 都巫女와 隨從巫女들에게 잡역을 면제시켜 주라 했다(연산군 일기)". 여기서 말한 도무녀는 성수청에 소속된 우두머리 무녀를 가리킨다. 이능화, 서영대 역주, 『조선무속고-역사로 본 한국 무속』, 창비, 2008, 144쪽.

를 올렸다. 巫覡이 분단장을 하고 북을 두드리는데 이를 都堂祭라 하였
다.[39]

이와 같은 도당을 근거로 지명을 삼은 곳은 10여 곳이다. 이른바 도
당골, 도당뫼, 도당지(도당재), 도당지고기와 같은 지명이다.

　도당골[40] ; 이는 都堂이 있는 골짜기 또는 고을을 가리키는 지명이다.
　도당뫼[41] ; 이는 도당이 있는 산이다.
　도당지(도당재), 도당지고기[42] ; 이는 도당이 있는 고개이다.

그런데 이들의 한자표기는 다양하고, 이규경의 『오주연문장전산고』
의 都堂祭 표기나 현재의 都堂 표기와는 매우 다르다. 굳이 정리하면,
禱堂谷, 禱堂峴과 같이 '禱堂' 계열과 陶唐谷, 陶唐山, 陶唐峴과 같이
'陶唐' 계열 및 '道堂' 계열이다. 짐작컨대 '禱堂'과 '陶唐' 및 '道堂'은
물론 다른 당집을 일컫는 말은 결코 아니다. 동일지역(경기도)의 동일신
앙인 마을제당을 대상으로 한 표기에서 이처럼 차이를 보이는 것은 무
슨 까닭일까? 이와는 다른 사례인데 고개이름을 '乘鶴峴 도당재'[43]라 표
기한 지명이 있어 언어학적 탐구가 요구되는 사례라 하겠다.

---

39) 이규경, 『오주연문장전산고』 ; 김두진, 『경기 북부지역의 신당과 제장』, 국
　　민대학교 한국학연구소, 2002, 261쪽에서 재인용.
40) 陶唐谷 도당골 ; 開城郡 北西面 食峴里/洞谷名, 禱堂谷 도당골 ; 富平郡 水
　　呑面 天旺里/山谷名, 陶唐谷 도당골 ; 富平郡 注火串面 五金里/山谷名, 道
　　堂谷 도당골 ; 朔寧郡 南面 貴存里所在/곡명.
41) 陶唐山 도당뫼 ; 富平郡 下吾丁面 古里洞/山谷名.
42) 陶唐山 도당재 ; 富平郡 注火串面 五谷里/山谷名, 禱堂峴 도당지 ; 仁川府
　　多所面 飛龍里/峴名, 禱堂峴 도당지 ; 仁川府 黃等川面 二里/峴名, 陶唐峴
　　도당지 ; 豊德郡 中面 艾浦里/嶺峴名, 陶唐峴 도당지고기 ; 果川郡 南面 章
　　干里/嶺峙峴名
43) 乘鶴峴 도당재 ; 富平郡 石串面 新峴里/峴名. 이는 승학재에 있는 또 하나
　　의 고개를 병기한 것이거나 이칭에 해당하는 것이 아닌가 한다.

1967년 문화재관리국에서 조사한 '부락제당' 질문지 조사의 결과 중 경기도 내의 454곳 마을제당을 대상으로[44] '제당의 성격이 분명하고 10개 이상의 빈도를 나타내는 제당(371곳)'을 간추린 결과는 다음과 같다.[45]

명칭	산제당	산신당	당	도당	서낭당	상당	삼신당	기타	계
수효	113	90	51	38	34	24	11	10	371
백분율	30	24	14	10	9	6	3	3	100

여기에 등장하는 산제당, 산신당, 당, 도당, 서낭당, 상당, 삼신당 등은 경기도내에 소재하는 당을 일컫는 어휘들이다. 빈도수로 볼 때 산제당 (113곳, 20%)이 가장 많으며, 도당은 38곳 10%로 네 번째이다. 물론 이는 1967년의 상황이기는 하지만 『조선지지자료』에 등장하는 당 관련 지명들은 이런 사정을 분명하게 반영하지 않은 듯하다. 좀더 구체적으로 추론하자면, '부락제당'의 질문지에 등장하는 '산제당, 산신당, 당, 도당, 서낭당, 상당, 삼신당'과 같은 세밀한 구별 의식이 반영되지 않았거나 미륵당이나 성황당(또는 서낭당) 및 도당을 제외한 나머지들을 통합하여 '당'이라 부른 데서 연유한 것이 아닌가 한다. 그렇다면 '도당' 관련 지명들은 마을제당을 도당이라 부른 지역의 경우에만 해당하는 지역어를 반영한 지명이 된다. 도당 관련 지명은 그만큼 변별력을 갖는다.

7. 미륵을 주신으로 모시는 당집의 경우 '彌勒堂'이라 하거나 당집이 없이 미륵만이 있는 경우에도 '미륵당'이라 한다. 이런 민속현장을 지명으로 삼은 곳도 4곳이나 보인다. '彌勒堂 미륵당'과 같이 市場名과 村洞名을 지명으로 삼는 곳도 있고,[46] '彌勒堂 미역당들'과 '彌勒堂酒幕 미

---

44) 국립민속박물관, 『한국의 마을제당 1권－서울·경기도 편』, 1995,
45) 장철수, 「전통신앙 및 종교개관」 『경기민속지Ⅱ－신앙편』, 경기도박물관, 1999, 5쪽.

륵당쥬막'처럼 野名과 酒幕名을 삼은 곳도 있다.[47] 이 경우 '미륵당', '미역당들'처럼 우리말의 표기는 지역적 차이를 반영하지만 한자어 표기는 동일하다. '彌勒谷 미력골'과 '彌勒洞 미력골', '彌勒坪 미력쓸'[48] 역시 이와 동일한 양상이다.

이와는 다른 사례이지만 '豆亦里 미력당이'이라는 표기[49]도 미륵당을 반영한 결과인데, '豆亦里'와 '미력당이'를 대응시킬 때 '豆(미)+亦(역)+里(이)'의 구조로 분석되는 이두식 표기이다. 亦은 彌勒의 勒을 반영한 것인데, '豆'가 '미'에 대응되는 것은 확인할 수 없다. 미륵에 대한 가차 표기를 한 지명으로 '尾力里酒幕 미력니쥬막'[50]을 들 수 있다. 또 '彌坪里 미력들'[51]은 '미륵당들'의 본디말에서 '미력들'로 축약된 사례로 추정되는데, 한자 표기는 '彌+(勒)+里+坪'으로 했다.

이 밖에 '石堂里 미력당이'나 '石塘里 돌당이'와 같은 지명[52]은 '돌미륵을 모신 당'이라는 의미에서

石堂里 = 돌미력당이>미력당이 ; '돌'의 생략
石塘里 = 돌미력당이>돌당이 ; '미력'의 생략

---

46) 彌勒堂 미륵당 ; 開城郡 中西面 鵠嶺里/市場名, 彌勒堂 미륵당 ; 開城郡 中西面 鵠嶺里/村洞名, 彌勒坪 미력당이 ; 竹山郡 府一面 梅谷里 /坪名.

47) 彌勒堂 미역당들 ; 龍仁郡 邑內面 北洞/野名, 彌勒堂酒幕 미륵당쥬막 ; 開城郡 中西面 烟霞洞里/酒幕名.

48) 彌勒谷 미력골 ; 驪州郡 池內面 接住洞/산곡명, 彌勒洞 미력골 ; 開城郡 東部面 太廟里/洞名, 彌勒坪 미력쓸 ; 利川郡 邑面 葛山/野名, 彌勒坪 미력들 ; 利川郡 長面/野坪名.

49) 豆亦里 미력당이 ; 利川郡 暮面/洞里名.

50) 尾力里酒幕 미력니쥬막 ;驪州郡 等神面 下九里/酒幕名. 尾力里酒幕의 尾力은 彌勒을 전사하되 彌勒 대신 尾와 力을 끌어와 소리옮김을 했다.

51) 彌坪里 미력들 ; 竹山郡 遠一面/里名.

52) 石堂里 미력당이 ; 陰竹郡 南面/洞里村名, 石塘里 돌당이; 利川郡 暮面/洞里名.

으로 표기한 사례로 추정된다. 이들 한자어 지명은 石彌勒堂里, 石彌勒塘里로 再構된다.

또 다음의 사례는 '미륵당' 또는 '미륵신앙'을 반영한 지명이기는 하지만 한자 표기 '唐村'과 '唐村店'에서 보듯 그 어의를 제대로 반영하지 못한 경우이다.

>   唐村 당미럭이<唐彌勒村~堂彌勒村
>   唐村店 당미럭이[53])<唐彌勒村店<堂彌勒村店~彌勒堂村店

8. '佛堂'을 반영한 지명은 17여 곳인데, 한결같이 '佛堂-'이라는 한자 표기를 유지하고 있다.[54]) 앞의 사례에서 보듯 佛唐, 佛棠 또는 佛塘으로 표기할 개연성이 있는데, 착종없이 佛堂으로 표기하는 것은 어떤 의미를 지닐까? 이 가운데 '佛堂谷 불당골' 지명이 많고, '佛堂洞嶺 불당골고기, 佛堂嶺 불당골고기, 佛堂里 붕당말, 佛堂店 부처당이, 佛堂坪 불당이'의 지명도 나타난다. 이는 부처를 모신 당이라는 '佛堂'의 종교적 내력이 오래된 데서 형성된 관념 때문이 아닌가 한다. 불당골과 유사한 지명으

---

53) 唐村 당미럭이 ; 竹山郡 蹄村面/里名, 唐村店 당미럭이 ; 竹山郡 蹄村面 唐村/酒幕名.

54) 佛堂谷 불당골 ; 楊平郡 邑內面 梧濱里/곡명, 佛堂谷 불당골 ; 楊平郡 下西面 瓮店里/곡명, 佛堂谷 불당골 ; 利川郡 屯面 後洞/산곡명, 佛堂谷 불당골 ; 利川郡 麻面 午川陰村/산곡명, 佛堂谷 불당골 ; 仁川府 黃等川面 五里 桂日/곡명, 佛堂谷 불당골 ; 抱川郡 內所面 古毛里/谷名, 佛堂谷 불당골 ; 抱川郡 外所面 松峴里/谷名, 佛堂谷 불당골 ; 豊德郡 南面 月巖里/산곡명, 佛堂谷 불당골; 振威郡 所古居面 佳才洞 北쪽에 있다./谷名, 佛堂谷 불당쫄 ; 朔寧郡 西面 佳佐里所在/谷名, 佛堂谷 불당쫄 ; 積城郡 南面/村名, 佛堂洞嶺 불당골고기 ; 永平郡 二東面 鳶谷里/嶺名, 佛堂嶺 불당골고기 ; 振威郡 馬山面 上里에 있다/峴名, 佛堂里 붕당말 ; 陽城郡 孔梯面 佛堂里/洞里村名, 佛堂店 부처당이 ; 廣州郡 九川面 岩寺洞/酒幕名, 佛堂坪 불당이 ; 利川郡 夫面 元積洞/野坪名, 佛堂峴 불당골고기 ; 竹山郡 府一面 烈院里/嶺峙峴名.

로 '僧堂谷 승당골'이 등장하는데,[55] 이 역시 같은 양상이다.

9. 성황당 신앙을 반영한 지명 또한 상당수를 차지한다.[56] 이들 지명
에 대한 우리말의 대체적인 표기는 '서낭당, 선낭당, 선앙당, 선왕당, 성
낭당, 성앙당, 성향당, 성황당'처럼 매우 다양하다. 이는 성황당 또는 서
낭당의 명칭 및 유래에 대한 논란에서 보듯 민속현장의 명칭이 그만큼
다양했음을 반영한다. 이들이 비록 지역어의 발음을 구현하고 있지만
'서낭당'과 '성황당'이 혼용되고 있음을 알 수 있다. 일찍이 김태곤은 고
려 광종대에 이입된 중국의 城池信仰인 城隍堂과 산신신앙으로서의 서
낭당을 분명하게 구분한 바 있다.[57] 조선시대의 성황당은 1군현 1성황
당이 존치되었을 정도로 주로 邑治와 관련된 신앙이다.[58] 이에 비해 서

---

55) 僧堂谷 승당골 ; 驪州郡 池內面 長山洞/산곡명.
56) 仙皇堂谷 션왕당이 ; 龍仁郡 水余面 禮直里/谷名, 城堤堂里 셩낭당이 ; 利
    川郡 月面 松蘿洞/野坪名, 城隍堂 셩앙당니 ; 驪州郡 興谷面 新村洞/野坪
    名, 城隍堂酒幕 셔낭당이쥬막 ; 抱川郡 內洞面 巢鶴里/酒幕名, 城隍堂峴 셔
    낭당이고기 ; 始興郡 西面 日直里/峴名, 城隍堂峴 션앙당고기 ; 竹山郡 西
    三面 南光里/嶺峙峴名, 城隍堂峴 셩낭당고기 ; 驪州郡 介軍山面 注邑里/嶺
    峙峴名, 城隍堂峴 셩향당고기 ; 利川郡 大面 薪葛山/嶺峙峴名, 成黃山 션낭
    당이 ; 竹山郡 西二面 陶村 /산명, 城隍坪 셔낭당들 ; 竹山郡 南面 佳尺里/
    野坪名, 成皇坪 셩낭당이 竹山郡 西一面 長山里/野坪名, 城隍坪 셩황당이 ;
    陽城郡 道一面 酒井洞/坪名, 成皇峴 션낭당이 竹山郡 北二面 愚谷里/嶺峙
    峴名, 城隍峴 셩황당고기 ; 坡州郡 州內面 北部里/峴名
57) 김태곤, 『한국민간신앙연구』, 집문당, 1983, 92~125쪽. 중국 성황신앙의 수
    용시기를 고려 광종(949~975년)으로 보기도 하고(김갑동, 「고려시대의 성황
    신앙과 지방통치」『한국사연구』74, 한국사연구회, 1991), 羅末麗初로 보기
    도 한다(서영대, 「한국·중국의 성황신앙사와 순창의 <성황대신사적>」『성
    황당과 성황제』, 민속원, 1998, 399쪽).
58) 그러나 『신증동국여지승람』 편찬 당시 한 군현에 성황사가 2곳인 곳이 '덕
    양군, 가평현, 삭녕군, 무장현, 정주목, 안산군' 등이었는데, 『여지도서』를
    편찬한 18세기 후반에는 안산군을 제외한 이들 군현에는 1곳으로 축소된
    다. 서영대, 「한국·중국의 성황신앙사와 순창의 <성황대신사적>」『성황당

낭당은 '산왕(山王)>선왕>서낭'의 전음과정을 거치는 한편 마을의 방어
적 경계 표시와 수호 기능을 지닌 민간 주도의 신앙이다. 그러나 사적
맥락에서의 구별과는 달리 민간에서는 성황당과 서낭당의 신앙관행과
발음이 혼용되고 그 구분도 모호해진다. 굳이 서낭당과 성황당을 구별해
서 발음하지 않았다는 것인데, 그 결과가 『조선지지자료』 경기편에 등장
하는 지명의 우리말 표기이다.

우리말 표기만으로 구별하면 '서낭당' 표기로 볼 수 있는 사례는 다
음과 같다.

> 셔낭당들 ; 竹山郡 南面 佳尺里/野坪名
> 셔낭당이고기 ; 通津郡 桑串面 鶴峴里/峴名[59]
> 셔낭당이고기 ; 始興郡 西面 日直里/峴名
> 셔낭당이 ; 竹山郡 西二面 內洞/嶺峙峴名
> 셔낭당이쥬막 ; 抱川郡 內洞面 巢鶴里/酒幕名
> 셔랑당이고기 ; 豊德郡 中面 艾浦里/嶺峴名[60]
> 션낭당이 ; 竹山郡 西二面 陶村 /산명
> 션낭당이 ; 竹山郡 北二面 愚谷里/嶺峙峴名
> 션앙당고기 ; 竹山郡 西三面 南光里/嶺峙峴名
> 션왕당이 ; 龍仁郡 水余面 禮直里/谷名

이와 달리 '城隍堂' 표기로 볼 수 있는 사례는 다음과 같다.

> 셩낭당고기 ; 驪州郡 介軍山面 注邑里/嶺峙峴名
> 셩낭당이 ; 利川郡 月面 松蘿洞/野坪名
> 셩낭당이 ; 竹山郡 西一面 長山里/野坪名
> 셩앙당니 ; 驪州郡 興谷面 新村洞/野坪名

과 성황제』, 민속원, 1998, 427쪽.
59) 『조선지지자료－경기도편』 출판원고의 각주에서는 '底+鳥'의 결합자를 언
   문항목의 표기 '수리'를 참고하여 '鷞'로 추정한다.
60) 旺峴 셔랑당이고기 ; 豊德郡 中面 艾浦里/嶺峴名

   셩향당고기 ; 利川郡 大面 薪葛山/嶺峙峴名
   셩황당고기 ; 坡州郡 州內面 北部里/峴名
   셩황당이 ; 陽城郡 道一面 酒井洞/坪名

   물론 이와 같은 구분은 우리말 표기만을 의지한 결과이고, 이에 대한
한자어 표기와 비교할 때 그대로 대응하는 것은 아니다.
   우리말에 대한 한자 표기도 '仙皇堂, 城堤堂, 城隍堂, 成黃(堂), 成皇
(堂)'과 같이 다양하다. 이것은 널리 알려진 표기 '城隍堂'이나 '城隍祠'
를 의식하지 않고 음가만을 반영한 결과가 아닌가 한다. 이 점은 '西郎
峴 셔낭당이'의 지명 표기에서 여실히 드러난다.61)

   10. 당집의 유래나 생김새 또는 당이름(堂名)을 근거로 해서 생긴 지
명이 많다. '新堂山 시당이손'과 '新堂坪 시당이들'과 같은 지명은 '新
堂'을 근거로 한 지명이며62), '圓堂里 둘엉당이, 元堂山 원당이, 圓堂坪
두엉당이들, 院塘坪 원당들'과 같이 지명은 당을 둘러싼 담구조물과 관
련된 당집의 이름에서 비롯된 지명으로 추정된다.63) 원당을 본래의 당이
라는 의미로 해석할 수 있으나 '둘엉당이, 두엉당이들'과 같은 우리말
'둘엉-, 두엉-'과 대응시킬 때, 당을 둘러싼 담구조물에서 비롯된 이름이
아닌가 한다.
   또 '獐堂里 노로당이(노로당리)',64) '八龍峴 팔용당이', '蟹足堂谷 긔

---

61) 西郎峴 셔낭당이 ; 竹山郡 西二面 內洞/嶺峙峴名
62) 新堂山 시당이손 ; 竹山郡 北二面 坪村 / 산명, 新堂坪 시당이들 ; 竹山郡
   北二面 愚谷里/野坪名
63) 圓堂里 둘엉당이 ; 楊平郡 東終面/洞里村名, 元堂山 원당이 ; 安城郡 居谷
   面 三綱里/산명, 圓堂坪 두엉당이들 ; 楊平郡 東終面 圓堂里/野坪名, 院塘
   坪 원당들 ; 利川郡 邑面 倉前里/野坪名
64) 獐堂里 노로당이(노로당리) ; 振威郡 所古居面/里名, 獐堂里前坪 노로당이
   압들 ; 振威郡 所古居面 獐堂里 앞에 있다./坪名

이발명당골',[65] '大陽堂坪 듸양당이'[66]는 당의 이름에서 비롯된 지명이고, '大陽堂坪 듸양당이'는 당의 대소와는 무관하게 '大陽堂'이라는 당호에서 비롯된 것으로 보인다.

이와는 달리 '八堂里酒幕 바당리쥬막', '八堂津 바당이나루'처럼 일견 당의 이름에서 비롯된 것으로 보이는 지명[67]을 들 수 있다. 그러나 八堂里는 '바당리, 바당이'와 같은 우리말 지명과 비교할 때, 堂名과는 거리가 있다.

　　八堂里酒幕　바당리쥬막
　　八堂津　바당이나루

『한국지명총람』에 의하면, '팔당리'는 본래 광주군 동부면의 지역으로서 한강가가 되어 넓은 나루가 있었기 때문에 '바다나루, 바다이, 바대이, 바당이, 팔당이'로 불렸다 한다.[68] 이 기록에 의지한다면, '八堂里酒幕 바당리쥬막', '八堂津 바당이나루'는 '당'과 관련이 전혀 없는 지명이 된다.

'官岩坪 관암당이들'과 '觀音坪 광암당이' 및 '觀岩川 관암당이늬'[69]는 우리말과 한자표기를 비교할 때 '官岩堂坪'과 '觀音堂坪' 및 '觀岩堂川'으로 비정된다. 그리고 '官岩堂坪'과 '觀音堂坪'이 각각 '관암당이들'가 '광암당이'라는 점으로 보아 '觀音堂'과 같은 불교적 당호를 가리키

---

65) 八龍峴 팔용당이 ; 陽城郡 元堂面 內加川/峙峴名, 蟹足堂谷 긔이발명당골 ;
　　竹山郡 府二面 上長里/谷名
66) 大陽堂坪 듸양당이 ; 陽城郡 本面 郡內洞 /坪名
67) 八堂里酒幕 바당리쥬막 ; 廣州郡 東部面 八堂里/酒幕名, 八堂津 바당이나루 ;
　　廣州郡 東部面 八堂里/渡津名
68) 한글학회, 『한국지명총람』 17, 1985, 336쪽.
69) 官岩坪 관암당이들 ; 竹山郡 府二面 三峴里/坪名, 觀音坪 광암당이 ; 竹山
　　郡 府一面 舊校洞 /坪名, 觀岩川 관암당이늬 ; 竹山郡 府二面 三峴里/江川
　　溪磵名

는 말이 아닌가 한다.[70]

　아울러 당시에 이미 당의 기능을 상실한 곳을 근거로 한 盧堂谷 빈당
골과 같은 지명도 있다.[71]

　11. 국사당, 국수당 관련 지명

　국사당은 마을의 뒤쪽 高山頂에 위치하여 마을의 수호 경계를 필요
로 민간에서 신앙하고 있는 신당을 가리킨다. 이와 같은 국사당신앙은
인공물인 국사당과 국사단을 비롯하여 자연물인 국사봉에 흔적을 남기
고 있다.[72] '國師堂'이라는 용어는 『동국이상국집』 권37 '又祈雨國師大
王文'에서 처음 보이고, '國師神'이라는 神名은 『신증동국여지승람』 개
성부 사묘조[73]와 후대의 자료인 『동국세시기』 3월 月內조에도 등장한
다.[74]

　국사당은 민속현장에서 우리말로 '국술, 국수, 국슈, 구슈, 국시' 등
여러 현지음으로 구현되고, 한자어로는 '國祀, 國仕, 國師, 局司, 國土,
菊秀, 菊樹' 등으로 소리옮김되기도 한다.[75] 국사당의 '國師'가 신라와

---

70) 『한국지명총람』 17, 477쪽 참조. 안성군 이죽면 죽산리의 '觀音堂'은 관음
　　보살당이 있었기 때문에 붙여진 지명으로 설명하고 있다. 이와는 달리 '넓
　　은 바위'를 근거로 형성된 '廣岩' 또는 '冠岩'이라는 지명 사례(안성군 일죽
　　면 장암리)가 있음을 고려한다면 차후 현지조사가 반드시 이루어져야 할
　　것이다.
71) 盧堂谷 빈당골 ; 驪州郡 金沙面 箭北里/산곡명.
72) 김태곤, 「국사당 신앙연구」 『백산학보』 8, 백산학회, 1970 ; 김태곤, 『한국
　　민간신앙연구』, 집문당, 1983, 126~152쪽.
73) 『신증동국여지승람』 권5 개성부 下 사묘조 ; 개성 송악산의 송악산사는 5개
　　의 신당(城隍·大王·國師·姑女·府女)으로 구성되었는데, 그 중 세 번째가
　　國師神을 모신 신당이다.
74) 『동국세시기』 3월 월내조; 충청도 淸安지방에서는 長鴨山 위의 큰 나무로
　　부터 國師神 부부를 맞이하여 제사를 지낸다고 기술하고 있다.
75) 신종원, 『강원도 땅이름의 참모습 - ≪조선지지자료≫ 강원도편』, 경인문화
　　사, 2007, 25쪽.

고려 시대의 高僧이나[76] 산신[77] 또는 城隍神을[78] 가리킨다고 하나 국사는 국수당, 국시당의 국수, 국시가 한자로 취음 표기된 문헌상의 기록일 뿐이다.[79] 김태곤은 '국사'를 천신이 住處하는 神山이나 神山頂을 뜻하는 '곰므르'에서 온 말로 보았으며, 국사당을 천신을 신앙하는 당으로 해석했다.

결국 다양한 한자어 표기는 국사신앙의 대상을 소리옮김한 것에 지나지 않는다. 때로는 한자어에 얽매이어 역사적 사건과 결부시키거나 견강부회한 한자어로 설명하는 경우가 많다. 이는 국사신앙이 서낭당·산신당과 혼합하거나 대체되고 점차 소멸되는 과정에서 '국사봉, 국시봉, 국수봉' 등의 산명으로 남아 있기 때문인 것으로 추정된다.[80]

『조선지지자료』 경기도편에 등장하는 국사당 관련 지명은 7곳에 지나지 않는다. 우리말 표기는 '국사당이고기, 국슈봉, 국슈봉고기, 국슈골, 국슈터' 등 '국사당'과 '국슈-'로 나타나고, 한자어 표기는 '國師峴 國師峰 國師峯峴, 糒峰, 掬手谷, 國水里' 등 매우 다양하다.

> 國師峴 국사당이고기 ; **驪州郡** 北面 注岩洞/嶺峙峴名
> 國師峰 국슈봉 ; 開城郡 嶺南面 昭陵里/山洞名
> 國師峯峴 국슈봉고기 ; 安城郡 大門面 閑雲里/峴名
> 國師峰 국슈봉 ; 豊德郡 中面 大也峴里/山谷名
> 糒峰 국슈봉 ; 朔寧郡 馬場面 蜜巖里所在/山名
> 掬手谷 국슈골 ; **驪州郡** 首界面 烟羅洞/山谷名
> 國水里 국슈터 ; 楊平郡 北上道面 墨安里에 附屬 村落/洞里村名[81]

---

76) 손진태, 『조선민족문화의 연구 신앙연구』, 을유문화사, 1948, 168쪽.
77) 조지훈, 『누석단·신수·당집 신앙연구』, 『문리논집』 7집, 고려대 문학부, 1963, 55쪽
78) 村山智順, 『釋尊·祈雨·安宅』, 조선총독부, 1938, 139쪽.
79) 김태곤, 『한국민간신앙연구』, 집문당, 1983, 135쪽.
80) 김태곤, 『한국민간신앙연구』, 집문당, 1983, 135쪽.
81) 국수리는 국수산 밑이 되므로 국수리라 하다. 한극학회, 『한국지명총람』 17,

한자어 표기 가운데 주목되는 것은 '麪峰, 掬手谷, 國水里'이다. 麪峰은 밀가루로 빚은 '국수'의 한자어를 취한 것이고, '掬手谷'과 '國水里'는 한자음 '국수'를 그대로 차용한 것이다. 이는 곧 '국수'의 뜻을 크게 염두에 두지 않고 표기했다는 것을 뜻한다. '國師峰 국슈봉'의 경우[82] 동일한 국수봉을 표현하되 본디의 뜻을 담고자 했다는 점에서 차이를 보인다.[83] 그러나 이와 같은 지명은 이미 신앙성을 잃어버리고 예로부터 전해오는 잔존물의 형태로 존속할 따름이어서 현지발음과 전사하는 과정상에서의 변화가 뒤따르게 마련이다. 그러나 지명을 통해서나마 국사신앙의 옛 흔적을 엿볼 수 있는 것은 다행이다.

12. 이 밖에 神格이 불분명한 지명이 등장한다.

    三山坪 슘션당이들 ; 竹山郡 近三面 外水谷里/野坪名
    三山坪 슘슌당이들 ; 竹山郡 府二面 三峴里/坪名
    三神坪 슘신당이 ; 陽城郡 紙洞面 桃谷/坪名
    礪堂 국구리당 ; 開城郡 嶺南面 昭陵里/堂名

'三山坪 슘션당이들'과 '三山坪 슘슌당이들', '三神坪 슘신당이'의 '三山과 '三神'은 경기북부의 유교식 제의가 행해지는 '삼신당'[84]과 같은 신당과 관련된 堂名이[85] 아닌가 한다. 그런데 '슘션당이들, 슘슌당이

1985, 535쪽.

82) 國師峰 국슈봉 ; 豊德郡 中面 大也峴里/山谷名

83) 한편 엄정하게 지적하자면, '國師峰 국슈봉'의 대응은 師와 帥의 혼란에서 비롯된 것이 아닌가 한다.

84) 김두진. 『경기 북부지역의 신당과 제장』, 국민대학교 한국학연구소, 2002, 247쪽.

85) 한편 '三山坪 슘션당이들, 三山坪 슘슌당이들, 三神坪 슘신당이'를 '三聖堂'과 관련시켜 이해해 봄직도 하다. 그러나 조선시대의 경기도 관내의 삼성당은 풍덕군의 '三聖堂祠'가 유일하기 때문에(민족문화추진회, 『신증동국여지

들'과 '슴신당이'의 한자표기를 '三山坪'과 '三神坪'으로 하면서 '堂'을
생략한 것은 간편을 추구하는 표기로 보인다. '厲堂 국구리당'의 지명은
한자표기로 볼 때 厲祭 또는 厲壇과 관련된 당으로 보이지만 이것이 우
리말 '국구리당'으로 구현되는가는 미지수이다.[86]

3. 장승 관련 지명의 표기 양상

장승과 관련된 지명은 모두 20곳이다. 이 가운데 한자 표기가 없는
2곳을 논외로 하면 18곳 지명은 우리말 '장승'을 기본 어휘로 하되 크게
3가지 유형으로 나뉜다. '장승+거리'형 지명과 '장승+박이'형 지명 및
'장승이 위치한 곳'을 그대로 지명으로 쓰는 경우이다. 그러나 형태론적
으로 큰 차이가 있는 것은 아니다.

첫째, '장승+거리'형 지명은 다음과 같다.

> 長承坪 장승거리 ; 安城郡 木村面 保體里/坪名
> 張承坪 장승거리 ; 陽城郡 本面 石花里/坪名
> 長勝坪 장승거리 ; 竹山郡 近三面 加伊山里/野坪名
> 長承酒幕 장승거리쥬막 ; 坡州郡 泉峴內面 金谷里/酒幕名
> 長承街里酒幕 장승거리쥬막 ; 陽城郡 道一面 上龍頭里/酒幕名

승람』Ⅱ, 1967, 387쪽) 직접적인 관련 여부는 쉽게 판단할 수 없다. 또한 삼
성당사가 풍덕군에만 존재하는 것이 다른 지역에 없어서일 수도 있으나『신
증동국여지승람』의 「사묘」조의 관심이 '사직단, 문묘, 성황사, 여단'에 집중
되어 있기 때문에 기록되지 않을 개연성도 조심스럽게 타진해 볼 수 있다.
이에 대해 서영대는 "1442년(세종 24) 덕수현을 풍덕군에 합쳤을 때 덕수현
성황사를 三聖堂祠로 개명한 것"이라 추정한다. 서영대, 「한국·중국의 성황
신앙사와 순창의 <성황대신사적>」『성황당과 성황제』, 민속원, 1998, 426쪽.
86) 국구리당은 '굿거리당'의 지역어를 반영한 표기일 수도 있으나 확정할 수는
없다.

이들은 '장승거리'라는 우리말 지명을 기본으로 하고, 더러는 '-쥬막'으로 파생된 사례를 포함한다. 장승거리는 장승이 서 있는 거리를 뜻하고, '장승거리쥬막'은 장승거리에 위치한 주막을 가리킨다. 그러나 한자 표기와 우리말 표기를 비교할 때, 장승거리가 곧 '長承坪'으로 구현되지 않는데도 『조선지지자료』는 이를 그대로 수용했다. 결국 '장승거리'를 나타내는 '長承坪'은 '長承街里坪'나 '長承街坪'으로 소리옮김 내지 뜻옮김을 해야 하는 번잡함을 피하려는 표기 태도라 하겠다. 이런 점에서 '長承街里酒幕 장승거리쥬막' 지명은 매우 규범적인 표기에 해당한다.

둘째, '장승+박이'형 지명은 다음과 같다.

張星坪 장승박니 ; 利川郡 加面 山內/野坪名
長承坪 장승박기 ;龍仁郡 邑內面 南洞/野名
長承坪 장승박이 ; 安城郡 居谷面 上上洞/坪名
長承坪 장승빅이 ; 陽智郡 古西面 大坪里/坪名
張承溪 장승박이니 ; 龍仁郡 縣內面 倉洞/溪澗名
長僧坪洑 장승박이보 ; 楊平郡 西宗面 鼎排里/堤堰洑名
長升峴 장승박이고기 ; 安城郡 奇村面 水陵洞/峴名

'장승박니, 장승박기, 장승박이, 장승빅이'는 현대의 장승백이로 통하는 지명의 현지음이나 표기자의 이상적 음가를 반영한 표기이고, '장승박이니, 장승박이보, 장승박이고기'는 '장승박이'에서 파생된 지명들이다. 한자어 표기가 없이 우리말로 표기된 지명[87] '장승빅이들, 장승박이고기'도 동일한 양상이다. 이른바 '장승이 세워진 곳'을 지명으로 삼은 사례이다.

그러나 한자 표기와 우리말 표기를 비교할 때, 위에서 언급한 '長承

---

87) 장승빅이들-, 富平郡 上吾丁面 三井里/野坪名, 장승박이고기 ; 通津郡 桑串面 四柳芝里.

坪 장승거리'의 기술 태도를 그대로 답습했다. '長承坪 장승빅이'라는 지명에서 볼 때 '長承坪'이 '장승빅이'를 그대로 전사하고 있지 않다. 이 역시 표기의 번잡함을 피하려는 태도가 반영되어 있다.

셋째, '장승이 위치한 곳'을 그대로 쓰는 지명은 다음과 같다.

> 들이름 長承坪 장승들; 陽城郡 令通面 杏亭里/坪名
> 들이름 長承坪 장승뜰 ; 利川郡 邑面 梨增浦/野坪名
> 들판 이름 長承坪 장승벌 ; 抱川郡 外所面 水內里/坪名
> 마을 지명 長承里 장승이말 ; 高陽郡 求知道面 幸洲內里/洞里名
> 마을 지명 長僧隅 장승모루 ; 仁川府 鳥洞面 淡方里/酒幕名
> 張丞峴 장승고기 ; 朔寧郡 東面 魚積山里所在/峴名

이들은 장승이 위치한 곳을 가리켜 들이름과 마을이름 및 고개 이름 으로 사용된 지명이다. '長承坪 장승들'은 장승이 있는 뜰에서 왔고, '長 僧隅 장승모루'는 장승이 서 있는 길모퉁이에서 왔다. 우리말 지명과 한 자어가 잘 대응하는 사례이다.

이들 지명의 우리말과 한자어 표기를 비교해 보면 장승의 표기가 제 각각이다. 장승을 가리키는 한자어 표기로 '長承'이 10곳으로 가장 우세 하며, '張丞'과 '長僧'이 각각 2곳이고, 기타 4곳은 각각 '長勝, 長升, 張 星, 張承'으로 표기된다. 이는 『조선지지자료』편찬 당시의 한자 표기의 착종 상황을 반영한 것이다. 그러나 다른 문헌에서 나오는 '長栍, 長丞, 長性'과 같은 명칭은 찾을 수 없다. 또 '張丞, 張星, 張承'과 같은 명칭은 성씨 張과 이름 '丞, 星, 承'이 결부된 성명처럼 보인다는 점에서 '張政 丞'을 주인공으로 하는 '장승상 이야기'류에서 영향을 받은 것이 아닌가 한다.

장승상 관련 유래담은 "유배지에서 딸과 相姦을 한 장정승의 淫亂을 경계하기 위해 사람들이 오가는 길목에 木像을 세웠다."는 이른바 父女

相姦懲治談이다.88) 이와는 다소 다르지만 이나타 사로우(稻田佐郞)가 편찬한 『朝鮮見聞錄, 1875년』에는 "張丞이라는 사람이 부하를 죽이고 그의 처를 빼앗은 비행을 자행하자 그를 징계하기 위해 장승을 세웠다." 는 장승 유래담이 실려 있다. 또 Wliilam E. Griffis의 『Corea, the Hermit Nation(1907년)』에도 유사한 내용이 실려 있다.89) 외국인의 저술에 이런 이야기가 수록되었다는 것은 張丞의 악행담이 당시에 널리 알려진 이야기일 수 있고, 여러 유래담 중 유독 張丞 이야기만을 주목한 결과일 수 있다. 사정이야 어떻든 간에 장승과 장승 또는 張政丞을 결부시킨 이 유래담은 우리말 '장승'과 동음어인 한자어 '張丞, 張(政)丞'을 억지로 끌어다 붙인 것에 불과하다.

오늘날의 조사에서 보듯 장승에 대한 지역적 명칭은 '벅수, 벅시, 당산, 수살막이, 우석목, 장성' 등 다양한 양상을 보이는 데 반해90) 『조선지지자료』 편찬 당시의 우리말 표기는 '장승'으로 두루 통일되어 있다.91) 이는 매우 이례적인 현상이 아닐 수 없다.

이와는 달리 장승과 관련된 민속신앙물 '솟대'가 있다. 장승과 솟대는 마치 하나의 결합물처럼 전승되기도 하는데, 경기도의 경우 1988년 현존 마을 25마을 중에서 장승과 솟대가 복합적인 양상을 보이는 곳은 다음과 같이 모두 10곳이다.92)

　　　광주군 초월면 무갑리, 서하리
　　　광주군 퇴촌면 우산2리, 관음2리

---

88) 김두하, 『벅수와 장승』, 집문당, 1990, 333~335쪽.
89) 김두하, 『벅수와 장승』, 집문당, 1990, 333쪽에서 재인용함.
90) 이종철, 「장승과 솟대에 대한 고고민속학적 접근 시고」, 『윤무병박사 회갑기념논총』, 통천문화사, 1984, 516~517쪽.
91) '장승' 기록 중에서 최세진의 『훈몽자회』에서 '堠'자를 '댱승 후'로 훈독한 것이 가장 오래된다. 이 '댱승'이 곧 '장승'이다.
92) 국립민속박물관, 『경기지방 장승·솟대신앙』, 1988, 31~32쪽.

광주군 광주읍 목현리
광주군 중부면 검복리, 엄미2리, 하번천리
시흥군 의왕읍 왕곡리
김포군 고촌면 신곡7리(영사정)

솟대만 존재하는 곳은 모두 12곳이니[93]), 솟대와 장승은 매우 친연성
이 강한 민속물이라는 사실을 짐작할 수 있다. 이런 현상에서 솟대와 관
련된 지명이 발견되지 않은 것은 매우 이례적이다. 특히 경기도와 인접
한 강원도의 경우, 솟대 관련 지명이 7여 곳이나 된다.[94]

孝竹里 ; 홍천군 영귀미동 노천리
孝竹村酒幕 쇼쩌비기쥬막 ; 횡성군 갑천면 고시리
孝竹垈 숄쩌비기 ; 횡성군 상서면 신풍리
솟쩌빅이골 ; 홍천군 화촌면 장평리
솟뒷골 ; 회양군 장양면 속사동리
卜臺坪 짐뎌비기들 ; 울진군 근남면 외성산동
後洞口酒幕 슈살막이쥬막 ; 화천군 간척면

사정이 이러한대 경기도의 경우 솟대 관련 지명이 없는 것은 어떤 이
유일까? 이는 경기도의 솟대가 전승되는 11곳에서 10곳이 장승과 함께
있다는 점과 관련이 있는 것은 아닐까 한다. 바꿔 말하면 장승과 솟대가
복합적으로 존재할 경우 이 둘을 굳이 분리해서 보지 않고, 이를 대표하
는 것이 '장승'이라는 인식이 앞선 때문이다. 그렇기 때문에 장승과 솟대
가 공존할 경우 장승을 내세워 지명과 결부시킨 것으로 보인다.

---

93) 이밖에 파주군 광탄면 용마 4리의 '짐대'와 강화군 내가면 외포리의 '수살
목'을 들 수 있는데, 외포리의 경우 '고창굿'을 할 때만 세우는 특수목적의
솟대라는 점에서 제외시켜야 한다. 그러므로 1988년 현재 경기도의 솟대가
전승되는 곳은 11곳이다.
94) 신종원, 『강원도 땅이름의 참모습 -<조선지지자료> 강원도편』, 경인문화사,
2007, 24쪽.

4. 마무리

1910년 10월부터 1911년 12월 사이에 편찬된 것으로 추정되는『조선
지지자료』는 편찬 동기를 비롯하여 펴낸이, 펴낸 곳, 펴낸 날짜 등이 분
명하지 않다. 게다가 54책 필사본에 수록된 내용의 충실도에 차이가 나
고, 누락된 부분도 많은 편이다. 그러나 방대한 분량을 짧은 시기에 편찬
할 수 있었던 것은 전국적으로 일시에 착수한 동시다발적 사업 때문으
로 보인다. 기재방식이나 순서가 통일되지 못한 것은 작성기간이 짧은
까닭도 있지만 강제할 수 있는 규범적 지침이 약했던 것이 아닌가 한다.

이러한 결함이 태생적 한계이긴 하지만 이 점을 들어『조선지지자료』
의 학술적 가치를 부정할 수는 없다. 1900년대 초기에 펴낸 지명조사 자
료로서는 유일할 뿐만 아니라 1917년 간행된『조선전도부군면리동명칭
일람』과의 비교자료로서의 가치를 지니고 있기 때문이다. 아울러 일제
강점기를 통해 공식 지명의 한자화가 이루어지고 해방 후 더욱 굳어진
현실에서 당대의 우리말 땅이름의 현실음을 기록했다는 것은 어휘사적
으로도 매우 큰 의미를 지니기 때문이다.

이 글은『조선지지자료』의 경기도편에 반영된 민속학적 지명들, 곧
‘당’ 관련 지명을 비롯하여 ‘장승-국사당’ 관련 지명을 살펴보았다. 전체
적인 지명에 비해 민속지명은 그 수효가 매우 적은 편이고, 한자표기 또
한 다양한 양상을 보인다. 이는 당대의 조사과정에서 구현된 言衆의 의
식과 관련된 것이라 판단된다. 이를테면 ‘堂’을 ‘棠, 唐, 塘’으로 표기한
것은 그것이 굳이 ‘堂’이 아니어도 된다는 인식과 함께 한자어의 병기가
표기자의 의식과 관련된 음사적 표기였다는 점을 반영한다고 볼 수
있다.

논의의 결과를 요약하여 맺음말로 갈음한다.

첫째, 지명의 우리말 표기와 한자어 표기가 대응되지 않는 경우가 많

다. 그리고 한자어로 표기할 때, 동일한 의미를 지닌 우리말 지명을 다양한 한자어로 표기한 경우가 많다. 이는 지명의 뜻을 강조하기보다는 소리옮김의 표기에 치중한 탓이 아닌가 한다.

둘째, 민속을 반영한 지명을 통해 당대의 민속을 해석할 수 있는 실마리를 얻는다. 예컨대 서낭당과 성황당의 2분법적 구별 내지 혼용을 증거할 수 있는 당대의 현실음(셔낭당, 선낭당, 션앙당, 션왕당, 셩낭당, 셩앙당, 셩향당, 셩황당)을 확인할 수 있다. 이것이 100년 전의 상황임을 감안할 때 매우 중요한 자료가 아닐 수 없다.

셋째, 민속지명을 통해 당대의 민속신앙이 지닌 성격을 해석할 수 있는 실마리를 얻는다. 이를테면 동일한 의례로 보이는 도당 또는 도당제를 두고 '禱堂, 陶唐, 道堂'으로 표현하고 있는 것은 단순한 일이 아니다. 오히려 오늘날의 표현인 都堂은 보이지 않는다. 이 점은 별도의 본격적인 논의가 필요한 사안이다. 어쩌면 현재의 연구가 지나치게 획일화하고 있는 것은 아닌가 한다.

넷째, 신앙측면에서 보았을 때, 지명을 통해서 불당, 미륵당, 도당, 서낭당, 성황당, 당 등의 변별력을 읽을 수 있다. 특히 佛堂 표기를 제외한 신앙관련 지명의 한자 표기는 매우 혼란스러운데 이 점은 불교 대 민간신앙의 차별적 특성에서 비롯된 것이 아닌가 한다.

끝으로 100여 년 전의 민속현장은 聖所와 신앙대상물인 神聖體가 공간의 중심으로서 기능을 담당했고 자연경관의 좌표로서 구실했음을 분명하게 보여주고 있다. 예컨대 堂이라는 성소와 미륵이라는 신성체가 공간을 인식하고 이름을 짓는 데 절대적인 기준점이 되었다는 점이다. 이는 민간신앙이 민속적 삶의 구심력 구실을 했고, 공동체 문화의 핵심으로 수용되고 있었음을 뜻한다.

이와 같이 논의의 요약을 통해 결론을 삼았지만 이 연구에서 지명에 대한 통시적 연구를 하지 못한 점은 아쉬운 점이다. 특정 어휘에 대한 통시적 연구가 이루어졌을 때 지명의 변화상을 적극적으로 분석할 수 있을 뿐만 아니라 본디의 뜻과는 달리 표기되어가는 현상을 바로잡을 수 있는 단서를 제공할 것이다. 그리고 당대 표기의 잘잘못을 가려내고, 지명이 지닌 본디의 뜻을 정확하게 추정할 수 있을 것이다.

아울러 이 연구는 당대의 우리말 표기가 당대의 발음을 얼마나 구현했는가는 과학적으로 밝히지 못하고 더러는 그 정확성을 추정할 수밖에 없다는 한계를 지니고 있다. 언어학적 연구 방법에 익숙하지 못한 필자의 탓이며. 한편으로 경기도 편 이외의 자료를 좀더 참고하고 비교하지 못한 점 때문이기도 하다. 민속지명에 대한 전국적인 비교를 통한 민속학적 관심을 후속 작업으로 남긴다.

〈참고문헌〉

국립중앙도서관 소장본. 필사본『조선지지자료』54책; http://www.nl.go.kr/DB소
　　개/원문정보DB/고서.
『동국세시기』.
『신증동국여지승람』.
이규경, 『오주연문장전산고』.
한글학회, 『한국지명총람』 17, 1985.
국립민속박물관, 『경기지방 장승·솟대신앙』, 1988.
국립민속박물관, 『한국의 마을제당 1권-서울·경기도 편』, 1995.
김갑동, 「고려시대의 성황신앙과 지방통치」『한국사연구』 74, 한국사연구회,
　　1991.
김기혁, 「조선지지자료 중 부산지명 자료」『부산지역연구』 10권 1호, 2004.
김기혁·윤용출, 「조선-일제강점기 울릉도 지명의 생성과 변화」『문화역사지리』
　　18-1(통권 28호), 2006.
김두진, 『경기 북부지역의 신당과 제장』, 국민대학교 한국학연구소, 2002.
김두하, 『벅수와 장승』, 집문당, 1990.
김태곤, 「국사당 신앙연구」『백산학보』 8, 백산학회, 1970.
김태곤, 『한국민간신앙연구』, 집문당, 1983.
박채은, 『필사본 <조선지지자료> 속 울산의 옛 땅이름』, 울산 남구문화원 부
　　설 향토사연구소, 2007.
서영대, 「한국·중국의 성황신앙사와 순창의 <성황대신사적>」『성황당과 성황
　　제』, 민속원, 1998.
손진태, 『조선민족문화의 연구 신앙연구』, 을유문화사, 1948.
신종원, 「필사본 <조선지지자료> 해제-강원도를 중심으로」『강원민속학』 제
　　22집, 강원도민속학회, 2008.
신종원, 『강원도 땅이름의 참모습-<조선지지자료> 강원도편』, 경인문화사,
　　2007.
유재영, 「조선지지자료에 대한 고찰」『우리말 연구의 샘터-연산 도수희 선생
　　화갑기념논총』, 박이정, 1994.
이능화, 서영대 역주, 『조선무속고-역사로 본 한국 무속』, 창비, 2008.
이종철, 「장승과 솟대에 대한 고고민속학적 접근 시고」『윤무병박사 회갑기념

논총』, 통천문화사, 1984.

임용기, 「<조선지지자료>와 부평의 지명」『기전문화연구』 24, 기전문화연구
　　소, 1996.

장철수, 「전통신앙 및 종교개관」『경기민속지Ⅱ-신앙편』, 경기도박물관, 1999.

조지훈, 『누석단·신수·당집 신앙연구』,『문리논집』 7집, 고려대 문학부, 1963.

하주성, 『경기도의 굿』, 경기문화재단, 1999.

村山智順, 『釋奠·祈雨·安宅』, 조선총독부, 1938.

稻田佐郎, 『朝鮮見聞錄』, 1875.

Wliilam E. Griffis, *Corea, the Hermit Nation*, 1907.

필사본 『조선지지자료 경기도편』의 불교 관련 자료 검토

김흥삼

(경기대 사학과 강사)

1. 서 론

김춘수는 「꽃」에서 "내가 그의 이름을 불러 주기 전에는 그는 다만 하나의 몸짓에 지나지 않았다. 내가 그의 이름을 불러 주었을 때 그는 나에게로 와서 꽃이 되었다."고 하였다. '이름 불러 주기'는 존재에 대한 인식인 命名行爲를 바탕으로 한다는 것이다. 대상인 존재를 인식하고 그 것의 이름을 부를 때, 존재는 진정한 의미를 드러낸다고 한다.

인간들은 서로에게 人名을 붙여 부르며 의미를 부여한다. 또 사회생 활을 하는 공간에도 명명행위를 적용해 의미를 주어 地名을 만들었다. 지명에 대한 관심은 우리나라에서 일찍이 있어 왔으며, 이들에 대한 자 료도 많이 수집하여 『삼국사기』·『고려사』·『세종실록』의 지리지와 『신 증동국여지승람』·『여지도서』, 그리고 각종의 읍지 등에 기록해 왔다.

1911년에 이르러 조선총독부에서 전국의 지명을 조사하여 기록한 草 稿가 필사본 『조선지지자료』이다. 이 책은 5~6년 뒤에 나온 『조선지형

도』의 지명 정도나 비견될 뿐 전무후무한 지명집이다. 일제 강점기를 통
해 공식 지명은 한자로 쓰였고, 해방 후 더욱 고착되는 시점에서 이 책
에 실린 고유지명은 보물임에 틀림없다. 아울러 1900년대 초기 전국을
대상으로 실시한 지명조사 자료는 필사본 『조선지지자료』밖에 없다는
점에서도 이 책은 한편으로 조선시대에 편찬된 지리지의 맥을 계승하면
서, 다른 한편으로는 광복 이후에 간행된 지명 자료집으로 이어주는 교
량적 역할을 할 수 있는 귀중한 자료다.1)

소중한 가치에 비해 『조선지지자료』가 세상에 늦게 알려졌으나 갈수록
주목을 받고 있다. 책 자체가 워낙 방대하고 자세하여 일정지역에 한정해
서 조금씩 소개·연구되고 있다. 지금까지 필사본 『조선지지자료』가 자료로
소개된 예로는 화천과 속초·부산·울산지역을 들 수 있다.2) 화천의 경우에
는 필사본 『조선지지자료』 중에서 화천군 전체를 입력하여 실었다. 나머지
세 지역은 해당 지역 부분을 영인하여 실어주었다. 이와 같이 시·군 단위로
작업이 이루어지다가 2007년에 이르러 도단위로는 처음으로 입력본 『조선
지지자료』의 강원도편이 출간되었다.3) 이어 지난해에는 입력본 『조선지지
자료』의 경기도편이 간행되었다.4) 이들 도단위 입력본 앞부분에는 상세한
해제까지 곁들어져 있어 이 책을 이해하는데 많은 도움이 된다.

한편 필사본 『조선지지자료』를 전문적으로 검토한 연구가 柳在泳·임
용기와 김기혁·윤용출에 의해 이루어졌다.5) 유재영은 필사본 『조선지지

---

1) 임용기, 「『조선지지자료』와 부평의 지명」『기전문화연구』 24, 1995, 207쪽.
2) 강원대학교박물관, 『화천의 역사와 문화유적』, 1996; 속초문화원, 『속초의
   옛 땅이름』, 2002; 부산대학교, 『부산지역연구』 10-1, 2004; 울산남구문화원,
   『필사본 <朝鮮地誌資料> 속 蔚山의 옛 땅이름』, 2007.
3) 신종원 책임편집, 『강원도 땅이름의 참모습-조선지지자료 강원도편-』, 경
   인문화사, 2007.
4) 신종원·김흥삼 책임편집, 『경기 땅이름의 참모습-조선지지자료 경기도편
   -』, 경기문화재단, 2008.
5) 柳在泳, 「<朝鮮地誌資料>에 대한 고찰」『우리말 연구의 샘터』, 박이정,

자료』의 구성과 市場名·站名·酒幕名·浦口名을 간략히 소개하고 충청남
도 회덕군 산내면의 지명을 분석하였다. 임용기는『조선지지자료』의 서
지사항과 편찬과정을 자세히 서술하고 경기도 부평의 지명을 구체적으
로 검토하였다. 김기혁·윤용출은 조선에서 일제 강점기까지 울릉도 지
명을 고찰하면서 적극적으로『조선지지자료』를 이용하였다.『조선지지
자료』는 일제가 지도 제작 사업에 앞서 시행한 지명 조사 결과를 수록한
자료라고 평가하였다.

지금까지 필사본 『조선지지자료』에 대한 접근은 이와 같이 두 가지
방법에 의해 이루어졌다. 그러나 이러한 접근은 단순히 자료를 영인하거
나 입력하여 소개하는데 그친 감이 있으며, 부평과 울릉도 등 하나의
시·군 지역만을 연구 대상으로 삼았다.『조선지지자료』가 분량이 많다
는 점에 기인하겠지만 이제는 연구대상을 시·군 지역에서 벗어나 도를
정하여 분야별로 접근을 해야 할 것이다. 이렇게 하면 보다 더 종합적이
고 다양한 연구 성과를 이루어낼 수 있을 것으로 전망된다.

불교는 우리나라에서 1600년 이상 장구한 세월에 걸쳐 전해오는 동
안 삼국과 고려 때에는 國敎의 위치에 있었으며, 조선시대에는 민중의
신앙으로 자리를 지켜왔다. 그러므로 불교가 한국의 역사와 문화에 당연
히 큰 영향을 끼쳤으며, 불교문화가 지명에도 영향을 주었을 것이다. 이
를 증명하듯『조선지지자료』에는 불교 관련 자료들이 많이 남아 있다.

『조선지지자료』에 불교 관련 자료가 많아 모두 연구대상으로 삼을
수 없어, 경기도편에서 세 가지 주제만을 택한다.『조선지지자료』의 종
별의 하나인「사찰명」과 불교 관련 지명 중 가장 많은 사례를 보인 절골
[寺谷·寺洞], 불교신앙 중에서 유독 많이 눈에 띠는 미륵에 대해서 분석

1994. 임용기, 「『조선지지자료』와 부평의 지명」『기전문화연구』24, 1995 ;
김기혁·윤용출, 「조선 - 일제 강점기 울릉도 지명의 생성과 변화」『문화역
사지리』18-1(통권 28호), 2006.

한다. 이미 지명집의 고전이 되어 버린『한국지명총람』과 불교 관련 자료를 많이 실은『한국사찰전서』등과 비교하면서 논지를 전개하고자 한다.

2.「사찰명」과 자료의 가치

『조선지지자료』는 道와 郡으로 나눈 뒤 種別·地名·諺文·備攷로 항목을 정하였다. 종별은 조사 항목을 말하는데, 중앙에서 지정하여 내려보낸 것 같다. 일반적으로 종별에는 山谷名·洞里村名·關防名·城堡名·野坪名·驛名·酒幕名·寺刹名·江川溪澗名·浦口名·池名·古蹟名所名·渡津名·站名·堤堰洑名·古碑名·面社坊名·市場名·嶺峙峴名·土産名 등 20개 정도의 항목이 있다.

『조선지지자료』의 여러 항목 중에는 승려들이 부처님께 예배를 보면서 일상생활을 하는 사찰의 이름을 적은「사찰명」이 보인다. 그래서「사찰명」에서 연구자나 관심있는 사람은 불교 관련 자료를 손쉽게 찾아내 활용할 수 있게 되었다. 하지만 때에 따라 융통성 있게 종별을 썼다.『조선지지자료-경기도편-』에서 「寺刹名」은 교동·양지·진위·파주·풍덕 동면과 서면에서「寺名」으로, 강화·안성 입장면·풍덕 북면에서「寺刹」로도 기재하였다. 단지「寺刹名」에서「寺名」은 중간에 있던 '刹'을 생략한 것이고,「寺刹」은 끝에 '名'을 뺀 것으로 궁극적으로는「사찰명」과 같은 것이다. 이 여러 불교자료를 담고 있는「사찰명」을 경기도 소재 군 단위로 나누어 보면 아래의 <표 1>과 같다.

〈표 1〉 『조선지지자료-경기도편-』 「사찰명」 소재 사찰

지역	사 찰 명	수
竹山	鶴壽菴 鎭南寺(득비산절) 鳳舞菴(지통절) 靈泉菴(용천절) 七長寺 上雲菴 極樂菴 明寂菴 碑殿 慧炤國師碑	10
水原	奉寧寺 靑蓮菴 寶積寺 龍珠寺 新福寺 萬儀寺	6
南陽	鳳林寺 雙溪寺 靜水菴 華雲寺 蓬萊菴	5
漣川	五峰寺 宝月菴	2
陰竹	新興菴	1
交河	黔丹寺	1
積城	鳳岩寺	1
喬桐	華蓋菴	1
安山	元堂寺 秀岩寺 修理寺 法蓮庵	4
陽川	藥師菴	1
加平	縣燈寺	1
陽城	雲水菴(무랑셩) 靜樂菴	2
通津	文殊寺(문슈절) 西華寺	2
龍仁	白蓮菴 龍德寺(굴암절)	2
金浦	龍華殿 奉陵寺	2
陽智	長庚菴(장경절)	1
高陽	興國寺(흥슈암) 津寬寺 本派本願寺 勇項寺	4
抱川	新勒寺 水源寺 玉琴寺 香積寺 海龍寺 安養寺	6
驪州	興旺寺(셔랑이절)	1
開城	翫月寺(완월사) 大興寺 觀音寺 開聖庵	4
江華	靑蓮寺 圓通菴 穴口寺 傳燈寺 淨水寺 積石寺 白蓮寺 普門寺	8
安城	靑龍寺(큰절) 內院菴 隱寂菴 土窟菴 石南寺	5
長湍	華藏寺 聖壽庵 華藏寺 聖壽庵 心腹寺	5
始興	獅子菴(시자절) 藥水菴 聖住菴 靑蓮菴 虎壓寺 三幕寺 望月菴 念佛菴	8
振威	萬奇寺	1
豊德	興敎寺 鶴捿寺 玉泉菴 道詵菴 擎天寺	5
利川	暎月菴 靈源菴6) 隱仙菴 玉水菴 要江寺(요강절)	5
坡州	彌陀寺	1
楊平	明性庵 永懷庵 雲谷庵 舍那寺(사닉절) 上元寺 潤筆庵 龍門寺 餘慶峴7)	8
廣州	長慶寺 修道庵 法輪寺 奉國寺 佛國寺 龍德寺 白雲寺 淸溪寺 擎日庵 奉恩寺	10

仁川	白雲寺	1
果川	戀主菴 佛聖寺 望海菴	3

  * (   ) : 언문란에 쓰여 있는 한글지명

　『조선지지자료 - 경기도편 - 』「사찰명」에는 총 117개 사찰이 등재되어 있다. 지역별로 살펴보면, 竹山·廣州가 10개, 江華·始興·楊平이 8개, 水原·抱川이 6개, 南陽·安城·長湍·豊德·利川이 5개이다. 安山·高陽·開城이 4곳, 果川이 3곳, 漣川·陽城·通津·龍仁·金浦가 2곳, 陰竹·交河·積城·喬桐·陽川·加平·陽智·驪州·振威·坡州·仁川이 1곳이고, 富平·麻田·朔寧·永平은 없다. 이들 중 가장 많은 사찰명을 보인 지역인 죽산의 사찰을 연구대상으로 삼아 구체적으로 살펴보도록 한다.

<표 2> 죽산의 「사찰명」 소재 사찰

面　別	種　別	地　名	諺　文	備　考
西一面	寺刹名	鶴壽菴		竹山郡 西一面 上冷里
近一二面	寺刹名	鎭南寺	독비산절	竹山郡 近一二面 斜川里
		鳳舞菴	지통절	竹山郡 近一二面 上山里
		靈泉菴	용천절	竹山郡 近一二面 湧泉里

---

6) 靈源菴은 필사본 『조선지지자료』에 '靈源岩'으로 기록하였다(이천⑥34[① 은 필사본 『조선지지자료』 경기도 1-1, ②는 1-3, ③은 1-4, ④는 1-5, ⑤는 2-1, ⑥은 2-2, ⑦은 2-3을 나타낸다. 현재 1-2는 빠져있는데, 당시 행정구역 제도로 보아 경성과 양주가 여기에 포함되었을 것이다. 원문자 뒤의 숫자는 국립중앙도서관에서 매긴 쪽수이다.]). 이천에 있는 다른 지역의 「사찰명」에 있는 절이 모두 '菴'으로 되어 있기 때문에 '岩'은 잘못 쓴 것이다. 『韓國寺刹全書』 靈源寺에도 靈源庵으로 되어 있어(權相老 編, 東國大學校出版部, 1979, 830쪽) 더욱 오기가 확실하다.
7) 「사찰명」에 고개이름인 餘慶峴을 적어 넣었다(양평⑦161). 餘慶峴은 『한국지명총람』(17 - 경기편상 - , 한글학회, 1985, 526쪽)을 보면, 양평군 단월면 덕수리의 여우고개이고, 이 고개에 白冬절이 있었다. 이와 같이 두 지명이 지리적으로 밀접한 관계를 가지고 있었기 때문에 통용된 것으로 보인다.

南面	寺刹名	七長寺		竹山郡 南面 七長里
		上雲菴		竹山郡 南面 七長里
		極樂菴		竹山郡 南面 七長里
		明寂菴		竹山郡 南面 七長里
		碑殿		竹山郡 南面 七長里
		慧炤國師碑		竹山郡 南面 七長里

위『조선지지자료-경기도편-』에 보이는 죽산군의 사찰을 본격적으로 논의하기에 앞서 효과적으로 설명하기 위해 시대순으로 역대 서적에 보이는 죽산의 사찰을 적어보면 다음의 <표 3>과 같다.

〈표 3〉 歷代書 죽산의 사찰

書　名	죽산의 사찰	수
신증동국여지승람	七長寺 飛足寺 長光寺 智通寺 凝石寺	5
여지도서	七賢寺 上雲菴 中菴 名跡菴 碑殿菴 彌他菴	6
범우고	飛足寺 長光寺 智通寺 凝石寺 七長寺	5
竹山邑誌*	七長寺 上雲菴 名跡菴 碑殿菴 山城菴 文秀菴	6
竹山府邑誌**	七長寺 鳳舞菴 高寺 文殊寺	4
竹山郡邑誌***	七長寺 鳳舞菴 高寺	3
寺刹錄****	七長寺 上雲菴 中菴 名跡菴 碑殿菴 彌陀菴 飛足寺 長光寺 智通寺 凝石寺	10
조선지지자료	鶴壽菴 鎭南寺 鳳舞菴 靈泉菴 七長寺 上雲菴 極樂菴 明寂菴 碑殿 慧炤國師碑	10
龍珠寺本末寺法*****	七長寺 碑殿菴 明寂菴 上雲菴 靑蓮菴 極樂菴 白蓮菴 仙住菴 朝天菴 鶴壽菴 鳳舞菴	11

* 1832 ;『京畿道邑誌』3, 서울大學校 奎章閣, 1998, 461쪽.
** 1891 ; 위와 같음, 443쪽. *** 1899 ; 위와 같음, 428쪽.
**** 刊寫年未詳(19세기?) ; 국립중앙도서관, 위창古-1702-4.
***** 「龍珠寺本末寺法」『朝鮮佛敎月報』9, 1912.

『조선지지자료-경기도편-』죽산군의 사찰 중 맨처음 언급된 鶴壽菴은 위 <표 3>과, 많은 사찰 자료를 실은 『韓國寺刹全書』·『畿內寺院誌』·『京畿

道佛蹟資料集』 및 『한국지명총람』에 보이지 않는다. 단지 『한국지명총
람』에 안성군 삼죽면 율곡리 "높은절(상냉리)[마을] 참새골 위쪽에 있는
마을"이 있어8) 이곳에 학수암이 있지 않았나 한다. 『조선지지자료』에도
학수암의 위치를 上冷里로 기록하고 있어 더욱 그러한 생각이 든다. 이
러한 추측이 옳다면 『한국지명총람』의 높은절은 위 <표 3>의 『죽산부읍
지』와 『죽산군읍지』에 보이는 高寺와 동일한 사찰이다. 높은절의 한자
표기가 高寺이기 때문이다. 특히 『죽산군읍지』의 高寺는 西一面 國師峰
에 있다고 해 『조선지지자료』의 학수암임을 알 수 있다.

  『한국지명총람』에 용인군 외사면 장평리 "조천사(鳥天寺)[절] 장자터
서쪽 조비산 밑에 있는 절"이 보인다.9) 『조선지지자료』 사천리에 鳥飛
山(독비산)이 있다는 기록이 있어10) 확실히 鎭南寺를 지칭하는 것이 틀
림없다. 『太古寺寺法』에서는 "朝天寺는 용인군 외사면 鎭南山에 있는
것으로 大本寺 龍珠寺의 末寺이다"고 하였다.11) 조의 한자가 鳥와 朝로
다르지만, 음과 위치가 동일한 점으로 보아 같은 사찰이다. 위 <표 3>의
「용주사본말사법」에는 『조선지지자료』에 있던 진남사는 사라지고 새로
이 조천암이 보인다. 불과 1년도 채 지나기 전에 寺名이 개칭된 것이다.

  『한국지명총람』에 안성군 삼죽면 내장리 "봉무암(鳳舞菴)[절] 지통골
동북쪽 비봉산 밑에 있는 절"이라는 기록이 있다.12) 『조선지지자료』에
서 봉무암을 지통절이라고도 적었는데, 이는 『한국지명총람』의 기록처
럼 지통골에 있었기 때문이다. 뿐만 아니라 위 <표 3>의 『新增東國輿地
勝覽』과 『梵宇攷』·『寺刹錄』에서 보는 바와 같이 실제 飛鳳山에 智通寺
가 있었다.

---

8) 한글학회, 『한국지명총람』 17, 460쪽.
9) 한글학회, 『한국지명총람』 18 - 경기편하 -, 1986, 179쪽.
10) 『조선지지자료』, 죽산①105.
11) 權相老 編, 『韓國寺刹全書』, 東國大學校出版部, 1979, 1023쪽 재인용.
12) 한글학회, 『한국지명총람』 17, 458쪽.

靈泉菴은 『韓國寺刹全書』와 『畿內寺院誌』·『京畿道佛蹟資料集』·『한국지명총람』에 보이지 않는다. 『한국지명총람』에 용인군 외사면 용천리 "불당골(불당동)[마을] 윗말 서남쪽에 있는 마을. 불당이 있었음. 불당동(佛堂洞)[마을]→불당골"이 보인다.13) 영천암이 『조선지지자료』에서 용천리에 있었다고 한 것으로 보아 『한국지명총람』에서 언급한 용천리 불당골이 아닌가 한다.

『조선지지자료』의 七長寺 이하 절들은 모두 竹山郡 南面 七長里에 소재하는 것으로 되어 있다. 칠장리에는 지금도 불교 관련 지명이 많이 남아 있다.

> 칠장리(七長里)(칠장골, 칠장)[리] 본래 죽산군 남면의 지역으로서 칠장산 밑이 되므로 칠장골 또는 칠장이라 하였는데, 1914년 행정 구역 폐합에 따라 칠장리라 해서 안성군 이죽면에 편입됨.
> 극락(極樂)(극락이)[마을] 칠장리에서 으뜸되는 마을.
> 극락이[마을]→극락.
> 명적암(明積庵)[절] 극락 서쪽에 있는 절.
> 백담암(白潭庵)(비전암)[절] 칠장사 남쪽에 있는 절.
> 비전암(碑殿庵)[절]→백담암.
> 승당골[골]→심방골.
> 승방골[골] 칠장리에 있는 골짜기. 승방이 있었다 함.
> 심방골(승당골)[골] 칠장리에 있는 골짜기. 승당이 있었다 함.
> 청련암(靑蓮庵)[절] 칠장리에 있는 절.
> 칠장사(七長寺)(칠현사)[절] 칠장리 칠장산에 있는 절. 고려 초에 혜소국사(慧炤國師)가 창건하고, 일곱명의 악한 사람을 교화 제도하였으므로 칠장사 또는 칠현사라 한다 함.
> 칠현사(七賢寺)[절]→칠장사.
> 탑상골[골] 칠장리에 있는 골짜기. 절과 탑이 있었다고 함.
> 터골[골] 칠장리에 있는 골짜기. 절터가 있음.14)

---

13) 한글학회, 『한국지명총람』 18, 178쪽.
14) 한글학회, 『한국지명총람』 17, 478쪽.

칠장리는 위 『한국지명총람』에서 보는 바와 같이 한마디로 佛國土라고 말해도 좋을 정도로 불교지명이 많은 마을이다. 먼저 불국토의 중심이라 할 七長寺는 오래되고 중요한 사찰이어서 <표 3>과 같이 모든 책에 보이며, 위 『한국지명총람』의 설명과 같이 高僧인 慧炤國師(972~1054)와 밀접한 관련이 있는 사찰이다. 혜소는 속성이 이씨이고 법명은 鼎賢으로 972년(광종 3)에 출생하였다. 光敎寺 忠會에게 출가하고 칠장사 融哲로부터 가르침을 받았다. 靈通寺에서 具足戒를 받았고, 996년(성종 15) 僧科에 급제하였다. 이후 칠장사에서 수도하면서 크게 중창하였다. 특히 본래 漆長寺라고 불렸던 절이 혜소가 邪惡한 7인을 교화하여 七長寺(七賢寺)로 개칭했다고 전한다. 혜소는 1054년(문종 8)에 칠장사에서 83세로 입적하였다. 현재 칠장사에는 대웅전·사천왕문·원통문·명부전·나한전 등의 건물이 있으며, 혜소국사탑비·철제당간 등의 유물이 남아 있다.

上雲菴은 <표 3>의 『여지도서』·『죽산읍지』·『사찰록』·「용주사본말사법」에 기록되어 있으나, 『한국지명총람』에는 보이지 않는다. 칠장사의 뒤쪽 山麓에 있었던 암자로 현재 그 위치를 확실히 알 수 없다.[15] 단지 『伽藍考』에서 죽산부의 남쪽 10리 칠현산에 있다고 하였다.[16] 『朝鮮寺刹史料』에 重建記가 전하나[17] 구체적으로 위치를 파악하는데 도움이 되지 않는다. 그러나 위와 같이 『한국지명총람』에서 말하는 '승방이 있었다는 승방골, 승당이 있었다는 심방골(승당골), 절과 탑이 있었다는 탑상골, 절터가 있던 터골' 중 하나일 가능성이 있다.

極樂菴은 위 『한국지명총람』에 보이는 극락과 관련이 있다. 극락은 칠장리에서 가장 큰 마을로 칠장사의 아래에 위치하고 있었는데, 현재 庵子는 자취가 없다. 그러나 칠장사의 14기 부도가 서 있는 진입로 좌측

---

15) 京畿道, 『畿內寺院誌』, 1988, 685쪽.
16) 權相老 編, 『韓國寺刹全書』, 東國大學校出版部, 1979, 615쪽 재인용.
17) 恢暻, 「七賢山七長寺上雲菴重建記」 『朝鮮寺刹史料』 上, 1911 ; 高麗書林, 1986, 77~79쪽.

에 제법 높은 언덕이 山麓까지 이르는데, 이곳에 터가 남아 있어 사람들
은 極樂庵址라 부르고 있다.[18] 권상로는 극락암을 彌陀庵으로 想定하였
다.[19] 위 <표 3>의『여지도서』·『사찰록』과『가람고』에 미타암이 기록되
어 있고,[20] 아미타가 상징하는 바가 극락세계인 것을 보면 근거 없는 이
야기는 아닐 것이다.

明寂菴에 대해『태고사사법』에서는 칠현산 칠장사 산내에 있는 용주
사 말사라 하였다.[21] 위 <표 3>의『여지도서』·『죽산읍지』·『사찰록』과
『가람고』에서는 名跡庵으로 썼고,[22]『한국지명총람』에서는 明積庵으로
표기하였다. 칠장사의 屬庵으로 유일하게 남아 있는 이 암자는 극락 서
쪽과 칠장사의 동남쪽 2km 지점에 위치하고 있다. 53佛名號碑가 입구에
이르는 길가에 위치하고 있는데, 거의 廢寺가 된 것을 최근에 중창한 것
이다.[23]

碑殿은 칠장사 남쪽에 있는 것으로『한국지명총람』에서 碑殿庵과 白
潭庵으로 적고 있다. 그러나 白潭庵은 다른 자료에 보이지 않는 절이름
이다. 碑殿庵을 달리 白蓮菴이라고도 하는데,[24] 이것의 오기가 白潭庵이
아닌가 한다. ‘潭’자가 ‘蓮’자와 비슷하고 연꽃이 연못에서 피어나기 때
문에 착오가 생긴 것 같다. 비전은 혜소국사비가 이 안에 세워져 있기
때문에 생긴 지명이다.

慧炤國師碑는『한국지명총람』과 다른 책에 보이지 않는다. 이는 비

---

18) 京畿道,『畿內寺院誌』, 1988, 686쪽.
19) 權相老 編,『韓國寺刹全書』, 東國大校出版部, 1979, 405쪽.
20) 權相老 編,『韓國寺刹全書』, 東國大校出版部, 1979, 405쪽.
21) 權相老 編,『韓國寺刹全書』, 東國大校出版部, 1979, 362쪽 재인용.
22) 權相老 編,『韓國寺刹全書』, 東國大校出版部, 1979, 405쪽.
23) 京畿道,『畿內寺院誌』, 1988, 685·702~703쪽.
24) 慧龍,「七賢山七長寺白蓮菴重修記」『朝鮮寺刹史料』上, 75쪽. 權相老 編,
    앞의 책, 427·587쪽. 그러나「龍珠寺本末寺法」에서는 碑殿菴과 白蓮菴을
    다른 사찰로 보고 각각 기록하였다(67쪽).

가 비전 속에 위치했기 때문에 비전과 중복되거나 포함된 지명이라고 생각해 적지 않았을 것이다. 비는 보물 제488호로 尙書左僕射 金顯이 짓고, 글씨는 殿中丞 閔賞濟가 구양순체로 썼다. 비에는 혜소의 생애와 업적을 기리는 내용이 새겨져 있다. 현재 비는 귀부와 비몸돌·머릿돌이 각각 따로 놓여 있는 상태이다.

청련암은 『한국지명총람』에서 칠장리에 있는 사찰이라고 하였으나 『조선지지자료』와 그 이전의 자료에서는 보이지 않는다. 아마도 『조선지지자료』가 만들어진 이후와 「용주사본말사법」이 작성되기 전 어느 시점에 창건된 절이 아닌가 한다.

한편 『조선지지자료-경기도편-』 「사찰명」 언문란에는 한글지명이 기재된 경우가 더러 있다. 이들은 전체 중에 그리 비중이 많지 않은 8.4%정도인 14건에 지나지 않는다. 14건은 다시 크게 세부류로 나누어 볼 수 있다.

먼저 단순히 음과 훈을 적은 경우인데, 文殊寺(문슈절)·長庚菴(장경절)·翫月寺(완월사)·獅子菴(시자절)·要江寺(요강절)·舍那寺(사닉절)이 이에 해당한다. ○○寺(菴)에서 ○○를 당시 한글음 그대로 적어 주었다. 寺는 훈과 음인 절과 사로, 菴은 훈인 절로 기재하였다.

둘째는 소재지 이름을 쓴 경우이다. 여기에는 鎭南寺(독비산절)·鳳舞菴(지통절)·靈泉菴(용쳔절)·雲水菴(무랑셩)이 속한다. 먼저 靈泉菴은 용천리에 있어 용쳔절로 적었다. 鎭南寺는 사천리 烏飛山(독비산)에 있었으므로 독비산절로 기록하였고, 鳳舞菴은 飛鳳山(지통산)에 소재하여 지통절로 쓴 것이다.[25] 雲水菴은 안성군 양성면·공도면·원곡면 경계에 있는 舞鸞城에 있어[26] 무랑셩으로 적었다.

세째는 의미를 갖고 있는 異稱을 기록한 경우로 龍德寺(굴암절)·興國

---

25) 『조선지지자료』, 죽산①105.
26) 한글학회, 『한국지명총람』 17, 436쪽.

寺(홍슈암)·興旺寺(셔랑이절)·靑龍寺(큰절)이 있다. 용덕사에 도선국사
가 조성하였다는 굴암이 있어 굴암절로도 불렀다. 굴암 안에 도선이 5백
나한상과 보살상·철인상을 안치했다고 전한다. 지금도 8m정도의 석축
및 석굴 등이 남아 있다. 興國寺는 원효가 이곳에 瑞氣가 서려 있는 것
을 보고 사찰을 세워 興瑞庵으로도 불렀다. 興瑞庵의 '瑞'를 '슈'로 읽어
홍슈암이라고 한 것 같다.[27] 신라 경덕왕 때 소달이라는 사람이 절터를
구하기 위해 100일 기도를 마치고 이곳에 이르니 5월인데도 서리가 내
렸으므로 절을 짓고 설랭이절 또는 霜旺寺라 하였는데, 뒤에 興旺寺로
고쳤다.[28] 『조선지지자료』의 '셔랑이절'은 음운이 약간 변하여 『한국지
명총람』에서 '설랭이절'로 되었을 뿐 큰 차이는 없다. 靑龍寺는 큰절로
언문표기하였다. 큰절은 한자로 표기하면 大刹 내지 大寺일 것이다. 뜻
은 규모가 크거나 이름난 절 또는 딸린 절에 對하여 일컫는 主將되는 절
이다.「龍珠寺本末寺法」에서 청룡사를 方等地와 구별하여 首班地로 적
고 있는 것도[29] 이와 무관하지 않을 것이다.

「사찰명」에 있는 지명의 비고는 대부분 소재지만을 기재하였는데, 아
래의 <표 4>에 보이는 사찰에는 비고에 소재지와 내용을 기입하였다.

<표 4>「사찰명」비고 내용

사찰명	備 攷
五峰寺	漣川郡 郡內面 反道里에 있었지만, 지금은 建物이 없다.
宝月菴	漣川郡 東面 玉山里. 지금은 없다.

---

27) 『조선지지자료』의 결과물로 만들어진 『朝鮮語辭典』에서는(中樞院 篇,『朝
鮮舊慣制度調査事業槪要』, 1938, 170쪽) '瑞'를 '셔'로 적고 있다(朝鮮總督
府,『朝鮮語辭典』, 1920 ; 亞細亞文化社, 1976, 480쪽). 이 책에서 '슈'로 적
은 단어들이 많은데, 이들 중 하나일 수도 있다. 앞으로 어학적인 면밀한
검토가 요구된다.
28) 한글학회,『한국지명총람』18, 45쪽.
29)「龍珠寺本末寺法」, 66쪽.

華蓋菴	喬桐郡 南面 龍井里. 小庵으로 인해 住職이 없음.
元堂寺	安山郡 郡內面 秀岩里 뒷산으로 지금도 건물이 있다.
秀岩寺	安山郡 郡內面 秀岩里 뒷산으로 지금은 그 遺址가 있다.
修理寺	安山郡 北方面 速達 三里 修理山內에 있다. 지금도 僧尼가 머무르고 있다.
法蓮庵	安山郡 草山面 祭廳里에 있다. 옛날 新豊府院君 張氏의 齋宮이다.
西華寺	通津郡 大坡面 牟井里 守安山. 옛날에는 있었으나 지금은 없다.
興國寺	高陽郡 神穴面 紙杻里. 高麗時代부터 전래되었다고 한다.
新勒寺	抱川郡 東村面 芝峴里. 현재는 없다. 『堅城誌』에 의하면, "縣의 북쪽 天柱山에 있다. 즉 兪氏의 墳菴이다."고 하였다.
水源寺	抱川郡 東村面 薪八里. 현재는 없다. 『堅城誌』에 의하면, "水源山에 있었다. 지금은 폐허가 되어 그 터를 알 수 없다."고 하였다.
玉琴寺	抱川郡 東村面 薪八里. 현재는 없다. 『堅城誌』에 의하면, "水源山의 남쪽 書院峯 아래에 있었다. 지금은 폐허가 되었다."고 하였다.
香積寺	抱川郡 內所面 古毛里. 현재는 없다. 『堅城誌』에 의하면, "香積山에 있었다. 지금은 폐허가 되었다."고 하였다.
海龍寺	抱川郡 西面 雪雲里. 현재는 없다. 『堅城誌』에 의하면, "海龍山 鑑池의 옆에 있었다. 혹은 安國寺로 불리기도 했다. 지금은 폐허가 되었다."고 하였다.
安養寺	抱川郡 內洞面 巢鶴里. 현재는 없다. 『堅城誌』에 의하면, "鑄金山에 있었다. 지금은 폐허가 되었다."고 하였다.
積石寺	江華郡 內可面 古上洞 所在. 현재 빈 사찰로 남아 있다.
興教寺	豊德郡 東面 興教里. 厚陵墓를 위한 사찰이다.
擎天寺	豊德郡 西面 擎天里에 있다. 지금은 없다.
彌陀寺	坡州郡 坡平面 訥老里. 坡平山에 있다. 최근 더욱 황폐해져 겨우 名籍을 유지하는 데 머물러 있다.

『조선지지자료』 「사찰명」의 비고란에 구체적인 내용이 기입된 경우는 총 19건이다. 「사찰명」에 기재된 전체 사찰 중 16.2%에 불과한 수치이다. 지역적으로 보면, 포천이 6, 안산이 4, 연천·풍덕이 2, 교동·통진·고양·강화·파주가 1곳이다.

비고란에는 대부분 사찰이 현재 존재하는가 유무를 적어 두었다. 남아 있는 사찰일 경우에는 크기와 승려가 머무는 유무 상황을 파악하여 기재하였다. 興國寺의 경우에는 高麗時代부터 전래되었다고 유래를 밝

혀 놓았다. 홍국사는 본래 興瑞庵으로 661년 원효대사가 창건하였다고
한다.[30] 이와 같이 신라가 삼국통일을 하기 전에 원효가 홍서암을 창건
하였다는 이야기는 이미 통설이 되다시피 하였는데, 『조선지지자료』에
고려 때 창건되었다는 기록이 있어 새로운 설을 내세울 수 있게 되었다.
포천군의 경우에는 다른 지역과 달리 특이하게 "현재는 없다."는 절의
정황 설명과 『견성지』의 내용을 그대로 인용하고 있다.

「사찰명」의 비고란에서 왕족과 양반이 죽은 사람의 명복을 빌려고
세운 願刹이 눈에 들어온다. 『조선지지자료』에 興敎寺는 厚陵을 위한
사찰이라고 적고 있다. 興敎寺는 傳燈寺의 말사로, 창건시기는 미상이
다. 후릉은 조선 定宗의 능이고, 이 陵의 造泡寺가 홍교사였다. 定宗의
비인 定安王后의 願堂이라는 기록도 전한다.[31] 法蓮庵은 新豊府院君 張
氏의 齋宮으로 되어 있다. 신풍부원군은 조선 중기 문신인 張維
(1587~1638)를 지칭한다. 1650년에 효종비 仁宣王后가 아버지인 장유의
명복을 빌기 위해 세운 사찰이 법련암이다.[32] 또한 新勒寺는 兪氏의 墳
菴으로 기록하였다. 지금의 포천시 화현면 지현리에 속하나 관련을 지을
만한 자료가 없다. 사육신으로 유명한 杞溪兪氏 兪應孚가 신륵사와 가
까운 소흘읍 무봉리에서 태어났고 그의 제사를 지내는 충목단이 이곳에
있는 점으로 보아 이 집안의 원찰이 아니었나 한다.[33]

---

30) 京畿道, 『畿內寺院誌』, 1988, 448쪽.
31) 李東郁 撰, 「興敎寺事蹟碑」『朝鮮金石總覽』下, 朝鮮總督府, 1919 ; 亞細亞
    文化社, 1976, 971쪽.
    앞의 <표 1>에 보이는 金浦의 奉陵寺(『조선지지자료』, 김포③214)에 대한
    설명이 비고란에 없으나 이 사찰도 왕족의 원당이었다. 仁祖의 父인 元宗
    과 그의 비인 仁獻王后의 능을 1627년 양주에서 김포 北城山으로 이장한
    후 1632년 章陵이라 부르면서 이 절을 陵寢寺로 만들어 보호하게 하였다.
    이때 절의 이름도 봉릉사로 바꾼 것이다.
32) 경기도박물관, 『京畿道佛蹟資料集』, 1999, 297쪽.
33) '宋氏菴坪 / 송시람'(『조선지지자료』, 이천⑥350)에 보이는 '宋氏菴'도 송씨
    집안의 원당이었을 것이다. 한글학회, 『한국지명총람』18, 218쪽, 이천군 모

무엇보다도 위의 <표 4>는 비고란에 설명이 있어 「사찰명」이 어떤 기준에 의해 선정되었는가 하는 궁금증을 해결해준다. 「사찰명」은 사찰의 건물이 있어도 없어도 적었다. 승려가 없거나 한명이 거주하거나 상관없이 기록하였다. 한마디로 기록자는 어떤 명확한 기준이 없이 내키는 대로 자유롭게 「사찰명」을 작성한 것이다. 이는 『조선지지자료』가 불교자료를 모으기 위해 계획·작성된 것이 아니라 지명을 조사하기 위해 만들어졌기 때문에 발생한 문제이다.

이와 같이 「사찰명」은 명확한 기준이 없이 만들어졌을 뿐만 아니라 각 지역에 따라 「사찰명」의 내용이 많고 적음의 차이가 있다. 죽산과 같이 비전과 혜소국사비를 따로 적어 지나치리만큼 자세하게 지명을 실은 지역이 있었다. 반면 유명하여 누구나 알 수 있는 여주의 신륵사는 등재되지 않았다. 이것은 해당 군·면의 조사에 임하는 사람의 성실도와 관계가 있다. 기록하는 자가 지명에 대한 투철한 인식을 갖고 조사에 임한 지역은 자료를 풍부하게 남겼고 그렇지 못한 지역은 자료가 빈약하게 되었다.[34]

그러나 『조선지지자료』 「사찰명」은 여러 가지 점에서 자료적 가치를 지니는데, 이를 비슷한 시기에 작성된 「龍珠寺本末寺法」과 비교해 보면 쉽게 입증할 수 있다.

『조선지지자료』 「사찰명」은 수원의 경우를 제외하고는 사찰에서 직접 작성한 「龍珠寺本末寺法」과 비교해 보아도 별반 차이가 없다. 오히려 안산의 경우 『조선지지자료』에 사찰 이름이 2배나 더 많이 기록되어 있다. 앞으로 한국근대불교연구에 두 자료를 상호보완하면서 적극 이용

가면 산내리 "송씨암[들] 산내리에 있는 들. 송씨의 암자가 있었다고 함."이 이것을 증명한다.

34) 이로 인해 『조선지지자료』는 오류가 생기게 되었고 어떤 면에서는 일정한 한계를 지니게 되었다. 이 점에 대해서는 신종원·김홍삼, 「필사본 『조선지지자료』 해제 -경기도를 중심으로-」, 앞의 책, 9~23쪽 참조.

하면 더욱 자료의 가치를 높일 수 있을 것이다.[35]

〈표 5〉『조선지지자료』「사찰명」과 「龍珠寺本末寺法」 소재 사찰

지역	『조선지지자료』	「龍珠寺本末寺法」
竹山	鶴壽菴 鎭南寺[36] 鳳舞菴 靈泉菴 七長寺 上雲菴 極樂菴 明寂菴 碑殿 慧炤國師碑 (10)	七長寺 碑殿菴 明寂菴 上雲菴 靑蓮菴 極樂菴 白蓮菴 仙住菴 朝天菴 鶴壽菴 鳳舞菴 (11)
水原	奉寧寺 靑蓮菴 寶積寺 龍珠寺 新福寺 萬儀寺 (6)	龍珠寺 寶積寺 藥師寺 修道寺 深福寺 萬壽菴 萬儀庵 奉寧寺 靑蓮菴 洪法寺 (10)
南陽	鳳林寺 雙溪寺 靜水菴 華雲寺 蓬萊菴 (5)	鳳林寺 雙溪寺 靜水菴 蓬萊寺 華雲寺 白水菴 (6)
陰竹	新興菴 (1)	新興菴 (1)
安山	元堂寺 秀岩寺 修理寺 法蓮庵 (4)	修理寺 元堂寺 (2)
陽城	雲水菴 靜樂菴 (2)	雲水菴 靜樂菴 淸源寺 (3)
龍仁	白蓮菴 龍德寺 (2)	龍德寺 白蓮菴 隱寂菴 (3)
陽智	長庚菴 (1)	長庚菴 (1)
安城	靑龍寺 內院菴 隱寂菴 土窟菴 石南寺 (5)	靑龍寺 內院菴 隱寂菴 瑞雲菴 石南寺 藥師菴 (6)
振威	萬奇寺 (1)	萬奇寺 (1)

* ____ : 같은 사찰. ( ) : 사찰 수

지금까지 『조선지지자료』 중에서 「사찰명」에 속한 사찰이름을 살펴
보았다. 사찰이름은 「사찰명」 이외에 다른 종별에서도 찾을 수 있다. 아
래의 밑줄친 부분과 같이 「사찰명」에서 언급하였던 사찰도 다른 종별에

---

35) 앞의 <표 1>에 보이는 고양의 本派本願寺(『조선지지자료』, 고양③347)는
일본 淨土眞宗 사찰이다. 이 자료는 일제의 1910년대 불교침략이 어떻게
진행되는지를 이해하는데 도움을 줄 것이다. 이와 관련된 專論이라 할 수
있는 성주현, 「1910년대 일본불교의 조선포교활동」『문명연지』 5-2, 2004
에도 언급되지 않은 새로운 사료이다.

36) 앞에서 살핀 바와 같이 鎭南寺와 朝天菴은 같은 절이므로 여기에서도 밑줄
을 그었다.

서 보인다.

<표 6> 「사찰명」외 사찰이름

종 별	사찰이름이 포함된 지명	수
간 명	紫雲菴澗 시흥⑥141, 藥水菴澗 시흥⑥141	2
고 적 명소 명	隱積寺垈 연천②46, 松林寺 김포③206, 望海寺 김포③207, 安國寺 포천④81 御水井 비고, 地藏臺 포천④81 雙谷驛舊址 비고, 中和堂 개성④245, 安和寺 개성④245, 廣明寺 개성④245, 興龍寺 영평⑤282 巢鶴臺 비고, 興旺寺 풍덕⑥237	10
곡 명	舜義菴谷 연천②39, 門安寺谷 고양③372, 可外寺谷 미력골 여주④105, 安心谷 안심져리 여주④162	4
동리촌명	甘同寺里 감동절리 부평①288, 將軍寺 장군절이 삭령③271, 觀音寺 관음절이 삭령③272, 沙斤寺里 스근져리 고양③355, 安陽洞 안양절 포천④41, 惠谷 혜면스골 개성④241, 藥寺洞 약사젼 영평⑤281, 成佛岩洞 장단⑥75, 老溫寺里 시흥⑥152, 龍文寺洞 풍덕⑥256	10
비 명	玄化寺碑 개성④269, 靈通寺碑 개성④269, 青龍寺 안성⑤141 青龍寺事蹟碑 비고, 石南寺 안성⑤180 塔碑 비고, 舍那寺 양평⑦105 太古和尙碑 비고, 八堂寺 광주⑦171 石塔 돌탑 비고	6
야 평 명	沙斤寺坪 조슨들 여주④216, 萬壽菴坪 진위⑥186, 素仁坪 소인결 이천⑥335, 宋氏菴坪 송시람 이천⑥350	4
현 명	甘同寺里峴 감동절리고기 부평①290, 문방절고기 고양③378, 海雲奄 히운암 개성④311	3

『조선지지자료』에는 「사찰명」이외에 절이름이 총 39곳이 실렸다.[37) 고적명소명과 동리촌명에 사찰이름이 10개나 실려 가장 많은 수치를 보였다. 다음으로 비명에 6, 곡명과 야평명에 4, 현명에 3, 간명에 2곳 순이다.

조선이 건국되면서 유교정치이념을 표방하여 많은 사찰이 없어졌음에도 불구하고 고적명소와 비와 같이 불교 유적·유물이 많이 남아 있어 지명으로 자주 쓰였던 것으로 보인다. 이들 중 그 마을을 대표할만한 것

---

37) 사찰일 가능성이 있는 것을 짐작하여 적어놓아 이들 중 사찰이 아닐 경우도 있을 것인데, 자세한 고찰은 후일로 미룬다.

은 동리촌명으로 격상되었을 것이다. 위에 언급하지 않은 사찰도 실제로 많았을 것이다. 光敎山은 水原郡 北部面 光敎洞에 있는데, 이 산에 80~90개의 寺菴이 있었다는[38] 기록을 보아도 그렇다.

3. 절골[寺谷·寺洞] 자료와 역할

『조선지지자료』에는 절이나 寺가 불교 관련 용어 중에 가장 많을 것이다. 사·절에 관한 내용은 이미 앞에서 살펴보았고, 이들은 주로 ○○사(절)로 이루어져 앞의 ○○에 주요 의미가 있다. 또 寺와 절을 독립적으로 따로 떼어내면 단일어여서 절이라는 뜻 외에 다른 의미를 찾기가 어렵다. 그래서 학술적인 연구에 크게 도움이 되지 않으므로 복합어에 관심을 두어야 할 것이다. 『조선지지자료』를 읽다보면, 불교 복합어로 절골과 寺谷·寺洞이 눈에 많이 띈다.

〈표 7〉『조선지지자료-경기도편-』의 절골

유	형	출 처	합계
절 골	寺 谷	죽산①34·44·68·93·98·108 부평①262(꼴) 용인③15·16·21·35·51·82·126 삭령③280(절꼴) 양지③328·335 고양③343·350 포천④9·11·42 여주④129·147·155·160 안성⑤183 영평⑤241(젓)·255·293 장단⑥80·81 시흥⑥145·146 진위⑥178 풍덕⑥209(꿀) 이천⑥276·387 파주⑦49(고) 양평⑦94(꼴)·103·132 광주⑦214 인천⑦290	44
	寺 洞	부평①281(꼴) 용인③22 삭령③298(꼴) 개성④273·283·284(져) 안성⑤209 진위⑥169·186 풍덕⑥249(꼴) 인천⑦303	11
절 골	×	부평①256(꼴) 포천④10	2
×	寺 谷	적성②97 통진②255 용인③108 마전③134 포천④8 여주	12

38) 『조선지지자료』, 수원①137.

	寺 洞	④121·176·185 장단⑥101·133 광주⑦192 과천⑦347	
×	寺 洞	연천②30 마전③187 장단⑥5·134 광주⑦184·196	6
절터골	寺 谷	죽산①33 적성②98(골) 용인③60	3
	寺垈谷	죽산①34·93 용인③54·83(골) 양평⑦87(골)	5
	寺基谷	용인③53 강화⑤8	2
	寺墟谷	죽산①52 용인③16 풍덕⑥243(골×)	3
	寺址谷	강화⑤57(터)	1
	寺垈洞	개성④313	1
	寺臺洞	영평⑤285	1
	寺 垈	여주④180	1
×	寺基谷	안성⑤214 장단⑥97 파주⑦11	3
×	寺垈谷	광주⑦189	1
×	寺墟谷	광주⑦189	1

* ( ) : 차이가 나는 부분

『조선지지자료－경기도편－』에 절골과 관련된 사례는 총 97건이다. 사례들에서 가장 일반적인 유형을 보인 것은 '절골 / 寺谷'으로 44건이다. '절골 / 寺谷' 둘 중에 한쪽이 없는 경우가 있고, 寺谷은 寺洞의 형태로 변하기도 한다. 절골에서 확대된 모습으로 나타난 것이 절터골 유형이다. 이 유형 중 寺垈를 제외하고는 모두 같거나 절골과 寺谷·寺洞에 한 글자만 덧붙여진 경우이다. 寺垈의 경우에도 寺垈谷과 寺垈洞에서 谷이나 洞이 생략된 형태로 보인다.

위의 사례를 종별로 살펴보면, 곡명이 66건으로 가장 많다. 다음으로 동리촌명이 21건, 야평명이 6건, 현명이 2건, 산명·澗名이 1건으로 나타났다. '골(谷)'이기에 곡명이 가장 많은 것은 당연하지만 동리촌명도 곡명의 1/3정도에 이르는 많은 사례를 보이고 있다.[39] 지명이 '골'과 '谷'을 접미사로 한다고 하여 무조건 곡명으로 보는 것에 유의해야 한다는

---

39) 동리촌명에서 '谷'이 사용된 몇가지 예는 신종원·김홍삼, 앞의 글, 81~83쪽 참조.

좋은 사례가 될 것이다.

지역별로 보면, 용인이 14건으로 가장 많은 사례를 보인다. 다음으로 죽산이 10, 여주가 8, 장단이 7, 광주가 6, 포천이 5, 영평·양평·개성이 4, 부평·안성·진위·풍덕이 3, 삭령·양지·고양·시흥·이천·파주·인천·적성·강화·마전이 2, 통진·연천·과천이 1건 순이다. 이 중 절골의 사례를 가장 많이 보인 용인을 연구대상으로 삼아 『한국지명총람』과 비교하면서 살펴보고자 한다. 먼저 두 책에 모두 남아 있는 지명부터 고찰하면 다음과 같다.

　　寺谷 / 절골 / 곡명 / 龍仁郡 水余面 西洞40)
　　절텃굴[골] 삼가리에 있는 골짜기. 절터가 있음.41)

위 『조선지지자료』의 西洞이 1914년 삼가리에 병합된 후 寺谷은 용인군 용인읍 삼가리(지금의 용인시 처인구 역삼동)에 속하였다. 『한국지명총람』을 보면, 절터가 있어 절텃굴이 된 것을 알 수 있다. 그러나 이 책에는 『조선지지자료』의 절골 사이에 '텃'이라는 글자가 하나 더 들어가고, '골'도 '굴'로 썼다. 또 한자지명 寺谷은 기재를 하지도 않았다.

　　寺洞 / 절골 / 동리촌명 / 龍仁郡 枝內面 上里42)
　　寺墟谷 / 절터골 / 곡명 / 龍仁郡 枝內面 上里43)
　　절골말[마을] 성불사가 있는 마을.44)
　　작은절골[골] 절골말 뒤에 있는 골짜기.45)

40) 『조선지지자료』, 용인③82.
41) 한글학회, 『한국지명총람』 18, 180쪽.
42) 『조선지지자료』, 용인③22.
43) 『조선지지자료』, 용인③16.
44) 한글학회, 『한국지명총람』 18, 173쪽.
45) 한글학회, 『한국지명총람』 18, 173쪽.

위의 절골도 사찰이 있어서 생긴 지명이다. 寺洞과 寺墟谷은 지금의 용인시 수지구 상현동(『총람』[46] 용인군 수지면 상현리)에 해당한다. 동리촌명=마을이므로 '寺洞 / 절골'은 '절골말'이 된다. 곡명=골이므로 '寺墟谷 / 절터골'은 '작은절골'이 된다. 『조선지지자료』에 있던 한자지명은 『한국지명총람』에는 없고, 절골→절골말, 절터골→작은절골로 바뀌어 약간의 차이가 나타난다. 주민들의 말에 의하면 절골말 지역에서 다량의 기와가 나왔다고 한다.[47] 이 지역에 사찰이 있었을 것으로 보이는 구체적인 증거가 된다.

　　寺谷 / 곡명 / 龍仁郡 下東面 堯山洞[48]
　　절굴[골] 화산리에 있는 골짜기. 절이 있었음.[49]
　　절터골[골] 화산리에 있는 골짜기. 절터가 있음.[50]

위 『조선지지자료』의 寺谷은 지금의 용인시 처인구 이동면 화산리(『총람』 용인군 이동면 화산리)에 있다. 역시 절이나 절터가 있어 생긴 지명이다. 『한국지명총람』의 절굴과 절터골의 땅이름 설명은 대동소이하다. 앞에서 살핀 바와 같이 절터골은 절골의 또 다른 형태이다. 아마도 실수로 한 곳을 다르게 또 적은 것으로 보이는데, 둘 모두 『조선지지자료』의 寺谷에 해당하는 땅이름일 것이다.

절골과 관련된 지명 중 지금 어느 곳에 해당하는지 알 수 없는 땅이름도 있다.

---

46) 『총람』은 『한국지명총람』의 약자로 이 뒤의 내용들은 출판 당시의 해당 소재지를 적은 것이다.
47) 용인시·용인문화원, 『龍仁의 佛敎遺蹟』, 2001, 183쪽.
48) 『조선지지자료』, 용인③108.
49) 한글학회, 『한국지명총람』 18, 190쪽.
50) 한글학회, 『한국지명총람』 18, 190쪽.

寺基谷 / 졀터골 / 곡명 / 龍仁郡 慕賢面 旺谷里[51]
寺岱谷 / 졀터골 / 곡명 / 龍仁郡 慕賢面 官廳里[52]
절터골[골] 왕산리에 있는 골짜기. 절이 있었음.[53]

위 寺基谷과 寺岱谷은 지금의 용인시 처인구 모현면 왕산리(『총람』
용인군 모현면 왕산리)에 해당한다. 왕산리는 1914년 행정구역 폐합에
따라 왕곡리·관청리·모산리를 통합해서 만들어진 마을명이다. 현재까지
도 왕산리에 왕곡리와 관청리가 합하여져 있어, 寺基谷과 寺岱谷 둘 중
어느 곳이 왕산리의 절터골에 해당하는지 알 수 없다. 어찌 되었든 절이
있어 절터골이라는 지명을 얻은 경우이다.

절골 지명 중 『조선지지자료』에만 남아 있고 『한국지명총람』에는 보
이지 않는 지명들도 있다. 이를 정리하면 아래의 <표 8>과 같다.

<표 8> 『한국지명총람』에 없는 절골 지명

지 명		종 별	『조선지지자료』 소재지	『한국지명총람』 소속 소재지*
小寺谷	자근졀골	곡 명	龍仁郡 枝內面 儀下	수원시 이의동
寺 谷	졀 골	곡 명	龍仁郡 枝內面 儀上	수원시 이의동
寺 谷	졀 골	동리촌명	龍仁郡 枝內面 儀上	수원시 이의동
寺 谷	졀 골	곡 명	龍仁郡 器谷面 芝谷里	용인군 기흥면 지곡리
寺 谷	졀 골	곡 명	龍仁郡 慕賢面 芙谷里	용인군 모현면 초부리
寺 谷	졀 골	곡 명	龍仁郡 南村面 放木洞	용인군 이동면 어비리
寺岱谷	졀 터 골	곡 명	龍仁郡 水余面 金川里	용인군 포곡면 금어리
寺谷坪	졀 터 골	야 평 명	龍仁郡 慕賢面 下馬山	용인군 모현면 일산리

* 『한국지명총람』에는 위에 열거한 절골 관련 지명이 없지만 여기에 소속된 마
을을 적은 것이다.

---

51) 『조선지지자료』, 용인③53.
52) 『조선지지자료』, 용인③54.
53) 한글학회, 『한국지명총람』 18, 171쪽.

『조선지지자료』에는 있으나 『한국지명총람』에는 보이지 않는 것이 14건 중에서 8건이나 된다. 반 이상이 『한국지명총람』에 기재되지 않은 지명이다. 그러므로 『조선지지자료』는 현재 지명 연구에 없어서는 안 되는 『한국지명총람』을 충분히 보완하거나 그 이상의 역할을 할 수 있는 자료집이라고 평가를 내려도 지나친 말이 아닐 것이다. 특히 古地名과 관련하여 문헌자료가 그리 많지 않은 현실에서 많은 자료를 담고 있는 『조선지지자료』의 역할이 앞으로 크게 기대된다. 이뿐만 아니라 고고학과 미술사학에서 잘 활용하면 지금까지 알려지지 않은 여러 寺址와 유물·유적들을 확인할 수 있어 자료적 가치를 높일 수 있을 것이다.[54]

4. 미륵 관련 자료와 의미

아이를 바랄 때 미륵 불상에 절하거나 미륵 코를 갈아 마셨다는 이야기는 한국인이면 대부분 알고 있다. 이렇게 미륵은 우리에게 친숙하여 일상생활과 밀접한 관계를 맺어 왔다. 생활화된 미륵 풍속과 신앙은 발을 딛고 삶을 유지하는 땅에도 영향을 미쳐 『조선지지자료』에 미륵과 관련된 지명이 많이 남아 있다. 먼저 이 책에서 미륵과 확실히 관련된 자료를 가려 뽑아 한자와 한글을 모두 적은 경우와 한자만을 쓴 예로 나누어 적어 보면 다음과 같다.

    a. 미륵의 한자+한글지명

---

54) 예를 들면 용인시 처인구 이동면 어비리에는 '어비리사지'라는 곳이 있는데 (京畿道, 『畿內寺院誌』, 1988, 625쪽), 이곳은 위 <표 8>에 보이는 龍仁郡 南村面 放木洞의 '寺谷 / 절골'이다. 이미 앞에서 설명한 용인시 수지구 상현동의 절골말에서 다량의 기와가 나온 것도 한 예가 될 것이다. 절골과 더불어 고고학과 미술사학에 도움이 될 만한 지명이 '불당골'이다. 불당골은 절골 만큼이나 많은 용례를 보이는데, 이는 추후에 고찰하고자 한다.

彌勒坪 / 미럭당이 / 죽산①6, 미젹뜰 / 이천⑥276, 미력들 / 이천⑥383
彌坪里 / 미력들 / 죽산①76. 彌坪前坪 / 미력들압들 / 죽산①85. 彌坪
洑 / 미럭덜보 / 죽산①87
彌勒谷 / 미륵골 / 양천②157 이천⑥273, 미력골 / 여주④213
彌勒堂 / 미역당들 / 용인③5, 미륵당 / 개성④279·283
彌勒洞 / 미력골 / 개성④232
彌勒堂酒幕 / 미륵당주막 / 개성④280
彌勒碑 / 미력 / 안성⑤174
石佛 / 미륵 / 안성⑤237, 미력 / 양평⑦68
石彌勒 / 돌미력 / 풍덕⑥261

b. 미륵의 한자지명
彌勒谷 / 죽산①94 이천⑥377
彌勒堂酒幕 / 죽산①102
彌勒洞 / 수원①169
折彌勒 / 장단⑥68
彌勒堂 / 이천⑥364
彌勒 / 파주⑦23

　　a와 b의 자료가 많아 전부 분석할 수 없어 이들 중 몇 가지만 가려
연구 대상으로 삼는다. 위 a의 彌勒坪은 한자지명은 같지만, 한글지명은
'미럭당이·미젹뜰·미력들'로 모두 달리 표기하고 있다. 미럭당이는 竹山
郡 府一面 梅谷里에 속한 지명으로 지금의 안성시 죽산면 매산리(『총람』
안성군 이죽면 매산리)이다.

　　대평원(大平院)[마을]→미륵당.
　　미륵당(彌勒堂)(대평원, 태평원, 원터)[마을] 기시미 남쪽에 있는 마을.
　　　① 미륵불이 있음. ② 조선 때 분행역에 딸린 대평원이 있었음.
　　원터[마을]→미륵당.
　　태평원(太平院)[마을]→미륵당.55)

---

55) 한글학회,『한국지명총람』17, 475~476쪽.

이로 보아 『조선지지자료』의 미륵당이는 미륵불이 있어 생성된 지명임을 알 수 있다. 이곳 주민들은 지금까지도 미륵을 신으로 여겨 복을 빌고 있었다.[56] 충청북도 중원군 상모면에 彌勒大院이 있는데, 이곳에서 '大院寺·彌勒堂·彌勒堂寺'가 적힌 기와 銘文이 나왔다.[57] 한 사찰을 두고 미륵당과 대원사로도 지칭한 것으로 보아 미륵당과 대원은 아주 긴밀한 관계를 지닌 땅이름으로 볼 수 있다. 이와 같은 미륵과 (대)원의 친밀한 관계는 彌勒菩薩이 兜率天 內院宮에서 설법하면서 南贍部洲에 하생하여 成佛할 때를 기다린다는 미륵경전에 연유할 것이다. 그러므로 안성의 '대평원'은 본래 '대원'이었는데 뒤에 '평'자가 중간에 끼어들어가지 않았나 한다. 『한국지명총람』에서 미륵당의 지명 유래 중 두 번째 예로 든 대평원이 있기 때문에 미륵당이라고 한 것은 뒷날 牽强附會한 것으로 보인다.

미적쁠은 利川郡 邑面 葛山에 있던 땅이름으로 지금은 이천시 증포동(『총람』이천군 이천읍 갈산리)에 해당한다. 미력들은 당시 利川郡 長面 長壽旺 소속으로 현재 이천시 마장면 장암리(『총람』이천군 마장면 장암리)이다. 그러나 이들 두 지명은 『한국지명총람』에는 보이지 않는다.

위 a와 같이 竹山郡 遠一面 彌坪里에는 '彌坪里 / 미력들, 彌坪前坪 / 미력들압들, 彌坪洑 / 미력덜보'가 있었다. '彌坪'에 상응하는 한글지명의 표기가 제각각이지만 이들은 같은 마을에 있는 들과 보이다. 지금의 용인시 처인구 원삼면 미평리(『총람』용인군 원삼면 미평리)가 이곳에 해당한다.

　　미평리(彌坪里)(미륵들, 미력들, 미륵평, 미평)[리] 본래 죽산군 원일면의
　　지역으로서, 들 가운데 미륵이 있으므로 미륵들, 미력들 또는 미평, 미

---

56) 金三龍, 「朝鮮時代의 彌勒信仰」 『韓國彌勒思想研究』, 東國大學校出版部, 1987, 199쪽.
57) 申榮勳, 「彌勒大院의 研究」 『考古美術』 146·147, 84쪽.

륵평이라 하였는데, 1914년 행정 구역 폐합에 따라 내동 일부를 병합
하여 미평리라 해서 용인군 원삼면에 편입됨.
미륵들[마을]→미평리.
미륵앞[마을]→미평리미륵불 앞에 있는 마을.
미륵들[마을]→미평리.
미륵평(彌勒坪)[마을]→미평리.
미평(彌坪)[마을]→미평리.
미평리미륵불(彌坪里彌勒佛)(미평리불상)[고적] 미평리 64번지에 있는
  미륵불. 높이 4.05m. 두께 0.5m.
미평리불상[고적]→미평리미륵불.58)

　미평리에는 4m가 넘는 큰 미륵불이 있었다. 이 때문에 땅이름을 미
평리로 불렀던 것이다. 그래서 이곳을 '미륵평'이라고도 하고 이를 줄여
서 '미평'이라고도 불렀다.『조선지지자료』의 彌坪前坪과 彌坪洑는『한
국지명총람』에 보이지 않는다. 미륵불이라고 불리는 이 불상은 독특하
게 관음보살의 지물인 정병을 들고 있다. 고려시대에 이르러 민간주도로
불상이 많이 만들어지는데, 이때 마을주민의 현실생활에 밀접한 기원이
나 바람을 표현했기 때문일 것이다.59) 특히 이 불상과 가까운 곳에 있는
안성시 대덕면 대농리의 불상에도 정병이 표현되어 있어서 상호간의 지
역적인 연관성을 짐작할 수 있다.
　'彌勒堂 / 미역당들'은 龍仁郡 邑內面 北洞에 속한 지명으로 지금의
용인시 기흥구 마북동(『총람』용인군 구성면 마북리)이다.『한국지명총
람』에서는 이 지역을 다음과 같이 묘사하고 있다.

미륵당(彌勒堂)[고적]→용화전.
용화전(龍華殿)(미륵당)[고적] 마북리에 있는 절. 높이 7자4치, 둘레 6자6
  치의 큰 미륵불이 있는데, 주민들이 명절 때 제사를 지냄.60)

58) 한글학회,『한국지명총람』18, 184쪽.
59) 용인시·용인문화원,『龍仁의 佛敎遺蹟』, 2001, 208쪽.

마북리에는 마을주민들이 명절 때에 제사를 지내면서 모시는 2m가 넘는 미륵불이 있었으므로 미륵당이라는 지명이 생겼다. 미륵당은 달리 용화전이라고도 불렀다.[61] 이는 미륵불이 용화보리수 아래에서 성불하고 세 번에 걸쳐 인연 있는 사람들에게 설법하여 용화세계를 펼칠 것이라는 데서 붙여진 이름이다. 『내고장 용인 문화유적』에 따르면, 이곳은 현의 치소가 있던 마을의 어구인데 터가 드센 곳이므로 터의 기를 누르기 위한 逐鬼將臣의 일종이던 것을 후대 사람들이 미륵으로 신앙하며 당집을 지었다고 한다.[62] 미륵불은 묘 앞에 서 있는 石人像과 유사한 모습을 띠고 있다. 석인상과 입석·장승 등 불상이 아닌 조각상을 미륵으로 예배·치성하는 경향은 임진왜란 이후 전국적으로 유행하였다. 이것은 마을 미륵신앙의 일종으로 민간에게 치병·기자·마을의 수호·기복 등의 역할을 하며 신앙되었던 불상으로 여겨진다.[63]

a의 '彌勒碑 / 미력'은 安城郡 見乃面 大農里에 있었던 것으로 지금은 안성시 대덕면 대농리(『총람』 안성군 대덕면 대농리)에 속한다.

　　　　미력[고적] 미력산에 있는 돌부처.
　　　　미력산[산] 대농리에 있는 산. 미력(륵)이 서 있음.[64]

석미륵불이 있어 미력과 미력산이라는 지명을 얻은 경우이다. 『조선지지자료』에서 말한 '彌勒碑'는 단순한 '碑'를 지칭하는 것이 아니라 비처럼 길게 우뚝 솟은 돌부처 미륵을 가리키는 것을 알 수 있다. 미륵석불이 길게 뻗어 있어서 남성의 성기를 상징하여 이곳에서 得男을 기원

---

60) 한글학회, 『한국지명총람』 18, 157쪽.
61) 앞의 <표 1>에 보이는 김포의 용화전(『조선지지자료』, 김포③196)에도 미륵불을 모시고 있다.
62) 용인시·용인문화원, 『龍仁의 佛敎遺蹟』, 30·34쪽 재인용.
63) 용인시·용인문화원, 『龍仁의 佛敎遺蹟』, 34쪽.
64) 한글학회, 『한국지명총람』 17, 446쪽.

하였다.65)『한국지명총람』에는 彌勒碑라는 한자지명은 사라지고 '미력'이라는 한글지명만 남았다.

b의 彌勒谷은 竹山郡 遠三面 陵村里와 利川郡 長面 泥坪에 있던 지명이다. 전자는 지금의 용인시 처인구 원삼면 죽릉리(『총람』 용인군 원삼면 죽릉리)에 해당하나『한국지명총람』에 보이지 않는다. 후자는 지금의 이천시 마장면 이평리(『총람』 이천군 마장면 이평리)에 잘 남아 있다.

미력골[골] 이평리에 있는 골짜기. 미력이 있음.66)

역시 미력골도 미륵이 있어 생긴 지명이다. 현재 '泥坪里石佛立像'이라 불리며 경기도문화재자료 제70호로 지정되었다. 하반신은 파손되어 상체만 남아 있는데, 높이는 162cm이고, 어깨 너비는 74cm이다. 이 불상은 간소하고 두터운 옷주름과 왼쪽으로 기운 어깨, 볼륨감 없는 가슴 등에서 고려시대 석불의 특징이 나타난다.『조선지지자료』에는 漢字로만 기록되었던 것이『한국지명총람』에는 역으로 한자지명이 탈락하고 한글지명만 남았다.

b의 彌勒洞은 水原郡 日用面에 소재한 지명으로 지금의 수원시 장안구 파장동(『총람』 수원시 파장동) 일대다.

미륵동(彌勒洞)[마을] 일림동 서북쪽에 있는 마을. 미륵이 있음.67)

미륵불이 있어 미륵동이라는 마을이름이 생긴 것이다. 이 불상은 得

65) 金三龍,「朝鮮時代의 彌勒信仰」『韓國彌勒思想硏究』, 東國大學校出版部, 1987, 189쪽.
66) 한글학회,『한국지명총람』18, 215쪽.
67) 한글학회,『한국지명총람』17, 402쪽.

男·治病과 마음의 평안을 빌기 위하여 세워진 것으로 예부터 마을의 수
호신이었다고 한다.68) 미륵불은 미륵당 안에 모셔져 있었는데, 1959년에
法華堂으로 이름을 바꾸었다.

a와 b의 지명은 대부분 단순한 지리정보나 우리말로 어떻게 불렸는
지를 알려준다. 다만 아래의 두 곳만 비고란에 소재지와 내용을 기입하
여 소중한 알거리를 전달해준다.

> a① 利川郡 邑面 雪峰山 아래. 石佛이 있기 때문에 명명되었다. 속칭 ‘盜
> 彌勒’으로 불리는데 명명한 의미는 알지 못한다(彌勒谷 / 미륵골 / 이
> 천⑥273).
> b① 坡州郡 廣灘面 虎尾里. 2개의 石造로 彌勒을 서로 나란히 해서 천연
> 의 岩上에 안치하였다. 매우 오래 전에 설립되어서 그 시대를 알 수
> 없다. 크기는 26척이고 주위의 산허리에 노출되어 있다. 부근 마을 사
> 람들은 이따금 香花를 받듦으로써 冥福을 빌었다(彌勒 / 파주⑦23).

a①의 이천 미륵골은 ‘도미륵’이라 불리는 석불이 있었기 때문에 생
긴 지명이다. 이곳은 지금의 이천시 관고동(『총람』 이천군 이천읍 관고
리)에 해당하며 아직도 미륵과 관련된 지명이 전해온다.

> 미륵골[골] 기치미고개 밑에 있는 골짜기. 미륵이 있음.
> 미륵골미륵[고적] 미륵골에 있는 미륵. 높이 약4m.69)

『한국지명총람』에서도 『조선지지자료』와 같이 미륵골은 미륵이 있었
기에 유래한 지명이라고 하였다. 그러나 『한국지명총람』에는 『조선지지
자료』에 실려있는 ‘盜彌勒’과 관련된 내용이 보이지 않는다. 이와 관련

---

68) 金三龍, 「朝鮮時代의 彌勒信仰」 『韓國彌勒思想研究』, 東國大學校出版部,
　　1987, 189·192쪽. 京畿道, 『畿內寺院誌』, 1988, 65~66쪽.
69) 한글학회, 『한국지명총람』 18, 241쪽.

된 다른 자료들을 찾아보아도 역시 '도미륵'에 관한 내용은 실려 있지 않았다. 지금까지 알려지지 않은 자료가 『조선지지자료』에 실려 있어 학술적 가치를 높여주는 부분이다. 미륵은 고려 초기 이후에 제작된 것으로 추정하는데, 1987년 제자리를 떠나 가까운 법왕사로 옮겨졌다.

두 번째 b①의 미륵은 세간에 몸이 아주 뚱뚱한 사람을 '坡州彌勒'이라고 할 정도로 잘 알려졌다. 『조선지지자료』에는 미륵의 재질·모양·입지·시대·크기와 신앙 등 다양한 정보가 실려 있다. 파주미륵은 이미『조선지지자료』가 작성되기 전인 개항기에 이국인의 눈길을 많이 끌었다.

> b② 파주와 충청도 은진에는 거대한 石佛이 있다. 파주에 있는 석불들은 미국의 해군 대위 버나든에 의하여 발견된 전나무 숲 속에 있는 큰 바위에 陽刻되어 있다. 그의 머리와 모자는 나무 위로 솟아 있다. 그 중 하나는 네모난 모자를 쓰고 있고 다른 하나는 둥근 모자를 쓰고 있는데 애스톤氏는 그들의 모자가 본래 陰陽을 상징하는 것이라고 추측하고 있다. 충청도 은진에서 미국 해군의 후크씨는 등대처럼 보이는 물체가 15마일 밖에 있는 것을 보았다. 가까이 가 보니 이 半人 石像은 높이 64피트의 흰 화강암 불상의 끝부분이었다. 이와 비슷한 불상은 한국의 도처에서 발견된다. 한국인들은 이러한 석상을 彌勒이라고 부른다.[70]

이 기록은 칼스가 1884년 9월 27일 고양에서 파주로 가던 중에 파주미륵을 보고 느낀 점을 적은 것을 거의 그대로 옮겨 실은 것이다.[71] 개항기의 서양인들은 파주 미륵에 대한 단순한 관심에서 벗어나 미륵을 새긴 기법과 모자모양의 상징까지도 생각하고 있었다. 이곳은 지금의 파주시 광탄면 용미리(『총람』 파주군 광탄면 용미리)로 미륵과 관련된 지명이 많이 전해온다.

---

70) Griffis, William E, 신복룡 역, 『隱者의 나라 韓國』, 평민사, 1985, 79쪽.
71) Carles, W. R, 신복룡 역, 『조선풍물지』, 집문당, 1999, 97~99쪽. 그는 은진과 파주의 거대한 석상은 백제의 영향을 받아 만들어진 것으로 보는 듯하다.

미력데이[마을] 양지동 동쪽, 미륵불이 있는 마을.
미력산(장지산)[산] 용미리에 있는 산.
용미리미륵불(입상석불)[고적] 미력데이에 있는 미륵. 높이가 17.6m. 천
　연 쑥돌로 되었는데, 고려 때의 것으로 추정됨.
입상석불(立像石佛)[고적]→용미리미륵불.
장지산[산]→미력산.72)

　　17m가73) 넘는 거대한 艾石像인 미륵불로 인해 '미력데이'라는 마을
이름과 '미력산'이라는 산이름이 생성된 경우이다. 이 미륵은 보물 93호
로 흔히 '雙石佛立像'이라 불린다. 지금까지 고려시대의 작품으로 알려
져 왔으나, 1995년에 발견된 명문으로 인해 1465년에 세조와 비 정희왕
후의 모습을 미륵불로 조성하였다는 주장이 제기되었다.
　　위 미륵의 내용 중 a를 보면, 彌勒에 상응하는 한글지명이 '미륵·미
럭·미력·미역'이므로 다음의 지명들도 미륵과 관련된 지명이라고 볼 수
있을 것이다.

　　c. 미륵 추측 지명
　　　唐村 / 당미럭이 / 죽산①130
　　　唐村店 / 당미럭이 / 죽산①131
　　　石堂里 / 미력당이 / 음죽②50
　　　可外寺谷 / 미력골 / 여주④105
　　　尾力里酒幕 / 미력니주막 / 여주④194
　　　美力谷 / 진위⑥204
　　　豆亦里 / 미력당이 / 이천⑥357
　　　彌域堂里酒幕 / 양평⑦159

---

72) 한글학회, 『한국지명총람』 18, 267쪽.
73) 『한국지명총람』과 다른 자료들에서는 용미리 미륵불의 크기를 17m정도라
　고 했으나, 『조선지지자료』에서는 26척(7.88m)이라고 했다(b①). 크기가 너
　무 차이가 나는데, 원본에 보이는 卅六尺의 卅이 五十의 誤記가 아닐까 한
　다. 56척은 16.968m이므로 반올림하면 17m가 되기 때문이다.

　과연 위에 열거한 자료들이 미륵과 관련이 있는지 모두 확인해보겠다. 이들 중 '唐村·唐村店 / 당미럭이'는 당시에 竹山郡 蹄村面 唐村에 있었다. 지금의 안성시 일죽면 당촌리(『총람』 안성군 일죽면 당촌리)에 해당한다.

　　당촌리(唐村里)(미륵당이, 당미륵, 당촌)[리] 본래 죽산군 북일면의 지역
　　으로서 미륵당이 있으므로 미륵당이, 당미륵 또는 당촌이라 하였는데,
　　1914년 행정구역 폐합에 따라 음죽군 서면의 오목동 일부를 병합하여
　　당촌리라 해서 안성군 일죽면에 편입됨.
　　당미륵(唐彌勒)[마을]→당촌리
　　당촌(唐村)[마을]→당촌리
　　미륵당이[마을]→당촌리
　　주막거리[마을]→당촌리에 있는 마을. 주막이 있었음.74)

　'唐村'은 미륵당이 있어서 불려진 지명이며, '미륵당이'와 '당미륵'으로도 불렸다. 唐은 彌勒堂을 지칭하는 것 같고, 唐과 堂이 음이 같아 통용되었을 것이다. 그러므로『조선지지자료』에서 말하는 '당미럭이'도 미륵과 관련이 있음이 입증된다. 뿐만 아니라『조선지지자료』의 '唐村店'은『한국지명총람』에서 한자지명과 고유한 '당미럭이'라는 지명을 잃어버리고 단지 흔히 불리는 '주막거리'로만 적었다.
　『조선지지자료』가 만들어지던 당시 陰竹郡 南面에 있던 '石堂里 / 미럭당이'는 지금 이천시 장호원읍 어석리(『총람』 이천군 장호원읍 어석리)에 속해 있었다.

　　어석리(於石里)[리] 본래 음죽군 남면의 지역인데, 1914년 행정 구역 폐
　　합에 따라 어은동, 석당리, 새터를 병합하여 어은과 석당의 이름을 따
　　서 어석리라 하여 이천군 청미연(장호원읍)에 편입됨.

74) 한글학회,『한국지명총람』 17, 480쪽.

미륵당(석당)[마을] 석당 미륵이 있는 마을.
석당(石堂)[마을]→미륵당.
석당미륵(石堂彌勒)(어석리석불)[고적] 새터 남쪽에 있는 미륵. 높이 5m.
어석리석불(於石里石佛)[고적]→석당미륵.[75)]

위 『한국지명총람』 내용을 보면, 석당에 커다란 돌로 이루어진 미륵
불이 있는 것을 알 수 있다. 이 '미륵당'이 『조선지지자료』에서 말하는
'미력당이'이다. 『조선지지자료』와 『한국지명총람』의 '석당=미륵(력)당'
인 것을 보면, '石=미륵'이라는 인식을 오랫동안 갖고 있었다는 점을 확
인할 수 있다. 이 미륵 불상을 해치면 동네 아녀자들이 해를 입는다는
이야기가 전해져와 미륵이 부녀자수호신의 역할을 한 것으로 보인다.[76)]
남성중심의 가부장제가 오랜 악습으로 내려오던 한국 사회 속에서 피어
난 독특한 페미니즘적 문화유산이어서 주목된다.
앞 c의 '可外寺谷 / 미력골'은 驪州郡 占梁面 淸安里에 있던 지명으
로 지금의 같은 군 점동면 청안리에 해당한다.

청안리(淸安里)(청안, 안말)[리] 본래 여주군 점량면의 지역으로서, 주막
  거리의 술청 안쪽이 되므로 안말 또는 청안이라 하였는데, 1914년 행
  정 구역 폐합에 따라 청안리라 하여 점동면에 편입됨.
가옷절[들] 청안리에 있는 들.
미력골[골] 청안리에 있는 골짜기. 미륵이 있음.
미력골미륵[미륵] 미력골에 있는 미륵. 높이 2.2m. 둘레 2m.[77)]

2m가 넘는 미륵이 있었으므로 '미력골'과 '미력골미륵'이라는 지명이
만들어졌다. 그런데 『조선지지자료』에서 미력골이 있었다고 하는 '可外

---

75) 한글학회, 『한국지명총람』 18, 246쪽.
76) 金三龍, 「朝鮮時代의 彌勒信仰」 『韓國彌勒思想硏究』, 東國大學校出版部,
    1987, 201쪽.
77) 한글학회, 『한국지명총람』 18, 58~59쪽.

寺谷’은 『한국지명총람』에 순우리말인 ‘가웃절’로 바뀌었다.

‘尾力里酒幕 / 미력니주막’은 驪州郡 等神面 下九里에 있었다. 그러나 이 지명은 현재 여주군 대신면 上九里에 있다. 행정구역의 개편에 따라 하구리에 있던 지명이 상구리로 옮겨간 것이다.

> 거북골[마을]→미력이.
> 미력[마을]→미력이.
> 미력골[골] 미력이 북쪽에 있는 골짜기.
> 미력당[고적] 미력이에 있는 미륵. 둘레 6자, 높이 8자.
> 미력이(거북골, 미력, 미륵이)[마을] 안말 남쪽에 있는 마을. ① 미륵이 있음. ② 거북바위가 있음.
> 미력이들[들] 미력이 앞에 있는 들.
> 미륵이[마을]→미력이.[78]

2.5m 정도되는 미륵이 있어 ‘미력당·미력이·미륵이’라는 마을 이름이 생긴 경우이다. 미력니주막은 산업화가 되면서 없어진 탓인지 『한국지명총람』에는 보이지 않는다. 이 미륵의 손가락을 과부가 임신하여 떼어 먹고 낙태가 되었다고 한다.[79] 유교사회에서 지탄을 받거나 원하지 않은 임신을 했을 때 미륵을 통해 낙태하는 신앙행위의 한 모습이다. 보통 아녀자들이 임신을 하고자 미륵에게 기원하거나 그 코를 긁어 먹었는데, 이와 반대로 상구리 미륵의 손가락이 낙태를 할 수 있는 효험을 지닌다고 믿고 있었던 것 같다. ‘미력이’를 ‘거북골’이라고도 한 것으로 보아 미륵과 거북이 어떤 상관관계를 갖고 있을 것이나 필자로서는 알 수 없다.

‘豆亦里 / 미력당이’는 利川郡 暮面 豆亦里에 있었는데, 지금은 이천

---

78) 한글학회, 『한국지명총람』 18, 36쪽.
79) 金三龍, 「朝鮮時代의 彌勒信仰」 『韓國彌勒思想硏究』, 東國大學校出版部, 1987, 201쪽.

시 모가면 두미리(『총람』 이천군 모가면 두미리)에 속한다.

> 미륵댕이(미륵들, 미륵동)[마을] 두미리에서 으뜸되는 마을. 미륵당이 있
> 음.
> 미륵동(彌勒洞)[마을]→미륵댕이.
> 미륵들[마을]→미륵댕이.80)

마을에 미륵당이 있어 이곳을 '미륵댕이·미륵들·미륵동'으로 불렀다. 미륵당은 4개의 돌기둥을 세우고 3면의 돌기둥 사이를 돌로 쌓아 칸막이하고 그 위에 한 개로 된 판석을 올려 보호각을 만들었다. 이 안에 90 ㎝ 높이의 석불을 모셔놓았는데, 두상과 몸체만 간단하게 조성해 미륵부처님이라고 섬기는 마을미륵이다. 『조선지지자료』에 보이는 豆亦里는 1914년 행정구역폐합에 따라 시미동과 병합하여 두미리가 되었다. 이에 두역리는 역사 속으로 사라져 『한국지명총람』에 보이지 않는다.

美力谷은 振威郡 馬山面 內谷里에 있던 지명으로 지금의 평택시 진위면 마산리에 속한다. 彌域堂里酒幕은 楊平郡 下北面 下加里의 땅이름으로 현재 양평군 단월면 삼가리이다. 그러나 이들 두 지명은 『한국지명총람』에는 보이지 않는다.

위의 abc에 보이는 미륵 관련 지명은 총 33곳이다. 지역별로 나누어 보면, 죽산이 8, 이천이 6, 개성이 4, 여주가 3, 안성·양평이 2, 음죽·양천·용인·풍덕·수원·장단·파주·진위가 1곳이다. 미륵 지명은 죽산이 가장 많고 그 다음이 이천이다. 그리고 이들과 인접한 지역인 여주·안성·양평·음죽·용인·수원에서 주로 나타난다. 이들 경기도 남쪽 지역들 중 가장 많은 사례를 보이는 죽산은 1914년 안성에 합쳐졌다. 그래서 지금의 안성은 미륵 지명의 1/3정도를 점하게 된다.81) 이 지역은 궁예가 죽

---

80) 한글학회, 『한국지명총람』 18, 217쪽.
81) 현재 안성에 미륵이라는 이름으로 파악된 유물은 죽산리 미륵, 매산리 미

주의 호족 기훤과 같이 초기에 활동한 곳이다.[82]

궁예가 성장기에 머물렀던 안성에는 궁예와 관련된 설화가 많이 전한다.[83] 궁예가 안성에 피신하여 살았다는 전설이 있고, 쌍미륵사에 있는 미륵은 궁예와 연관이 있다고 전한다. 국사암에 궁예미륵이라고 불리는 삼미륵이 있는데, 중앙은 궁예미륵이고 좌우는 그의 아들인 신광보살과 청광보살이라고 한다. 또 칠장사에도 성장기의 궁예와 관련된 전설이 남아 있다.

그러나 궁예미륵이라고 불리는 불상은 궁예 당시에 만들어진 것이 아니라 그가 죽은 지 오랜 뒤인 고려후기에 造像된 것이다. 궁예는 살아 있을 때 스스로 미륵불을 칭하였고 정치를 운영하는데 미륵관심법을 썼다. 또 궁예가 죽은 뒤에 그의 몰락을 아쉬워했던 친궁예적인 사람이나 민중들 사이에서 지역신의 위치를 얻었다.[84] 이와 같이 실제로 궁예는 미륵과 관련이 있었고 후대인들이 궁예를 공경하여 신으로 여기게 되어 국가적 차원이 아니라 민중들이 마을단위에서 미륵으로 尊崇하여 모시게 된 것이다.

이러한 미륵신앙은 위의 b①에서도 확인할 수 있다. b①에 보이는 坡州郡 廣灘面 虎尾里의 彌勒을 사찰이나 승려가 아니라 인근 마을 사람들이 香花로 받들고 있다. 이를 마을미륵이라고 하는데 잘 정리한 글이

륵, 삼죽 기솔리 쌍미륵 2기, 3미륵(궁예미륵), 아양리 미륵 2기, 동촌리 미륵 2기, 대농리 미륵, 용화사 미륵, 서운면 북산리 미륵, 서운산 미륵, 죽리 미륵, 남산 미륵 유허지, 먹뱅이 미륵 유허지 등 18개이다(김태원, 「안성미륵과 석불신앙에 대한 고찰」 『안성의 역사와 미륵신앙』, 안성문화원, 2004년 11월 29일 발표문, 3쪽).

82) 『삼국사기』 권50, 열전10 궁예.

83) 이재범, 「역사와 설화 사이 - 철원 지역설화로 본 궁예왕 -」 『江原民俗學』 20, 2006, 298~299쪽.

84) 최성은, 「나말려초 중부지역 석불조각에 대한 고찰 - 궁예 태봉(901~918)지역 미술에 대한 시고 -」 『역사와 현실』 44, 2002, 57쪽.

있어 아래에 그대로 싣는다.

> 마을미륵은 마을주민들이 마을입구나 인근지역에 자연석을 미륵불로 조형하여 세워놓고 민중구원을 위한 미륵하생을 기원하거나 마을공간을 미륵정토세계로 구현하기 위해 직접 제작한 石佛像을 말한다. 이러한 석불상은 미륵신앙의 대상뿐만 아니라 治病·祈子·守護·祈福 등 주술적인 민간신앙의 역할을 수행하여 마을주민들의 종교적 욕구충족의 대상이었던 것이다. 마을미륵은 사찰과 관계없이 마을단위로 인근지역에 독자적으로 세워지는 게 특징이며 입석형미륵이 대부분이다. 미륵불의 조형미는 거칠고 투박하며 민중들의 소박한 종교적 심성을 그대로 표현하고 있으며, 조각미 또는 불교적 예술성은 거의 찾아보기가 힘든 못생긴 서민풍의 돌부처님이다. 마을미륵은 대부분 露天佛로 마을인근이나 산곡간에 위치하고 있다.85)

위 마을미륵에 대한 설명은 100년전에 쓰여진 앞의 b② 기록에서 파주와 은진의 석불과 비슷한 불상은 한국의 도처에서 발견되며 이러한 석상을 彌勒이라고 부른다는 말과 일맥상통한다. 山谷間이나 절골·불당골에 위치한 石佛뿐만 아니라 돌로 된 석불이나 장승·석주와 우뚝 솟은 자연석조차도 민중들에게 彌勒으로 모셔지고 신행의 대상으로 여겨졌다. 이와 같이 종교행위를 한 것은 조선이 임진왜란과 병자호란의 참화를 계속 겪고 가뭄과 기근이 잦으며 전염병이 돌고 관리들의 부패로 인한 가렴주구가 지속되자 백성들은 자신들의 고통을 구제해줄 당래불인 미륵이 하생해주기를 간절히 바랐기 때문이다. 그래서 彌勒立石과 주술적인 조형입석물들을 마을입구와 주변에 설치하는 입석신앙이 마을단위로 성행하기 시작하였다.86) 마을단위로 마을의 안녕과 질서유지, 풍요로

---

85) 宋華燮,「朝鮮後期 마을미륵의 形成背景과 그 性格-湖南地方 마을미륵의 實態調査를 中心으로-」『韓國思想史學』 6, 1994, 275쪽.

86) 宋華燮,「朝鮮後期 마을미륵의 形成背景과 그 性格-湖南地方 마을미륵의 實態調査를 中心으로-」『韓國思想史學』 6, 1994, 280쪽.

운 세계, 즉 미륵정토세계를 건설하려는 의지에서 미륵을 세워 미륵출현을 염원하는 미륵신앙이 사회전반에 확산되었다. 이러한 역사적 배경에 의해 『조선지지자료』에서 미륵당·미륵골·미륵평 등과 같은 미륵 관련 지명을 여러 곳에서 찾아볼 수 있게 된 것이다.

5. 결 론

지금까지 『조선지지자료 - 경기도편 - 』에 수록된 불교 관련 자료인 「사찰명」과 절골·미륵에 대하여 살펴보았다. 불교 관련 자료가 많아 전체를 살피지 못하였으며, 간단하게 소재지만을 적어놓은 것들이 다수여서 학문적으로 접근하기 어려웠다. 그래서 사찰의 위치를 추적하거나 해당사찰이 다른 책에 기록된 내용과 同異가 있는지 등을 단순하게 서술하는 데 그쳐 깊이 있게 천착하지 못하였다. 본론에서 논의한 바를 정리하면 다음과 같다.

『조선지지자료』 종별의 하나인 「사찰명」에는 117개 사찰이 등재되어 있었는데, 竹山과 廣州가 10곳으로 가장 많았다. 죽산의 사찰에 대해 위치비정과 음 등을 통해 고찰한 결과, 鶴壽菴은 높은절과 高寺, 鎭南寺는 鳥天寺와 朝天寺, 鳳舞菴은 지통절과 智通寺로 밝혀졌다. 특히 칠장리에 사찰이 많았는데, 七長寺는 慧炤와 밀접한 관련이 있었고, 上雲菴은 칠장사의 뒤쪽 山麓에 있었던 암자였다. 極樂菴은 극락과 관련된 지명으로 미타암과 같은 사찰이며, 明寂菴은 名跡庵과 明積庵으로도 표기하였다.

미륵신앙에 불교와 민속신앙이 밀접하게 결부되어 있어 『한국지명총람』은 일러두기에 彌勒堂은 인공지명 [당]에, 미륵(彌勒佛, 石佛)은 인공지명 [미륵]의 항목으로 적는다고 하였다. 이 당에는 미륵당 외에 神堂·都堂·府君堂이 있어 이것을 민속신앙으로 본 것을 알 수 있다. 같은 미륵에 관한 내용이지만 둘을 구분하기 어려워 하나는 민속신앙에 하나는 불교에 포함시켰을 것이다.

碑殿은 칠장사 남쪽에 있는데 白蓮菴이라고도 하였으며, 慧炤國師碑는 다른 책에서 보이지 않는 지명인데 비전 안에 위치했으므로 비전에 포함된 지명이라고 생각해 적지 않았을 것이다.

「사찰명」 언문란에는 한글지명이 14건이 기재되었다. 이들은 단순히 음과 훈을 적거나(6건), 소재지 이름을 쓰거나(4건), 의미를 갖고 있는 異稱을 기록하였다(4건). 「사찰명」에 있는 지명의 비고는 대부분 소재지만을 기재하였는데, 19건에는 구체적인 내용이 기입되어 있었다. 이 비고란에는 대부분 사찰이 현재 존재하는가 유무를 적어 두었다. 사찰의 유래를 밝혀 놓는 경우도 있었으며, 왕족과 양반의 願刹을 적기도 하였다. 이들 비고란에 기재된 내용은 사료로 충분히 활용할 수 있는 것들이다. 또한 「사찰명」은 비슷한 시기에 사찰에서 작성한 「龍珠寺本末寺法」과 비교해 보아도 별반 차이가 없다는 데에서 자료적 가치를 찾을 수 있다.

『조선지지자료-경기도편-』에서 불교 관련 지명 중 가장 많이 보이는 것이 절골[寺谷·寺洞]이다. 총 97건이며 종별로 곡명이 66건, 지역별로 용인이 14건으로 가장 많은 사례를 보였다. 용인의 경우 『한국지명총람』을 통해 고찰한 결과, 절골은 모두 절터나 사찰이 있어 만들어진 지명임을 확인할 수 있었다. 절골 지명 중 『조선지지자료』에만 있고 『한국지명총람』에는 보이지 않는 땅이름이 반 이상이었다. 그러므로 『조선지지자료』는 『한국지명총람』을 충분히 보완하거나 그 이상의 역할을 할 수 있는 자료집이다. 이뿐만 아니라 고고학과 미술사학에서 잘 활용하면 지금까지 알려지지 않은 여러 寺址와 유물·유적들을 확인할 수 있을 것이다.

불교신앙 관련 지명 중에서 彌勒이 33곳으로 가장 많이 나타났다. 이들을 미륵의 한자+한글지명, 미륵의 한자지명, 미륵의 한글지명에 의한 추측으로 나누어 설명하였다. 자료가 많아 모든 곳을 조사하지 못하였지만 표본을 통하여 조사한 지명들은 모두 어김없이 미륵과 관련하여 땅이름이 생긴 것으로 나타났다. 절골과 마찬가지로 미륵에서도 『한국지명총람』에 보이지 않는 지명이 많았다. 또 동일한 지명이어도 변화된 모습으로 나타난 경우도 있었다. 미륵과 관련하여 비고란에 소재지와 함께 내용을 기입한 경우는 2건뿐이다. 이천의 미륵골 비고에 있는 盜彌勒은 지금까지 알려지지 않은 자료이어서 『한국지명총람』 등 다른 책에서 보이지 않았다. 坡州彌勒의 비고란에는 미륵의 재질·모양·입지·시대·크기와 신앙 등 다양한 정보가 실려 있었다.

미륵은 죽산이 8곳으로 가장 많고 이곳과 인접한 지역에서 주로 나타났다. 이 지역은 궁예가 초기에 활동한 곳으로 그와 관련된 설화가 많이 전한다. 그러나 궁예미륵은 후대에 민중들이 마을단위에서 궁예를 미륵으로 尊崇하여 모신 것이다. 이를 마을미륵이라고 부르는데, 어느 곳에나 위치한 석불이나 장승·석주와 자연석조차도 민중들에게 彌勒으로 모셔지고 믿음의 대상으로 여겨졌다. 조선 후기 정치·경제적 불안에 기인해 백성들은 자신들의 고통을 구제해줄 당래불인 미륵이 하생해주기를 원했기 때문이다. 이러한 시대적 배경이 『조선지지자료』에도 투영되어 미륵당·미륵골·미륵평 등과 같은 미륵 관련 지명이 많이 실리게 되었다.

이와 같이 『조선지지자료-경기도편-』에서 불교자료 중 3가지 주제만을 가지고 논하였다. 이 3가지 주제는 경기도편에서 비중이 크기는 하지만 경기도 불교 전체에 대한 이해와 경기도 불교만의 특징을 이해하는데 한계가 있다고 할 수 있다. 이러한 한계점을 극복하려면 앞으로 경기도편에서 모든 불교자료를 뽑아 주제별로 유형화하고 이론화하는데까지 나아가야 할 것이다. 아울러 절골과 불당골 등 불교지명이 있는 곳을 직접 답사하여 『조선지지자료』의 내용을 확인해보는 작업도 이루어져야 할 것이다.

경기도 수리시설의 현황과 특징*

- 洑와 堤堰의 사례를 중심으로 -

정수환
(한국학중앙연구원 연구원)

1. 머리말

일제강점 초기 조선총독부에 의해 실시된 수리조합정책으로 인해 조선의 수리시설체계에 큰 변화가 초래되었다. 이와 관련하여 조선후기에서 구한말에 이르는 조선의 수리정책, 그리고 한말의 수리시설 현황과 관리의 실태를 계기적으로 파악 할 필요가 있다. 본고는 조선후기에서 구한말에 이르는 수리정책의 추이와 시설의 현황을 검토하기 위한 기초작업을 목적으로 『조선지지자료』에 대한 분석을 시도했다.

『조선지지자료』는 1911년 봄에서 1911년 12월 사이에 작성되었다.[1] 본 자료는 조선총독부에서 1911년 전국의 군현을 대상으로 지명 관련

---

* 본 논문은 2009년 8월 간행된 『歷史와 實學』 39집에 수록된 원고를 그대로 전재한 것임을 밝힌다.

1) 신종원, 「우리고장의 땅이름 제대로 알기 - 필사본 '朝鮮地誌資料' 경기도편의 학술 및 실용가치」 『필사본 '조선지지자료의 자료가치 및 활용을 위한 학술회의』, 한국학중앙연구원·경기문화재단, 2008, 2~4쪽.

자료를 조사하여 정리한 草本이다. 내용은 道郡별로 種別, 地名, 諺文, 備考로 구분하여 정리하였다.2) 조사항목은 20여개 사항을 망라하고 있으며, 이들 중 洑·堤堰 등 수리시설과 관련한 정보도 포함되어 있다.

수리시설에 대한 연구는 이광린에 의해 개념이 정리되고 기초자료에 대한 소개가 이루어 졌다.3) 이후 수리시설 관련 정책과 그 전개양상은 물론 19세기 말에서 일제강점기 수리시설 운영주체의 성격에 대한 연구가 진행되었다.4) 뿐만 아니라 인류학적 민족지 기술의 입장에서 보와 제언의 설치 및 내부 운영구조에 대한 검토5)가 있었다. 농업기술사적인 측

---

2) 『조선지지자료』에 대한 기존의 검토 결과는 아래와 같다.

임용기, 「'조선지지자료'와 부평의 지명」 『기전문화연구』 24, 1995 ; 신종원 편, 『강원도 땅이름의 참모습 - 조선지지자료 강원도편』, 경인문화사, 2007 ; 황의호, 「1911년, 보령시의 참모습 - 필사본 朝鮮地誌資料 보령·남포·오천군편 해설」 『保寧文化』 16, 보령문화연구회, 2007 ; 한국학중앙연구원·경기문화재단, 「필사본 '조선지지자료의 자료가치 및 활용을 위한 학술회의」, 2008.

3) 李光麟, 『李朝水利史硏究』, 韓國硏究圖書館, 1961.

한편, 1913년 조선총독부에서는 수리현황에 대한 일괄조사를 단행하여 조선 수리시설의 소유관계와 관리문제를 조사하였다(朝鮮總督府, 「水利二關」 スル舊慣」 『朝鮮總督府月報』, 3-4 ~ 7·3-9·3-20, 1913).

4) 대표적 연구성과는 아래와 같다.

金容燮, 「朝鮮後期의 水稻作技術-移秧과 水利問題」 『朝鮮後期農業史硏究』, 一潮閣, 1971 ; 李泰鎭, 「16세기 川防(洑)灌漑의 발달」 『韓國社會史硏究』, 지식산업사, 1986 ; 최원규, 「朝鮮後期 水利기구와 經營문제」 『國史館論叢』 39, 國史編纂委員會, 1992 ; 이영훈 등, 『近代朝鮮水利組合硏究』, 一潮閣 1992 ; 박한설, 「홍천 걸물리 김군보의 창설과 동창마을 개발에 관한 연구」 『인문학연구』 31, 강원대학교, 1993 ; 崔洪奎, 「正祖代의 對華城 농업진흥정책과 농업생산력 발전 - 특히 水利政策과 농업환경의 변화를 중심으로」 『國史館論叢』 89, 國史編纂委員會, 2000 ; 홍금수, 「18-20세기 交河地域의 土地利用」 『문화역사지리』 13, 한국문화역사지리학회, 2001 ; 이상태, 「조선 전기의 水利施設과 벼농사」 『國史館論叢』 106, 國史編纂委員會, 2005 ; 구완회, 「조선후기 군현 사이의 갈등과 수령의 역할-18세기 중엽 예산 덕산사이의 수리분쟁을 중심으로」 『大丘史學』 86, 대구사학회, 2007.

면에서 관개시설의 발전과 운영의 면이 연구되었다.[6] 그리고 지리학적
인 관점에서 수리시설의 분포와 입지에 대한 검토가 있었다.[7]

　『조선지지자료』와 관련한 연구는 지명에 대한 검토가 단편적으로 이
루어 졌으며, 최근 본 자료의 활용방안을 모색하면서 경제사, 민속학, 국
어사적인 종합검토가 진행되었다.[8] 여기서 『조선지지자료』에 보·제언
등과 같은 수리시설의 축조시기·방법, 소유자에 대한 기록을 주목하고
이에 대한 연구가 촉구되었다.[9]

　본고에서는 『조선지지자료』를 중심으로 洑와 堤堰으로 대표되는 수

5) 金宅圭, 『韓國農耕歲時의 硏究 － 農耕儀禮의 文化人類學的 考察』, 영남대학
　　교출판부, 1985 ; 배병주, 「農村水利慣行에 관한 연구」『人類學硏究』3, 영
　　남대학교 문화인류학회, 1986 ; 이남식, 「취락의 공유산과 수리공동체의 기
　　능」『安東文化』10, 안동대학교 안동문화연구소, 1989.
6) 權純國, 「農業用水開發」『韓國農業技術史』, 한국농업기술사편찬위원회,
　　1983 ; 배영동, 「수도재배를 위한 洑의 축조와 이용」『科技考古硏究』4, 아
　　주대학교 박물관, 1998 ; 農林部·農業基盤公社, 『韓國水利施設의 變遷과
　　文化遺産』, 2002.
7) 金賢熙·崔基燁, 「韓國 傳統灌漑施設의 類型과 立地特性」『應用地理』, 誠信
　　女子大學校 韓國地理硏究所, 1990 ; 정치영, 「'여지도서'를 이용한 조선후
　　기 제언의 지역적 특성연구」『대한지리학회지』43-4, 대한지리학회, 2008.
8) 임용기, 「'조선지지자료'와 부평의 지명」『기전문화연구』24, 1995 ; 황의
　　호, 「1911년, 보령시의 참모습 － 필사본 朝鮮地誌資料 보령·남포·오천군편
　　해설」『保寧文化』16, 보령문화연구회, 2007 ; 한국학중앙연구원·경기문화
　　재단, 「필사본 '조선지지자료의 자료가치 및 활용을 위한 학술회의」, 2008 ;
　　한국학중앙연구원·경기문화재단, 황의호, 「1911년, 보령시의 참모습 － 필사
　　본 朝鮮地誌資料 보령·남포·오천군편 해설」『保寧文化』16, 보령문화연구
　　회, 2007 ; 한국학중앙연구원·경기문화재단, 「필사본 '조선지지자료의 자료
　　가치 및 활용을 위한 학술회의」, 2008.
9) 신종원, 「우리 고장의 땅이름 제대로 알기 － 필사본 '朝鮮地誌資料'라 경기
　　도편의 학술 및 실용가치」『필사본 조선지지자료의 가치 및 활용을 위한
　　학술회의』, 한국학중앙연구원·경기문화재단, 2008, 6쪽.
　　이에 앞서 金賢熙·崔基燁는(앞의 글) 본 자료를 부분적으로 이용하였다.

리시설의 경기도내 현황과 분포 특징에 대해 검토하고자 한다. 『조선지지자료』에 수록된 지명정보 및 수리시설관련 기록의 내용을 통해 자료의 활용 방향과 사료적 가치에 대해 검토 하겠다. 이를 위해 자료에 등장하는 수리시설 관련 지명표기의 특징을 우선 검토한다. 그리고 경기도 일원의 수리시설 분포현황과 지역별 성격을 살펴보고, 수리시설의 설립 및 운영과 관련한 기록을 토대로 자료 활용의 가능성을 살펴보겠다.

2. 수리시설의 종류와 표기 양상

『조선지지자료』의 조사항목에 해당하는 '種別'에 수록된 내용은 '山谷名, 野坪名, 川溪名, 面名, 洞里名, 渡津名, 浦口名, 驛名, 市場名, 酒幕名, 池名, 洑名, 堤堰名, 嶺峴名, 土産名, 巖名, 寺刹名, 洞名, 古碑名, 古蹟名所名, 院·站名' 등 21개 분야이다.[10] 이들 종별의 내용 중 수리시설에 해당하는 것은 池, 洑, 堤堰이다.

수리시설은 크게 관개용 시설과 방수용 시설로 나눌 수 있다. 관개용 시설은 堤堰·洑·溝渠이며, 방수용 시설은 防川과 防潮堤 등이 있다.[11] 구거는 제언과 보로부터 관개를 위해 설치한 도수시설로서 일종의 부속시설로 이해할 수 있다. 『조선지지자료』에서는 구거뿐만 아니라 방천과 방조제에 대한 현황에 대해서는 별도의 항목이 설정되어 있지 않다.

저수시설로 볼 수 있는 것으로 『조선지지자료』의 조사항목에 포함된 것으로는 池가 있다. 池는 자연발생적으로 조성되거나 부분적으로 인공 조성되어 관개기능을 일부 수행하기도 했다.[12] 그러나 수리 혜택의 범위

---

10) 신종원, 「필사본 ≪朝鮮地誌資料≫ 解題 - 강원도를 중심으로」 『강원도 땅이름의 참모습 - ≪朝鮮地誌資料≫ 江原道篇 -』, 경인문화사, 2007, 2~3쪽.
11) 李光麟, 『李朝水利史研究,』, 韓國研究圖書館, 1961, 30쪽.
    이러한 수리기술은 하천표류수를 활용하는 地表水開發에 해당한다(權純國, 「農業用水開發」 『韓國農業技術史』, 한국농업기술사편찬위원회, 1983, 96쪽).

가 제한적이고 관개를 위한 부수 시설이 미
비하였으며, 조경의 기능도 겸하고 있었
다.13) 대표적인 사례로 수원 安寧面의 坤申
池는 정조 13년(1789) 隆陵遷封때 국고금으
로 조성되었는데, 이는 풍수와 조경이 고려
된 것으로 평가되고 있다. 이 외에 池로 파
악된 사례로는 연천군의 蛤淵, 葛馬沼, 才
硯瀑이 확인되며, 통진군의 龍潭과 양지군
의 蓮塘도 못으로 언급되었다. 이들은 자연
적 沼池와 저습지를 이용하여 관개한 사례
로 볼 수 있으며, 벼농사에 직접 활용하는
데 제한이 따랐다.14)『조선지지자료』에서는

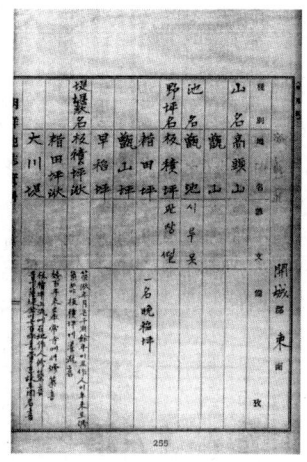

〈그림 1〉『조선지지자료』의
洑·堤堰 표기 사례

보·제언과 池는 구분하여 파악하고 있다. 또한 제언과 관련성이 있는 池
의 경우는 제언으로 파악하여 기재하고 있다. 음죽군 下栗面의 淸沿池는
천연제언으로 파악하면서 이를 제언으로 기재했다. 池가 지니고 있는 관
개시설의 제한성과 더불어『조선지지자료』의 항목별 조사 특성상 '種別'
에 '池名'으로 파악된 사항은 관개시설 현황에서 제외하였다.15)

  『조선지지자료』에 기재된 보와 제언을 중심으로 경기도의 수리시설
을 파악할 수 있다. 다만 이들 수리시설에 대한 조사방식과 관련하여 조

---

12) 제천의 義林池, 상주의 恭儉池 등이 대표적이다.
13) 정동오,「韓國庭園의 池塘形態 및 構成에 對하여」『韓國造景學會誌』 6-1,
    1978.
14) 金賢熙·崔基燁,「韓國傳統灌漑施設의 類型과 立地特性」『應用他理』, 誠信
    女子大學校 韓國他理研究所, 1990, 87쪽.
15) 각 군현별 池名으로 파악된 池·沼·淵의 현황은 다음과 같다.

군현	수	군현	수	군현	수	군현	수	군현	수	군현	수	군현	수	군현	수	군현	수
삭녕	17	양평	10	파주	5	수원	4	용인	3	통천	3	양지	2	영평	2	이천	1
연천	10	개성	9	광주	5	풍덕	4	고양	3	안성	3	마전	2	교하	2	안산	1
여주	10	진위	5	장단	4	강화	4	인천	3	시흥	3	부평	2	적성	1	합계	118

사항목에 기록된 수리시설의 명칭은 다양한 양상을 보이고 있다.

수리시설에 대한 파악은 種別에 '堤堰名', '洑名', '堤堰洑名'으로 구분하여 기재하였다.16) 기록의 사례는 <그림 1>과 같다.

종별에 있어 보와 제언의 구분 양상은 혼재되어 나타나고 있다. 먼저, 보와 제언으로 분명히 구분하여 기록한 사례로는 안성군 晩谷面이 있다. 만곡면의 경우 洑名에 南山洑와 新洑를 소개하고 이어서 堤堰名에 小逸堤堰, 蓮花堤堰, 南月堤堰을 구분하여 수록하였다.17) 이러한 사례는 죽산, 수원, 부평, 삭녕, 고양, 포천, 장단, 진위, 시흥 등이 대표적이다.

그리고 堤堰洑名으로 보와 제언을 일괄적으로 파악한 사례가 있다. 연천, 적성, 마전, 김포, 여주, 개성, 강화, 이천, 양평 등이다. 음죽, 광주, 인천은 '제언보명'으로 제언과 보를 통합하여 파악하거나 '제언명', '보명'으로 종별을 구분하여 기록함으로서 기재 양상이 혼재되고 있다.

제언과 보를 일괄 구분한 것에 대해 제언과 보가 결합되어 그 기능이 융합된 양상을 반영하는 것으로 볼 수 있다.18) 즉, 보로 부터 관수로를 통해 제언에 저수한 후 이를 이용하는 사례가 보고된 바 있다. 그러나 '제언보명'으로 기재하면서도 내용에서 보와 제언의 이름을 분명히 구분하고 있는 점으로 보아 그 관련성은 낮다고 볼 수 있다.

'洑'와 '堤', 그리고 '堰'은 각기 성격을 달리하는 것으로 그 기능을 구분하고 있었다. '보'는 평야지역에 있으면서 물을 끌어 들이는 시설이었으며, '제'는 산곡에서 물을 저수하는 기능이었다. 그리고 '언'은 바다 인근의 해수를 방지하는 시설로 지적되었다.19) 『조선지지자료』에는 종

---

16) 陰竹郡 上栗面은 種別 명기 없이 '陽牙堤, 漢城洑'로 수록되었다.

17) 德谷面과 辰頭面, 東里面도 같은 사례이다.

18) 金賢熙·崔基燁, 「韓國 傳統灌漑施設의 類型과 立地特性」『應用地理』, 誠信女子大學校 韓國地理研究所, 1990 ; 정치영, 「'여지도서'를 이용한 조선후기 제언의 지역적 특성연구」『대한지리학회지』43-4, 대한지리학회, 2008, 82~83쪽.

19) 『正祖實錄』 50, 正祖22年 11月 己丑.

별에 제와 언을 구분하지 않고 제언으로 일괄 파악하였다.

안성군 松竹面은 '제'와 '언'의 구분 없이 제언으로 일괄 파악한 반면 그 명칭을 통해 이들에 대한 구분을 시도하였다. 수원군은 祝萬堤, 萬石渠堤, 萬年堤 등을 '제'로 구분하였다. 명칭을 통해 '堰'으로 구분한 사례로는 강화군 長嶺面의 赤兆堰과 玉浦堰 등이 있다. 강화군의 경우 제언에 대해 모두 '언'의 지명으로 종결되었다.[20] 내륙의 경우 죽산 근삼면의 寒沼堰, 안산 대월면의 烏嘴堰 등이 있다.

보와 제언의 이름 중에 '洑', '垌'으로 표기된 사례가 있다. 이들 용어의 문제를 살펴볼 필요가 있다. '洑'는 '湺'와 통용되어 사용되었다. 용인군, 영평군 등의 경우 '湺名'과 '洑名'이 혼재되어 표기되고 있다. 용인군내 읍내면 등 7개면은 湺名으로 종별을 구분하였으며, 水眞面 등 3개면은 洑名으로 파악하였다. '垌'은 제언과 보의 명칭에 모두 등장하면서 혼재되고 있다. 고양 求知道面의 제언으로 枯弟垌, 花水垌, 內谷垌이 있다. 같은 군의 松山面의 洑名에는 6개의 垌이 수록되어 있다.

'防築'도 보와 제언의 명칭에 모두 사용되었다. 안성 加洞面의 農村防築[밭하듸방축]은 제언으로 구분하였다. 포천은 제언과 보를 구분하여 명기하면서도 방축을 제언으로 분류하였다. 부평군 毛月串面의 堤堰名에는 '新防築'이 수록되었다. 제언명을 방축으로 표기된 사례가 일반적임에도 부분적으로 보를 지칭하는 경우도 있다. 죽산군 近三面에는 '보명'으로 '金寺防築'이 기재되어 있다. 통진군 반이촌면은 '長浦防築洑'가 방축보로 언급되어 있다. 이상의 사례에서 보듯이 방축, 垌의 경우는 보

---

20) 『여지도서』를 분석한 정치영의 연구에 의하면 '제'는 하삼도 등 남부지방에 많이 사용되었으며, '제언'은 전국적으로 고루 사용되었다고 한다. 그리고 '언'은 저수지를 의미하는 포괄적 용어로서 해안과 내륙에서 두루 사용되었다. 그리고 '보', '천방', '천방보'는 모두 보를 의미한다고 파악했다(정치영, 「'여지도서'를 이용한 조선후기 제언의 지역적 특성연구」『대한지리학회지』 43-4, 대한지리학회, 2008, 624쪽).

와 제언의 시설물 일부를 지칭하는 용어가 보와 제언을 상징하는 명칭
으로 사용되면서 『조선지지자료』에 조사 및 수록되었다고 하겠다.

보와 제언의 소재지에 대한 지명표기 문제가 있다. 이들 수리시설은
일반적으로 동리를 단위로 표기되고 있다. 다만 소재 동리를 표기한 사
례와 밝히지 않은 사례가 혼재되면서 부분적으로 坪이 소재지로 나타나
기도 한다. 안성군 加士面의 茅蒼洑와 加坪洑는 각각 龍頭坪과 加峴坪
에 소재하고 있었다.21) 지명표기가 정확하지 않은 사례도 있다. 수원군
安寧面 細藍洑는 안녕면 부근에 소재하고 있다고 밝히고 있다. 강화군
長嶺面에는 堰 2개소와 洑 3개소가 파악되었는데, 이들 중 造山洑·靑石
橋洑와 玉浦堰은 각각 2-3개 동에 걸쳐서 소재한 것으로 명기되었다.

보와 제언의 위치를 표기 하지 않은 사례가 있다. 양지 古北面 濠洲洑
와 九夜味洑는 비고란에 동리표기가 없다. 장단군 古南面은 '長佐洞堤堰'
으로만 표기되어 있고 위치에 대한 기록은 없다. 뿐만 아니라 개성의 上
南面은 보 3개소의 명칭만 기재되어 있고 '諺文' 및 '備考'가 전혀 공란
으로 남아 있어 소재지를 알 수 없다. 동일 군현의 경우에 있어서도 죽산
군은 서삼면의 漁隱洑 등 소재 동리에 대해 적지 않았으나, 그 외의 다른
면은 소재동리를 명기하고 있어 소재지 표기에 있어 차이를 보이고 있다.

수리시설에 대한 기록은 일반적으로 面別로 정리하였다. 면 전체의
보와 제언의 현황을 열기하고 그 소재 동리를 부기했다. 그러나 영평군
은 二東面내의 洞里別로 '種別'에 대한 파악을 실시하고 있어 차이가 있
다. 즉 이동면내 鷲谷里, 場岩里, 都坪里, 鷹岩里, 蘆谷里, 狼踰里 6개 동
리를 기준으로 각 '종별'을 반복적으로 기재했다.22) 한편, 포천군은 종별
을 기준으로 수리시설의 각 면과 동리별 분포현황을 정리했다. 제언 4개
소와 보 42개소를 보와 제언으로 먼저 구분한 다음 이들의 명칭과 소재

---

21) 安城郡 晩谷面의 南山洑와 新洑도 酒店坪, 幕防坪으로 표기되었다.
22) 長湍郡내의 中西面과 松南面의 사례도 이에 속한다.

지를 열기하였다.

지명에 대해 일반적으로 한자로 기록하고 '諺文'을 병기하고자 하였으나 언문표기가 누락된 사례가 있다. 죽산군 소재 44개의 보와 제언 중 17개소에 대해서만 '언문'을 병기했다. 한자 지명에 대한 기록이 없고 諺文으로만 기록된 사례도 있다. 통진군 桑串面의 경우 13개의 보가 조사되었으며, 이들 중 何無時洑, 吾羅里洑, 中洑 3개에 대해서는 한자 지명만 기재하고 '언문'은 공란이다.

동리 명칭에 '보', '제언', '방축'이 들어간 사례가 있다. 안성군 于谷面 '謁天坪堤堰'은 洑里에 소재하고 있다. 德谷面 '蓮花堤堰'은 防築洞에 소재하고 있다. 이들은 수리시설의 치폐과정에서 폐지된 보와 제언의 명칭이 지명으로 굳어졌을 가능성이 높다. 따라서 현재 수리시설이 파악되지 않음에도 지명에 방축, 보, 제·언의 잔재가 남아 있는 경우는 과거 수리시설이 존재했을 가능성이 높다. 다만 본 연구에서는 이들 지명과의 연관성 여부에 대해서는 논외로 하였다.

『조선지지자료』의 종별 파악 양식 및 지명표기 등과 관련해서 살펴본 바와 같이 자료 기술 방식과 내용기재의 일관성에 많은 제한이 있어 완결성을 갖춘 자료로 보기에는 제약이 있다. 조사 지역에 있어 경기도 부평군의 경우 15개면 중 지명조사가 안 된 곳이 21%나 되고 있어 본 자료의 불완전성을 방증하고 있다.23) 뿐만 아니라 현존하는 자료가 완질이 아니라 결락본이다. 현재 국립중앙도서관에 소장된 『조선지지자료』는 54책으로, 이들 중 함경도편은 없으며, 전라북도의 경우는 咸悅, 金堤, 益山, 長水의 4개 군현만 현전하고 있다. 경기도의 경우 楊州가 누락된24) 36개 군에 대한 현황이 조사되었다.

---

23) 임용기, 「'조선지지자료'와 부평의 지명」『기전문화연구』24, 1995, 183쪽.
24) 허원영, 「'朝鮮地誌資料-京畿道篇'을 통해 본 酒幕의 분포와 성격」, 『필사본 '조선지지자료'의 자료가치 및 활용을 위한 학술회의』, 한국학중앙연구원·경기문화재단, 2008, 49쪽.

개별 내용에 대한 파악에도 조사의 심도와 수준에 차이를 보이고 있다. 『조선지지자료』는 各郡이 동시다발적으로 조사에 착수하였음에도 기재방식이나 순서가 통일되어 있지 않으며 부분적인 錯簡도 확인되고 있다.[25] 본 자료가 이상과 같이 조사 및 정리 상의 오류를 지니고 있음에도 불구하고 1911년 당시까지 간행된 어떠한 지명 사전이나 자료집보다 내용이 풍부하다. 1900년대 초기 전국을 대상으로 실시한 지명조사 자료는 본 자료밖에 없다.[26] 따라서 이 시기 경기지역의 수리시설 분포에 대한 검토를 바탕으로 전국적인 현황과 성격을 검토할 여지를 열어 둘 수 있다.

3. 수리시설의 입지와 지역적 분포

1) 경기도 일대 수리시설의 분포

『조선지지자료』는 1911년을 전후한 시기 전국의 수리시설 현황을 반영하고 있다. 경기도 수리시설의 현황을 검토하기에 앞서 조선 후기에서 구한말까지의 수리정책과 수리시설의 추이를 먼저 살펴볼 필요성이 있다. 이를 바탕으로 1911년경의 수리시설의 성격을 파악 할 수 있을 것이다.

조선후기 보와 제언은 기술상의 제약으로 인해 지속적인 관리가 이루어 지지 못함에 따라 수재에 쉽게 유실되었다. 뿐만 아니라 제언은 전답으로 개간되어 그 기능을 상실하는 사례가 빈번하였다.[27] 보와 제언 수축에 있어 기술적인 제약의 측면을 고려하면서도 수리 시설의 신축과 보수의 지속적인 움직임과 관련한 단상을 『조선지지자료』를 통해 검토

---

25) 신종원, 「필사본 ≪朝鮮地誌資料≫ 解題-강원도를 중심으로-」『강원도 땅이름의 참모습-≪朝鮮地誌資料≫ 江原道篇-』, 경인문화사, 2007, 10쪽.
26) 신종원, 「필사본 ≪朝鮮地誌資料≫-강원도를 중심으로」『강원도 땅이름의 참모습-≪朝鮮地誌資料≫ 江原道篇-』, 경인문화사, 2007, 18쪽.
27) 李光麟, 『李朝水利史研究』, 韓國研究圖書館, 1961, 139~143쪽.

할 수 있다.

『조선지지자료』의 수리시설 현황은 일제강점기 수리조합 결성 이전의 보와 제언의 수축 및 관리의 현황을 담고 있다.[28] 조선시대의 수리시설은 수축과 훼손을 거듭하면서 그 위치와 운영방식이 자주 변화하였다. 홍수 등으로 강의 유역이 변경되거나 보와 제언이 훼손되는 사례가 빈번하였 다.[29] 지명 중 '防築里'가 산재하고 있음은 이를 단적으로 보여주고 있다.

조선총독부에 의해 수리조합정책이 추진된 것은 크게 5시기로 구분 할 수 있다. 그 중 제1기가 1906~1919년이며, 『조선지지자료』는 1911년 에 작성되면서 수리조합정책의 배경과 관련이 있다.

조선총독부의 제1기 수리조합정책은 1906년 통감부의 지도하에 「水利組合條例」를 제정하였으며, 1909년 「堤堰 및 洑의 修築에 관한 통첩」 을 바탕으로 기존의 보와 제언에 대한 수축사업을 추진하였다. 일제강점 이후 1917년에는 「朝鮮水利組合令」을 제정하고 수리조합사업에 의한 토지개량사업을 목적으로 제도정비를 도모하였다. 그러나 이 시기 재정 적 지원과 시행주체에 대한 정비 미비 등의 이유로 큰 성과를 이룩하지 못했으며, 수리조합연구에 의하면 경기도의 경우 1908~1917년 사이 단 한곳의 수리조합이 창설되지 못한 것으로 밝혀졌다.[30] 결국 본 자료는

---

28) 이들 시설의 축조 방식에 대해서는 아래논고 참고
   權純國, 「農業用水開發」『韓國農業技術史』, 한국농업기술사편찬위원회, 1983 ; 이남식, 「취락의 공유산과 수리공동체의 기능」『安東文化』 10, 안동 대학교 안동문화연구소, 1989 ; 배영동, 앞의 글.
29) 1893년 조선을 정탐한 本間久介가 남긴 『朝鮮雜記』에 의하면 조선 사람은 인공적으로 나쁜 지세를 이용할 줄 몰라 堤防이 발달하지 못했다고 지적하 였다(혼마 규스케·최혜주 역주, 『일본인의 조선정탐록 朝鮮雜記』, 김영사, 2008. 142쪽).
30) 이영훈 등, 『近代朝鮮水利組合研究』, 一潮閣, 1992, 4~5쪽.
   경기도의 수리조합은 1919년 5월 22일 설립된 수원의 麗華가 최초였다(京畿道, 『京畿道勢槪要』, 1936, 456~457쪽).

1911년을 전후한 시기의 보와 제언의 현황을 담고 있어 구한말과 일제 강점기의 전환에 앞선 수리시설의 현황을 파악하기에 용이하다.

조선후기에서 1911년에 이르는 시기 경기도 지역의 제언과 보의 현황과 그 추이를 검토한다. 조선후기, 특히 영조·정조 이래 수리시설에 대한 강조가 이루어짐에 따라 이들에 대한 수축과 관리가 중요시 되었다.[31] 18세기 이래 제언에 대해서는 전국적인 현황파악이 계속되었다. 경기도지역의 제언에 대한 현황과 그 추이를 정리하면 <표 1>과 같다.

『여지도서』는 1757~1765년 경 작성되었다.[32] 최근의 연구에 의하면 환곡의 현황을 1759년을 기준을 반영하고 있는 것으로 파악되어[33] 이 시기를 전후하여 제언의 현황도 조사되었다고 볼 수 있다. <표 1>에서 『여지도서』의 제언 현황은 1759년을 기준연도로 설정하였다.[34]

〈표 1〉 조선후기 경기도 제언의 분포추이[35]

군명	1759	1782	1808	1848	1864	1909	1911	군명	1759	1782	1808	1848	1864	1909	1911
加平	1	1		1	1	1	0	陽智	25	5		5	5	2	0
江華	11	-	32	-	32	11	11	陽川	-	3		3	3	3	0
開城	-	-		-	22	0	3	楊平**	6	5		5	6	4	3
高陽	-	1		1	1	0	8	驪州	18	19		13	20	0	0
果川	15*	15*		9	0	9	9	連天	0	-		-	0	0	0
廣州	11	11	10	-	10	3	6	永平	0	-		-	5	1	0
喬洞	2	2		2	2	2	3	龍仁	5	5		5	5	0	0
交河	4	4		3	4	2	0	陰竹	25	30		13	0	0	13
金浦	-	3		3	0	0	0	利川	27	25		25	29	1	14

31) 문중양, 『조선후기 水利學과 水利담론』, 집문당, 2000, 144~154쪽.
32) 崔永禧, 「解說」『輿地圖書』, 國史編纂委員會, 1973, 4쪽.
33) 문용식, 「輿地圖書를 통해 본 18세기 조선의 환곡 운영 실태」『한국사학보』, 고려사학회, 2006, 502~503쪽.
34) 『여지도서』의 조사항목 중 堤堰으로 파악된 '池'가 있다. 이는 제언의 기능을 수행하고 있는 것으로 판단하고 <표 1>의 작성에 있어 제언의 현황에 포함하였다. 다만 洑로 명기된 사례와 제언 중 폐기된 경우는 전체 현황에서 제외하였다.

南陽	2	1		-	20	2	0	仁川	14	13		14	13	12	20
麻田	6	6		4	1	1	0	長湍	16	19		19	20	24	5
富平	5	3		2	5	3	2	積城	-	4		4	0	1	1
朔寧	1	1		1	1	1	1	竹山	14	12		13	13	0	2
水原	-	22	17	-	20	2	4	振威	6	2		3	7	5	3
詩興	-	-		4	6	4	4	通津	1	1		1	1	0	0
案山	1	2		1	2	10	1	坡州	-	1		1	2	2	1
安城	-	20		20	21	15	20	抱川	4	5		4	-	4	4
陽城	10	10		-	12	3	0	豊德	15	13		-	-	4	1
楊洲	6	6		6	0	0	-	합계	251	270	295	194	289	132	139

<범례>　* '0'은 제언이 없으며, '-'=파악이 누락된 것이다.
* 1808년의 경우에는 강화와 광주, 수원의 제언수만 밝히고 경기지역
　전체의 제언을 295개소라고 명기하였다.(『만기요람』)
* 과천에는 금천이 포함되었다.
* 양평에는 양근과 지평이 포함되었다.

　『만기요람』에는 1808년경의 경기도 제언현황과 더불어 폐기된 제언
상황을 적고 있다. 폐기된 제언의 수는 제외하였다.36) 한편, 1848년에 작
성된 『경기각읍제언도결성책』에는 폐지된 제언을 비롯하여 作畓, 懸頉
도 함께 파악되었다.37) 1909년에 작성된 『제언조사서』에는 제언과 제,
언을 구분함은 물론 방축, 渠, 池, 澤, 沼 등 폭넓은 조사내용이 수록되었
으나 제언의 현황만 참고하였다.
　시기별 제언의 추이는 18세기 증가세에 이은 19세기 이후 지속적인

---

35) 1759년-『輿地圖書』, 1782년-『增補文獻備考』 146卷 田賦考 堤堰·『度支志』
　田制部 堤堰條, 1808년-『萬機要覽』 財用編 堤堰, 1848년-『京畿各邑堤堰都
　結成冊』, 1864년-『大東地志』, 1909년-『堤堰調査書』, 1911년-『조선지지자료』.
　한편, 본 표는 군현의 행정구획변경 사항을 면밀하게 반영한 것이 아니라
　각 자료별 표기된 군현명칭의 현황을 기준으로 작성되었음을 밝혀둔다.
36) 『만기요람』 堤堰條에는 수원, 광주, 강화와 별개로 경기도의 제언현황을 적
　고 있다. 경기도 전체 堰은 245개소 중 9개소가 폐지되었다. 수원은 제언수
　24개소 중 7곳이 폐지되었으며, 광주의 경우 13개소 중 3개소가 폐지되었다.
37) "<부록 1> 『京畿各邑堤堰都結成冊』(1848(헌종 14)) 중 제언현황" 참고.

감소세로 정리될 수 있다. 조선 초기 이래 보를 중심으로 한 적극적인
수리시설의 확보 노력 결과 소기의 성과를 달성했으나 양난이후 규모가
크게 축소되었다. 18세기에는 『제언절목』 등을 반포하여 정책적으로 제
언에 대한 수축을 강조하면서 수리시설이 개발되기 시작했다.[38] 이 시기
에는 제언이 山谷에 개발되던 한계에서 벗어나 하천유역에까지 축조범
위가 확대되기 시작했다.[39] 이러한 제언의 개발은 19세기 초에 절정에
달했다. 19세기 초 295개 처에 이르는 제언의 현황은 영조·정조조의 적
극적인 제언개발 정책의 영향으로 파악된다.

　　19세기 중엽 1848년 조사된 233개의 제언 중 廢棄, 作畓, 懸頉의 사
유로 본연의 기능을 상실한 사례가 39건에 이르는데, 이를 제외할 경우
194개소의 제언만이 그 기능을 유지하고 있었다. 1864년의 『대동지지』
에서는 경기도의 제언이 289개소로 증가되었다. 『대동지지』는 비록 사
찬읍지이지만 당대의 관찬읍지를 참고로 함과 동시에 여러 사찬자료의
내용을 종합하여 정리한 기록으로 볼 수 있다. 따라서 19세기 후반 국가
주도의 수리정책이 약화됨에도 불구하고 향촌 자치조직에 의한 활발한
수리시설 증축 움임임이 있었다고 하겠다. 이 후, 1909년 132개소로 급
감한 이후 이러한 현상은 1911년까지 이어졌다.[40]

---

38) 정조조의 제언관련 정책을 담고 있는 것으로 堤堰節目(『備邊司謄錄』正祖 2
　　年 正月13日)이 대표적이다. 수리와 관련한 관심은 『林園經濟志』(本利志,
　　水利)에 잘 반영되어 있다.
39) 최원규, 「韓國後期水利기구와 經營문제」 『國史館論叢』 39, 국사편찬위원
　　회, 1992, 215쪽.
40) 1919년 경 경기 일부지역의 제언의 현황은 아래와 같다.(朝鮮總督府, 『治水
　　及水利踏査書』, 1919, 396~397쪽·458쪽.)

군	제언	군	제언	군	제언	군	제언	군	제언	군	제언	군	제언
개성	4	광주	1	부평	4	양주	8	연천	4	장단	5	포천	12
고양	16	김포	2	안성	1	양평	2	이천	1	파주	1	합계	61

　　1911년의 현황대비 고양, 연천, 포천 지역의 제언 수는 크게 증가했음에 반
해 안성, 이천 지역은 급감했다.

이러한 현상에 대해 1800년대 초에는 산록 경사지를 沓으로 이용하면서 제언축조가 활발했으나 1800년대 후반부터는 산록지 개발이 한계에 이르자 산록지 아닌 다른 곳으로의 개발을 추구하게 된 것이 제언 수 감소로 드러나게 된 것이라는 지적이 있다.[41] 이와는 별도로 이미 언급한 바와 같이 장기적인 추세 속에서도 19세기 중엽의 일시적인 증가 현상에 대해 주목할 필요가 있다. 또한 19세기 후반 제언의 감소현상은 제언 중심의 수리활동이 하천의 지류를 이용한 소규모의 洑 축조로 전환됨에 따라 나타난 것으로도 파악된다.

경기도의 보에 대한 현황과 조사 기록은 제언에 비해 매우 영성하다. 다만 19세기 초의 『만기요람』과 19세기 중엽의 『대동지지』를 통해 하삼도지역에 대한 보의 증감현황을 알 수 있다. 경상도의 경우 19세기 초 보가 1,765개소였으며, 19세기 중엽에는 1,339개소로 감소하였다. 20세기 초 『조선지지자료』에는 3,081개소로 급증했다. 그리고 충청도와 전라도의 경우는 19세기 동안 줄곧 497개소와 164개소의 분포를 나타내다가 『조선지지자료』에 이르러 각각 1,395개소와 989개소로 급증했다.[42] 이러한 경향은 제언 중심의 수리시설이 보로 전환된 경향을 반영한 것이다.

보와 제언을 포함한 수리시설 전체의 현황을 파악하기 위해 『조선지지자료』에 수록된 36개 군현의 보와 제언의 현황을 정리하면 <표 2>와 같다.

이미 언급한 바와 같이 종별을 보와 제언으로 구분한 경우도 있으나 '제언보명'으로 함께 파악한 사례도 있다. 이 경우 보로 분류된 사례는 383

---

41) 金賢熙·崔基燁, 「韓國傳統灌漑施設의 類型과 立地特性」 『應用地利』, 誠信女子大學校 韓國地理研究所, 1990, 91쪽.

42) 『여지도서』 堤堰條에 기록된 전국 제언의 수는 3,171개이며, 이들 중 경상도가 1,242개로 가장 많다. 그리고 전라도 857개소, 충청도542개소 그리고 경기도가 286개소의 순이었다. 함경도가 29개소 가장 적었다.(정치영, 앞의 글, 627쪽) 한편, 『탁지지』에는 제언이 삼남지방에 집중분포하고 있음을 지적하면서 임란이후 활발한 농업생산력 증대노력이 있었음을 암시하였다.(『度支志』 田制部 堤堰) 이는 보와 관련해서도 시사하는 바가 크다.

건이며, 제언은 78건이다. 그리고 堤堰洑로 일괄 파악된 사례가 302건에
이르고 있다. '제언보'로 분류된 경우 '地名'에 언급된 보와 제언의 명칭을
기준으로 성격을 구분 할 수 있다. 이상의 기준에 따라 파악된 경기도의
보는 624개소이며, 제언은 139개소로 전체 수리시설은 모두 763개소이다.

<표 2> 경기도내 보와 제언의 분포 현황(가나다순)

군명	洑	堤堰	소계	군명	洑	堤堰	소계	군명	洑	堤堰	소계
加平	-	-	0	水原	5	4	9	利川	37	14	51
江華	15	11	26	始興	6	4	10	仁川	5	20	25
開城	13	3	16	安山	-	1	1	長湍	11	5	16
高陽	17	8	25	安城	26	20	46	積城	3	1	4
果川	21	9	30	陽城	6	-	6	竹山	42	2	44
廣州	36	6	42	陽智	27	-	27	振威	10	3	13
喬洞	-	3	3	陽川	-	-	0	通津	44	-	44
交河	4	-	4	楊平	51	3	54	坡州	16	1	17
金浦	10	-	10	驪州	49	-	49	抱川	42	4	46
南陽	-	-	0	漣川	7	-	7	豊德	23	1	24
麻田	3	-	3	永平	25	-	25	합계	624	139	763
富平	8	2	10	龍仁	40	-	40	총합 : 763			
朔寧	6	1	7	陰竹	16	13	29				

　　자료조사지역에서 누락된 양주지역을 제외하고 군현별 수리시설의
현황에 있어 가평, 남양, 양천은 보와 제언이 전혀 분포하지 않는 것으로
나타난다. 반면 수리시설이 가장 많은 곳은 양평으로 모두 54개소가 산
재해 있다. 이 외에도 이천이 51개소이며, 40개소가 넘는 지역으로 여주,
안성, 포천, 죽산, 통진, 광주, 용인을 꼽을 수 있다.
　　군현별 보의 분포에 있어 가장 많은 보를 보유한 곳은 51개소가 조사
된 양평이다. 그 외에도 여주 49개소를 비롯하여 광주, 통진, 포천, 죽산,
용인, 이천이 30개소 이상의 보가 확인된다. 제언은 인천과 안성이 각각
20개소로 가장 많다. 10개소 이상의 제언이 분포하는 군현은 이천, 음죽,

강화이다. 한편, 보와 제언의 비율이 가장 균형적인 군현은 안성으로 보 26개소와 제언 20개소이다. 이들 군현은 대체로 평야가 발달한 지대이다.

군현별 수리시설의 전체현황에 이어 시기별 각 면, 동리별 분포와 입지 특징에 대해 검토할 필요가 있다.[43] 제언의 명칭과 더불어 소재지에 대한 파악이 가능한 자료는 『여지도서』, 『경기각읍제언도결성책』, 『제언조사서』, 『조선지지자료』이다. 양성현의 사례를 통해 제언의 증감경향과 그 계승관계의 단면을 살필 수 있다. 『여지도서』 양성현 堤堰條에는 '邑內堤, 松五里堤堰, 德山堤堰, 九千里堤堰, 孔梯堤堰, 九龍洞堤堰, 盤谷白也里堤堰, 小六月堤堰, 都率項堤堰, 元堂堤堰, 所古尼堤堰' 등 11개소의 제언이 확인된다. 『경기각읍제언도결성책』에는 이들 11개소가 모두 확인되고 있음에도 불구하고 盤谷과 元堂은 廢棄된 것으로 파악되어 당시 이용되는 제언은 9개소였다. 『제언조사서』에서 덕산, 공제, 구천리 3개소가 확인된 후 『조선지지자료』에서는 이들의 제언현황이 파악되지 않았다. 본 추이는 제언의 명칭 유사성을 기준으로 파악한 사례이며, 소재 위치에 대한 연결성에 대한 확인에는 많은 제약이 있다.

2) 권역별 분포의 현황

경기도의 지리적 특징은 동쪽이 높고 서쪽이 낮으며, 평야는 한강·임진강·안성천 등 주요 하천과 그 지류에 형성되어 있다. 대표적인 평야로는 한강 하류의 김포평야, 임진강 하류의 문산평야, 안성천의 평택평야이다. 경기도 대부분의 지역이 한강 유역에 속하며 임진강과 안성천 유역은 그리 넓지 않다.[44] 이들 지역을 한강, 임진강, 안성천 수계로 구분

---

43) 홍금수는 18~20세기 교하지역의 토지현황과 수리시설의 거시적 추이에 대해 검토한 바 있다(홍금수, 「18-20세기 交河地域의 土地利用」 『문화역사지리』 13, 문화역사지리학회, 2001, 48~53쪽).
44) 權赫在, 『韓國地理』, 法文社, 1995.

하여 파악이 가능하다.

경기도내 수리시설의 분포는 강의 흐름과 관련해서 살펴 볼 수 있다. 강의 수역에 포함되지 않은 사례의 경우 해안이나 도서지역도 별도로 구분하였다. 군현별 권역의 구성현황을 정리하면 <표 3>과 같다.

<표 3> 경기도내 水系에 따른 지역구분[45]

구 분	군 현	비 고
임진강 유역	▪ 풍덕, 개성, 장단, 파주, 적성, 마전, 연천, 삭녕, 포천, 영평(10개 군현)	양주 조사 누락
한강 유역	▪ 통진, 김포, 교하, 고양, 양주, 가평, 영평, 양천, 부평, 시흥, 과천, 광주, 용인, 양지, 이천, 죽산, 음죽, 여주 (18개 군현)	양주는 임 진강수계 와 접경
안성·진위 천 유역	▪ 수원, 진위, 양성, 안성(4개 군현)	
도서 및 해안	▪ 강화, 교동, 인천, 안산, 남양(5개 군현)	

수계에 따른 군현의 분포 현황은 행정구역의 변화가 빈번함에 따라 정확한 구획의 획정이 용이하지 않고, 수계의 특성상 여러 군현을 관류하고 있는 점도 고려하여야 한다. 그러나 행정구획도 산지, 하천 등을 고려하여 책정되었으므로 거시적인 측면에서 본 표의 기준을 적용할 수 있다.

『조선지지자료』는 수리시설의 소재지와 관련한 지명정보가 제공되고 있어 지도를 활용한 입체적인 검토가 필수적이다. 이를 위해 본 자료의 간행시기와 인접한 것으로 판단되는 1918년의 1/50,000 지형도를[46] 활

---

45) 경기도박물관에 의해 경기도 3대 하천유역 종합학술조사가 진행되었으며, 본 표는 이를 참고하였다.(경기도박물관, 『임진강』 1, 2001 ; 경기도박물관, 『한강』 1, 2002 ; 경기도박물관, 『안성천』 1, 2003.)

46) 朝鮮總督府 編, 『近世韓國五萬分之一地形圖』, 경인문화사 영인본.
   이 지도는 일제가 국가기본도로 사용하기 위해 1914년부터 1918년 사이에

용하였다. 이를 바탕으로 임진강, 한강, 안성·진위천유역 등의 순으로 분포현황을 검토하겠다.

임진강 수계에 속하는 10개 군현 중 양주는 한강유역과 중첩되는 지역이다. 『조선지지자료』에는 양주지역의 조사 결과가 현전하고 있지 않으므로 전체적인 현황파악에 제한이 있다. 다만 양주의 경우, 1848년(헌종 14)의 『경기각읍제언도결성책』에 6개처의 제언이 조사된데 반해 1909년의 『제언조사서』에는 제언이 한 곳도 파악되지 못하였다. 이로 본다면 1911년에도 1909년의 상황과 큰 변화가 없었을 것으로 추정된다. 다만 이 경우 洑의 문제는 여전히 정확한 현황을 파악 할 수 없다는 제약이 있을 수 있다. 보와 제언의 분포에 있어서 상호 상관성을 고려할 경우 전체적인 현황 파악에 접근 할 수 있겠다.

<그림 2>는 임진강 수계 일대의 수리시설 분포 현황을 나타낸 것이다. 임진강 수계는 풍덕, 개성, 장단, 파주, 적성, 연천, 영평, 포천으로 이어지는 저지대에 평야가 형성되어 있다. 임진강의 동쪽 상류지역에 위치한 포천과 영평은 강의 지류를 따라 보가 폭넓게 분포하면서 4곳 가량의 제언이 확인된다. 포천지역은 서북지역으로 강원도의 산지와 이어지고 있어 상대적으로 지대가 높고 산곡이 발달하였다. 이 지역에서는 부족한 수량의 확보를 위해 제언과 보에 대한 수축 움직임이 활발했을 가능성을 보여준다.

임진강의 북쪽 상류에 위치한 마전, 연천, 삭녕은 평지와 산지가 조화를 이루면서 보와 제언의 분포가 낮게 나타난다. 연천과 마전은 洑만 수축되었으며, 삭녕의 경우도 제언 1곳 외에 6개소의 보가 설치되었다.

임진강의 하류에 속하는 개성, 풍덕, 장단, 파주는 강의 지류를 따라

전국을 1:50,000 축적으로 제작했다.(정치영, 「지명데이터베이스와 조선지지자료의 의의」『필사본 '조선지지자료(朝鮮地誌資料)의 자료가치 및 활용을 위한 학술회의』, 한국학중앙연구원·경기문화재단, 2008, 39쪽.) 본 자료 외에도 『구한말 한반도 지형도』와 『新舊對照 朝鮮全道府郡面里洞名稱一覽』을 상호 비교할 필요가 있다.

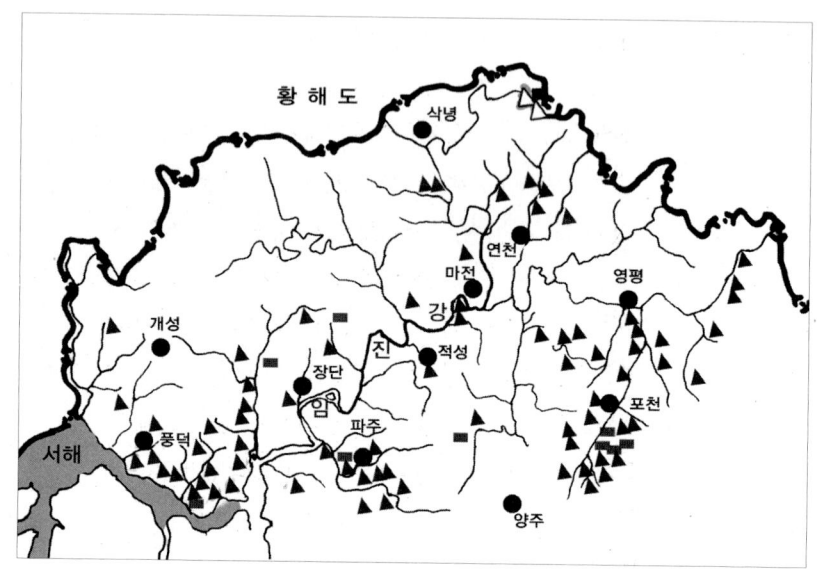

〈그림 2〉 임진강 수계지역의 보와 제언의 분포 현황

• 범례 : ■堤堰, 洑, ●治所(이하 그림 同)

보와 제언이 산재해 있다. 다만 개성군의 경우 이미 언급한 바와 같이 보와 제언의 위치에 대해 소재 동리를 명기하지 않은 사례가 많아 정확한 분포 현황을 알기 어렵다.47) 개성군의 사례와 관련하여 풍덕군 南面의 '광대만제언'에 대해 '古有今無'로 밝히고 있는 것에서 보듯이 이 일대가 잦은 범람으로 인해 보와 제언의 관리가 어려웠던 실태를 간접적으로 보여준다. 또한 이 지역에 '방축리' 등으로 표기된 지명이 다수 발견되고 있는 점도 이를 반영하고 있다고 생각한다.

임진강 유역의 보와 제언의 분포는 강의 상류와 하류로 이원화 되고 있다. 강의 동쪽 상류지역은 비교적 고도가 높은 지역으로 강의 흐름에 따라 보가 집중적으로 분포하고 있는데, 포천의 42개소가 상징적이다.

---

47) 東面 4개소, 青效面 1개소, 上南面 3개소, 江南面 3개소이다. 반면 北西面 1개소는 동리명이 기재되어 있다.

하류는 포천 일대 보다 집중도가 높지는 않으나 문산평야 지대에 보와 제언이 넓게 분포하고 있다.

한강은 강원도, 충청도를 지나 경기도를 관류하고 있으며, 경기도의 한강은 평야지대를 끼고 있다. 한강유역의 군현 중 양주의 수리시설 분포가 특징적으로 높지 않았다는 지적을 고려할 경우 양주 일대 한강중류 북부 지역 경우 수리시설의 분포가 낮았을 것으로 추정된다. 한강유역의 보와 제언의 분포는 한강 하류인 김포일원과 상류인 여주 이천지역(남한강)을 중심으로 하고 있다.

<그림 3>은 한강수계 일대의 수리시설의 분포현황을 도식화 한 것이다. 한강하류에 위치한 김포, 통진, 고양 일대는 하천의 흐름을 중심으로 보를 수축하면서도, 한편으로는 산지가 형성되지 않은 평야인 이유로 제언의 분포가 강과 깊은 관련성을 지니고 있다. 김포평야에 위치한 통진과 김포는 보만 파악되며, 김포는 44개소의 보가 산재해 있다.[48] 한양을 중심으로 한 양천, 부평 등지는 보와 제언의 분포가 미약하다.

경기도의 한강상류 남한강 지역인 양평, 여주, 이천, 음죽, 죽산일대는 도내에서 가장 많은 보와 제언이 분포되어 있다. 이천과 여주는 경기 일원의 대표적인 곡창지대로서 미곡을 중심으로 농업이 이루어진다. 특히 이 일대는 평야지대로서 농업을 위한 수리의 필요성이 높다.

여주군의 동남쪽에서 이천, 음죽, 죽산에 이르는 지대에는 수리시설이 집중적으로 분포하고 있다. 평지와 산간지역을 따라 제언도 높은 비율을 보이고 있다.[49] 이천군 大面은 4개의 堰과 2개의 洑가 있는 것으로 파악되고 있으며, 이들은 모두 丹月川에 산재해 있다. 『조선지지자료』의 기록을 기준으로 단월리는 단일 동리로서는 최다의 제언을 보유하

---

48) 고양은 평야지대의 제언 8개소가 확인된다.
49) 宮嶋博史는 제언을 山谷型과 平地型으로 구분할 수 있으며, 호남지방은 평지형이 많으며 영남지방은 산지형이 우세하다고 지적했다(宮嶋博史, 「李朝後期の農村水利」『東洋史研究』 41(4), 1983, 648~651쪽).

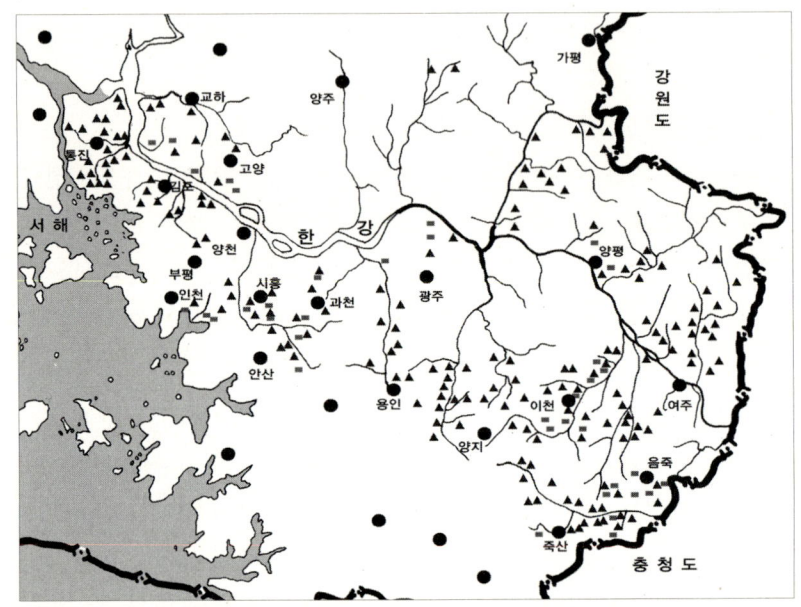

〈그림 3〉 한강 수계지역의 보와 제언의 분포 현황

고 있다.

여주군 동북지역과 양평은 산곡간을 따라 강의 지류에 보가 분포하
고 있다. 양평의 경우 54개소의 보와 제언이 있으며, 『조선지지자료』에
수록된 단일 군현으로는 최대 규모의 수리시설 분포지이다. 단일면에 洑
가 가장 많은 곳은 楊平郡 西宗面으로 8개 동리에 22개가 산재해 있다.
여주 동북지역인 가평과 양평은 강원도 산간지대로 이어지면서 고도가
상승하고 있으며 남한강과 북한강과 인접해 있다. 이에 따라 농업용수의
관리 필요성이 높은 이들 지역에 수리시설의 분포가 집중되었다.

경기도 한강 중류지역의 수리시설로는 광주, 용인, 양지지역에 보가
상대적으로 높게 분포하고 있다. 광주군은 42개의 수리시설 중 都尺面에
20개가 집중 분포하고 있는데 이는 이천과 인접하면서 평야지대가 이어
지는데 따른 결과이다.

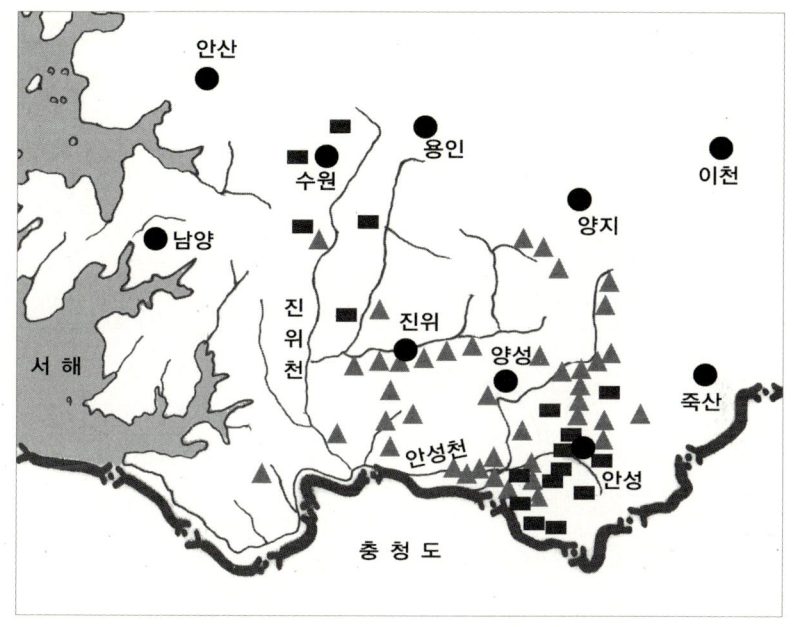

〈그림 4〉 안성·진위천유역의 보와 제언의 분포 현황

안성천과 진위천유역은 한강 및 임진강 유역보다 관개 면적이 넓지
않다. 하천은 아산만에서 안성과 죽산으로 이어지는 안성천 유역과 진위
와 수원으로 이어지는 진위천유역으로 구분된다. 이 일대는 이천과 잇대
어 있으면서 음죽, 안성, 죽산 지방에 충적평가가 넓게 발달하여 일찍이
제언이 축조되어 水利安全畓으로서 이앙농법이 일찍 보급되면서 수도작
지대를 이루었다.50)

안성은 16개면에 걸쳐 45개의 보와 제언이 분포하고 있다. <그림 4>
는 안성·진위천유역의 수리시설 분포 현황이다. 다른 군현은 보를 중심
으로 한 수축과 관리가 중심인데 반해 안성은 보와 제언의 비율에 편차
가 크지 않다. 보가 26개소에 제언이 20개소이다. 진위군은 10개면에 걸
쳐 1-2개의 보와 제언이 골고루 분포하고 있다. 이러한 경향은 수원군도

---

50) 최홍규, 『朝鮮後期 鄕村社會硏究』, 一潮閣, 2001, 177쪽.

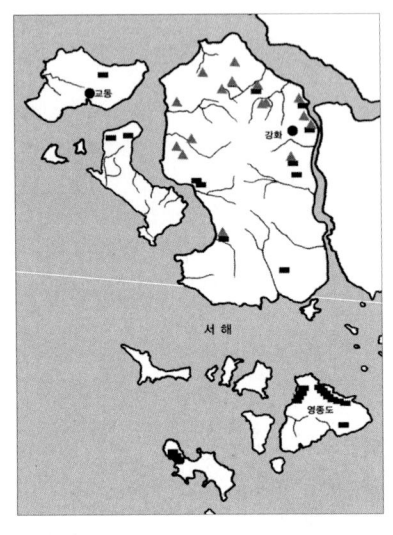

〈그림 5〉 江華, 喬桐, 永宗의 사례

유사하다. 수원군은 9개면에 9개의 보와 제언이 분포하고 있다. 수원은 비록 수리시설의 수는 적으나 그 구성에 있어 보와 제언의 비율이 대등하다. 안성천 상류의 안성에 집중적으로 보와 제언이 분포함에 비해 진위에서 수원으로 이어지는 진위천유역은 수리시설이 비율이 높지 않다.

도서 및 해안지역으로는 강화와 인천지역에 수리시설이 많이 분포하고 있다. 강화 교동의 경우 조류를 막기 위한 방조제가 있으나,[51] 그 외의 해안가에 방조제에 대한 언급은 찾을 수 없다.

<그림 5>에서 강화도는 섬의 남부를 제외한 해안지역에 보와 제언을 집중적으로 수축하였는데, 이는 이 지역에 평야가 발달하고 있었기 때문이다.[52] 강화군 북동부 지역은 작은 하천이 발달하지 않음에 따라 제언과 보가 집중적으로 수축되었다. 강화도의 경우 일찍이 농업수리 지원의 결과[53] 하천이 발달하지 않은 해안 지역에 제언과 보가 복합적으로 수축될 수 있었다.

인천일대에는 보 5개소와 제언 20개소가 분포하고 있는데 이는 이 시기 해안지역 일대의 수리 및 간척과 관련이 깊다고 볼 수 있다.[54] 안산은 大月面에 烏嘴堰만 조사되었다. 뿐만 아니라 南陽郡은 단 1곳의 수

---

51) 仁川府 永宗面 일대에는 16개의 堤堰[방축]이 산재해있다.
52) 강화도는 제언이 11개소이고 보가 15개소서 제언의 비중이 높다.
53) 강화도는 고려 말 이후 지속적인 간척개발이 이루어진 결과 해안지대의 많은 농지를 확보할 수 있었다(농림부·농업기반공사, 앞의 책, 170~171쪽).
54) "<부록 2> 경기도내 수계에 따른 보와 제언의 분포"참고.

리시설도 파악되지 못하였다. 이들 지역은 지대가 낮고 해안과 인접하고
있었다.

경기도내의 수리시설은 강의 상류와 하류를 중심으로 한 평야지대에
분포하고 있다. 지역적으로는 남동쪽의 여주 이천일대와 북서쪽의 통진,
풍덕지역에서 수리시설이 발달하였다.[55]

4. 修築의 배경과 관리운영

1) 수축의 시기

『조선지지자료』에 수록된 763개에 이르는 보와 제언이 모두 수축과
기공의 시기에 대해 언급된 것은 아니다. 조사지역과 조사자에 따라 지
역별로 수리시설의 수축과 관련한 내용의 편차가 심하다. 洑는 일반적으
로 매년 수리와 축성을 통해 관리가 이루어 졌다. 시흥군 동면의 觀音洑
는 '매년 人民이 공동으로 축성함'이라고 밝히고 있으며, 같은 군의 4개
의 보에 대해서도 지속적인 관리가 언급되었다.

보와 제언의 수축시기를 『조선지지자료』에 언급된 기록을 바탕으로
파악하기 위해 관련 내용을 분류했다. 수축 연도에 대한 언급이 없는 경
우는 사례에서 제외하였으며, 시기를 알 수 없다고 명기한 사례에 대해서
는 미상으로 구분 하였다. 마전군 何新面 發岳洑는 '由來不明'으로 밝히
고 있다. 인천부 田反面의 召橋堰과 茂芝川堰은 '수축 연대는 오래되었으
나 정확한 시기는 미상'이다. 이상의 경우는 모두 '미상'으로 분류했다.

연도를 추상적으로 파악한 사례가 있다. 부평군 黃魚面에 있는 春橋

---

55) 경기도내 보와 제언의 전체적인 분포 현황은 "<부록 2> 경기도내 수계에
따른 보와 제언의 분포"와 "<부록 3> 『조선지지자료』의 수리관계기록 현
황"을 참고 바람.

洑는 수 백 년 전에 수축되었다.56) 개성군 동면의 板積坪洑는 수천 여 년 전에 수축되었으며, 稭田坪洑도 백 여 년 전에 건립되었다고 밝히고 있다. 포천군내의 제언은 모두 근래, 혹은 십여 년 전에 수축되었다. 이들의 경우 정확한 수축 시기는 알 수 없지만 수축 근거를 제시하고 있으므로 '기타'로 구분했다.

정확한 수축 연도를 기재한 사례가 있다. 수원군의 文市面에 소재한 萬年堤는 遷封때에 蓮을 심기 위해 착공한 것으로 밝히고 있다. 천봉의 대상은 隆陵을 지칭하는 것으로 이는 1789년(정조 13)이다. 연천군 북면의 白露村洑는 明治11년(1878, 고종 15)에 起工하였다. 특히 연천군에 위치한 7개의 보는 모두 명치 3년(1870)에서 명치 32년(1899) 사이에 기공된 것으로 밝히고 있다. 교하 青嚴面에 있는 陵巨里洑는 明治 41年 (1908) 수축된 것이다.

양성군 孔梯面의 石灘洑는 朝鮮 開國 485년(1876)에서 개국 487년 (1878)사이에 수축되었다. 개성군 青郊面 上坪洑는 1897년에 기공하였다.57) 강화군 仙源面에 소재한 加里堰과 滿月堰은 肅宗 丙戌(1706)년에 유수 민진원이 民力으로 始築하였다.58) 이 외에도 강화군의 경우 역대 강화유수 서필원, 장신, 홍중보, 조복양 등에 의해 수축된 제언이 전체 11개 중 9개소에 이른다. 보와 달리 제언의 축조에는 관력에 의한 대규모 노동력이 필요한데서 연유한다. 삭녕군 寅目面에 소재한 三派洑, 蛙屯地洑, 馬后坪洑는 각각 그 역사가 98년, 99년, 121년임을 밝히고 있다.

<표 4>는 보와 제언에 대해 수축 시기와 관련한 정보가 언급된 자료 80건을 대상으로 분류한 것이다.

---

56) 龍仁郡 邑內面, 西邊面, 水眞面에 소재한 龍岩洑, 窟青洑, 水春洑도 본 사례에 속한다.

57) 開國 84년에 기공한 것으로 기재되어 있으나 개국 연호는 구한말에 사용되었으므로 정유년인 1897년이 정확한 기공시점이다.

58) 민진원에 의해 수축된 것은 滿月堰, 船頭浦堰, 嘉陵浦堰이 있다.

〈표 4〉 보와 제언의 수축 시기별 분포 현황

구분	10년	20년	30년	40년	50년	60년	80년	90년	100년	150년	200년 이상	기타	未詳	합
洑	5	4	12	1	3	3	·	2	5	2	4	8	11	60
堤堰	3	·	1	1	·	1	1	·	1	·	10	2		20

조사된 수축 시기에 대해 구술이외의 객관적인 근거가 언급되어 있지 않은 한계가 있으나『조선지지자료』에 수록된 전체 763개의 보와 제언 중 10%인 80건에 대해 그 이력을 밝히고 있다. 이들 중 제언은 전체 사례 139건 중 14%인 20개가 수축연대가 밝혀져 있다. 보는 624건 중 약 10%가량인 60건에 대해 건립연대가 언급되었다. 제언의 비중이 다소 높은 것은 지속적인 국가관리의 영향이 일부 반영되었기 때문이라고 본다. 보와 제언에 대한 관리의 기록이 정확하지 않고 조사방식에도 차등을 보이고 있어 본 자료를 바탕으로 수리시설의 건립시점 확인에는 제한이 있다. 다만, <표 4>의 모집단만을 기준으로 할 경우 1880년 이전에 건립된 시설이 최소 60%에 이르고 있다.

2) 수축 및 관리 주체

보와 제언의 관리주체 및 관리와 관련한 기록 양상은 군현별로 편차를 보이고 있다. 조사대상 36군 중 죽산군, 연천군, 통진군, 삭녕군, 양지군, 고양군, 여주군, 안성군, 영평군, 이천군, 양평군, 광주군, 인천부, 과천군 등 17개 군은 보와 제언의 소재지와 부분적인 건립시기에 대한 기록만 남아 있다. 이들 외에 수원군 등 19개 군은 수리시설의 건립과 운영 그리고 그와 관련한 소유주체에 대해 밝혀져 있다.

수축을 위한 경비의 출처와 소유관계를 파악할 수 있다. 소유형태에 대한 기록은 개인소유를 비롯하여 작인공동, 농민, 지주와 작인 공동, 國庫金지원, 民洑, 洞里, 국유 등으로 다양하게 나타난다. 이들 소유관계를

다시 개인, 공유, 국유로 크게 분류 하였다.[59]

　개인소유의 사례이다. 관개 시설을 개인이 소유한 경우는 재산권과 연계하여 이해할 수 있다. 개인소유는 사적인 재원을 투입하여 축조하였으며, 소유자는 경성인, 혹은 인근의 개인을 비롯하여 일본 내지인도 포함되어 있다. 부평군 9개소의 보 중 개인이 소유한 것이 7개소이고 2개소는 내지인의 소유이다. 부평군 毛月串面에 소재한 新坊築은 '民間個人'이 소유 및 관리하는 보이다. 부평 注火串面의 方五里洑와 新洑는 10-20년 전에 축조되었으나 소유는 일본 내지인이었다.

　포천군 加山面의 방축 두 곳은 경성인 朴昌善과 같은 면의 成氏가 축조한 것으로 밝히고 있다. 그리고 같은 군 西面의 負門谷 제언은 십여 년 전에 洪泰潤이라는 사람이 축조하였다. 진위군 松庄面의 漢浦洑는 12년 전 西井里의 趙東說이 자비로 농업을 위해 개설한 것으로 명기하였다. 개성 청효면 상평보의 보주는 개성 서부면 관전리 5통 8호에 사는 林鎭文으로 소유관계가 명시되었다. 그리고 시흥군 郡內面의 忠勳府洑는 경성 東谷에 거주하는 李根培 소유의 보이다.

　소유형태가 '공유'인 사례는 작인과 지주의 관계에 따라 작인, 지주작인, 공공으로 분류하였으며, 학교소유의 사례도 별도로 구분하였다. 소유형태를 작인공동소유와 농민소유로 언급한 사례는 작인소유로 파악하였다. 작인 공동으로 건축한 것은 용인군의 洑에 잘 나타나 있다. 邑內面, 蒲谷面 등 5개 면의 보는 혜택을 받는 경작인들이 공동으로 수축하였다.[60]

　지주와 소작인이 농업을 목적으로 수리시설을 공동 신축한 사례가 있다. 용인군 上東面의 玄首洑는 '지주와 소작인의 公同洑'로 명기하고

---

59) 수리시설의 수축문제와 소유관계에 대한 일반적 상황은 李光麟, 『李朝水利史硏究』, 한국연구도서관)의 논고를 참고바람.

60) 蒲谷面 소재의 上洑, 中洑, 壚門洑, 白鷹洑, 堂谷洑, 新洑, 都事洑, 後坪洑 등 8개보이다.

있어 지주와 소작인을 포함하는 경작자들이 공동으로 소유 및 관리하고 있다고 볼 수 있다. 수원 台村面의 機山堤堰과 安寧面 細藍洑 등은 관개를 목적으로 지주와 작인이 공동으로 축조한 후 수리하였다.

수리시설의 성격을 民洑로 밝히거나 洞里소유 혹은 공공수리로 언급한 사례는 지주와 작인과의 이해관계와는 성격을 달리하고 있으므로 그 소유형태를 '公共'으로 구분하였다. 공공소유의 사례는 경작인들이 공동으로 수축하거나, 관에 의해 민력을 동원하여 축조한 후 관리 및 소유를 민간에 이양한 사례 등이 있다. 음죽군의 보 15개소 중 6곳은 공공수리 혹은 공동수리를 목적으로 축조하여 논에 灌漑 하고 있있다.[61] 강화군의 제언 11개 중 9개는 강화 유수들에 의해 민력을 동원하여 수축한 후 관리와 운영은 부근의 농민에게 부여하였다.

학교로 대표되는 단체가 소유권을 지닌 사례는 3건이다. 시흥군 西面 漢川洑는 民洑를 雲陽義塾 재산으로 부속시켰다. 보가 운양의숙의 소재지에 있었기 때문이었다. 풍덕군 東面의 烏山洑는 수 백 년 전 里民이 공동으로 건립하였으나 5년 전에 같은 면의 雙斌義塾에 부속되었다. 그리고 北面의 儲水洑는 義昌學校에서 수세를 거두는 水稅洑이다.

국유 수리시설은 국고금 지원을 통한 수축과 국유지의 지원, 혹은 국가매입을 통한 국유화를 통해 조성되었다. 수원에 소재한 제언 4개소 중 3개는 1789년(정조13)에 축조된 것으로 公私畓의 몽리를 목적으로 국고금을 지원하였다.[62] 파주군의 16개 보 중 7개가 明禮宮 소유이다. 州內面, 白石面 소재의 이들 보는 본디 농민들의 소유였으나 20년 전(1801) 明禮宮의 관리를 받게 되면서 국유로 귀속되게 되었다. 개성군 東面의 耤田坪洑는 몇 백 년 전 奉常寺에서 축조한 국유보라고 밝히고 있다.[63]

---

61) 自漸洑, 注川洑, 月山洑, 唐店洑, 萬宗洑, 漢城洑
62) 祝萬堤, 萬石渠堤, 萬年堤이다.
63) 陽城郡 孔梯面의 石灘洑는 地主와 小作人이 공동으로 구축하였음에도 租로 2升5合式으로 武衛營에 上納하다가 개국 488年(1878)에 革罷되었다.

이상의 사례에 대한 수리시설의 소유형태별 유형을 정리하면 <표 5>와 같다.

〈표 5〉 보와 제언의 소유와 관리 형태

구분	개인	공　유				국유	합계
		作人	地主作人	公共	學校		
제언	4	12	1	0	0	1	18
보	20	36	11	14	3	10	94
합계	24	48	12	14	3	11	112

보와 제언 763건 중 112건만 소유관계를 밝히고 있어 15% 정도만 관리 및 운영주체를 파악 할 수 있다. 보는 235개소 중 94개소, 제언은 56개소 중 18개소의 소유관계가 언급되었다. 소유관계가 파악된 112건의 사례로서 정확한 통계를 추적하기에는 한계가 있으나 경향성을 검토할 개연성은 있다고 볼 수 있다. 1911년 경 수리시설의 소유는 112건의 사례에 대해 개인소유가 24%, 공동소유가 66%, 국유가 10% 정도의 비율을 지니고 있다. 이 시기 경기도에서는 수리조합이 조직되지 못한 점을 고려한다면 수리시설은 공동소유와 운영의 경향을 나타내고 있었다고 볼 수 있다.

수리시설의 관리를 위한 水稅 징수와 수리시설의 매매 등과 관련한 내용은 제한적으로 확인된다. 수세관리의 경우 양성군 德山面의 下里洑[경즈말보]는 수세가 없으나 九千里面 元洑는 밭 1斗落에 1升을 부과하고 그 수입으로 築洑하는 인부의 식비로 사용하였다. 수리시설의 매매가 이루어지고 있었다. 교하군 靑巖面의 陵巨里洑는 1908년 경성사람 洪淳模가 축조하여 소유하다가 1911년 朴昌勳에게 매각하였다.

제언을 개간하여 田畓으로 전환한 사례가 있다. 시흥군 동면에 있는 所下谷坪堤堰은 天保 3년(1832) 5월경 논으로 개간하였다. 그리고 西面

의 水沉里堤堰은 수십 년 전에 度支部 提堰司의 승인으로 논밭으로 바꾸었다. 이 외에 시흥군 소재 4개 제언은 모두 개간하여 전답화 하였다.[64] 음죽군의 제언 13개 중 10개소가 논으로 개조한 제언임을 지적하였다.[65] 이는 조선후기 제언의 전답화 경향을 일부 반영하고 있다.

5. 맺음말

일제강점기 초기 경기도 지역의 수리시설의 분포 현황과 성격을 검토하였다. 이를 위해 1911년 조선총독부 주도로 작성한『조선지지자료』를 참고하였다.

『조선지지자료』에는 보와 제언을 중심으로 한 관개시설이 각 동별로 정리되어 있다. 보와 제언을 지칭하는 다른 명칭이 복합적으로 기재되고 있다. 이러한 혼재양상은 이들 시설의 구조를 지칭하는 용어도 보와 제언으로 인식되었기 때문이었다.

일제강점 초기의 수리정책에 있어 경기도 지역은 성과를 보지 못했다.『조선지지자료』에 수록된 수리시설의 현황은 조선 말기의 상황을 반영하고 있다고 볼 수 있다. 18세기 제언중심의 수리정책의 결과 19세기 초 300곳 이상의 제언이 축조되었다. 그러나 19세기 후반 국가적 수리정책이 약화되면서 보 중심의 소규모 관개시설 축조움직임이 나타났다.『조선지지자료』는 19세기 말 20세기 초의 경기도 지역의 종합적인 수리현황을 담고 있다.

경기지역 수리시설의 분포현황은 이 지역의 수계와 관련하여 검토하였다. 임진강, 한강, 안성천으로 구분했다. 강의 수계에 분포한 수리시설

---

64) 振威郡 一北面의 淸湖堤堰도 이러한 사례이다.
65) 龍成堤, 大井里堤, 於隱洞堤, 王洞堤, 東池堤, 防築谷堤, 筒堤, 行尋村堤, 釣池堤, 陽牙里堤

은 강의 상류와 하류에 집중적으로 분포하고 있다. 상류의 경우 곡창지
대와 관련된 지역으로서 평야에 비해 비교적 고도가 높은 낮은 산간지
역에 분포하고 있으며, 하류는 평야지대와 해안인근의 평야지대에 고르
게 나타나고 있다.

보와 제언의 수축 시기를 분석했다. 전체 사례 763건 중 수축 시기가
언급된 것은 10%정도였다. 이와 같이 수축시기 파악률이 낮은 것은 관
개기설의 잦은 보수와 신축이 거듭된 사실과 관련이 있다. 보와 제언의
관리는 지주와 소작자들 공동, 혹은 마을 단위의 공동체에 의한 경우가
절대다수를 차지했다. 일부제언에 대해서는 서울에 거주하는 재력가에
의해 구축되고 매매되기도 했다.

본 연구 뒤에 필자가 보완 하고자 하는 과제는 다음과 같다. 첫째, 경
기지역의 수리시설 중 상징적이고 특징적인 사례를 마을 단위로 분석함
으로서 시설의 입지와 운영상을 구체화 할 필요성이 있다. 둘째, 전국의
수리시설 현황을 기록하고 있는 『조선지지자료』를 통해 경기와 다른 지
역을 비교함으로서 이 지역의 특수성을 보완하여야 한다.

〈부록 1〉『京畿各邑堤堰都結成冊』(1848-헌종14) 중 제언현황

군명	堤堰	廢棄	作畓	懸頉	계	군명	堤堰	廢棄	作畓	懸頉	계	군명	堤堰	廢棄	作畓	懸頉	계
加平	1	0	0	0	1	安城	20	0	0	0	20	長湍	19	0	0	0	19
高陽	1	0	0	0	1	楊根	3	0	0	0	3	積城	4	0	0	0	4
果川	9	1	0	0	10	陽城	9	2	0	0	11	竹山	13	1	0	0	14
喬洞	2	0	0	0	2	楊州	6	0	0	0	6	砥平	2	1	0	0	3
交河	3	1	0	0	4	陽智	5	0	0	0	5	振威	3	2	0	0	5
金浦	3	0	0	0	3	陽川	3	0	0	0	3	通津	1	0	0	0	1
麻田	4	0	0	0	4	驪州	13	7	0	0	20	坡州	1	0	0	1	2
富平	2	2	0	0	4	龍仁	5	0	0	0	5	抱川	4	0	0	0	4
朔寧	1	0	0	0	1	陰竹	13	12	6	0	31						
始興	4	0	2	0	6	利川	25	1	0	0	26	계	194	30	8	1	233
安山	1	0	0	0	1	仁川	14	0	0	0	14						

〈부록 2〉 경기도내 수계에 따른 보와 제언의 분포

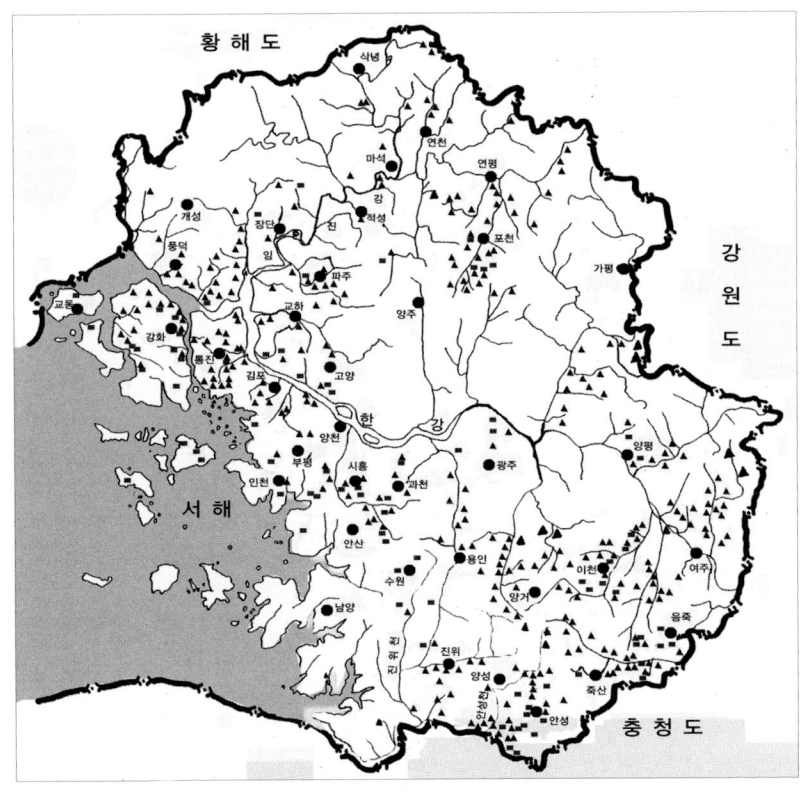

▪ 범례 : ■堤堰, ▲洑, ●治所

〈부록 3〉『조선지지자료』의 수리관계기록 현황

군	면	種別	地 名
竹山郡	西一面	堤堰名	堤堰
	西三面	洑名	漁隱洑, 弓坪洑, 水津洑
	北一面	洑名	白峴洑, 大洑, 蓮海洑
	北二面	洑名	長連洑, 鉢山洑
	南一面	洑名	注川洑
	南二面	洑名	上大皇洑, 下大皇洑, 江成洑, 上小滿洑, 下小滿洑, 大林洑, 屯田洑, 寒水里洑, 下秣馬洑
	遠一面	洑名	彌坪洑, 加佐洑, 上秣馬洑, 銀介洑
	遠三面	洑名	河仁洑, 味洑, 松烟洑, 飛花洑, 沙洑
	近一二面	洑名	外坡洑, 加良洑, 公水洑, 新起洑, 土附坪洑, 幕后洑, 栗里洑, 鳥飛洑
	近三面	洑名	望洑, 宮洑, 新洑, 寒沼堰, 金寺防築
	蹄村面	洑名	屢屢洑, 新洑, 唐村洑
水原郡	北部面	堤堰名	祝萬堤
	安寧面	洑名	細藍洑
	日用面	堤堰名	萬石渠堤
	晴湖面	洑名	葛串洑, 雲岩洑
	文市面	堤堰名	萬年堤
	台村面	堤堰名	機山堤堰
	水北面	洑名	松梁洑
南陽郡			無
富平郡	堂山面	洑名	五浪橋洑
	注火串面	洑名	方五里洑
	下吾丁面	洑名	遠宗里洑, 壽城里洑, 古里同洑, 遠宗里後洑
	同所井面	洑名	져피ᄂ보
	毛月串面	堤堰名	新防築
	黃魚面	洑名	春橋洑
	馬場面	堤堰名	長省堤
漣川郡	北面	堤堰洑名	白露村洑, 下水里洑
	東面	堤堰洑名	瓦草里洑, 玉山里洑, 茅亭洑, 玄沙里洑
	官仁面	堤堰洑名	舟橋洑
陰竹郡	郡內面	堤堰名	龍成堤
	南面	堤堰洑名	砥村堤, 大井里堤, 於隱洞堤, 王洞堤, 東池堤, 自漸洑, 注川洑
	東面	堤堰洑名	春澤沿, 巨文里洑
	遠北面	堤堰洑名	防築谷堤, 月山洑
	西面	堤堰洑名	筍堤, 行築村堤, 唐店洑
	下栗面	堤堰洑名	釣池堤, 淸沿池, 萬宗洑, 新洑, 石坊平洑, 洞文里洑, 孔巖洑, 柳川洑, 石坊平洑, 最谷新洑, 莫知洑, 春化洑
	上栗面		陽牙堤, 漢城洑

군	면	種別	地　名
交河郡	靑巖面	洑名	烟조山洑, 陵巨里洑
	炭浦面	洑名	水菁洑
	衙洞面	洑名	都監坪洑
積城郡	東面	堤堰洑名	魚游池里洑
	西面	堤堰洑名	馬蹄洑
	南面	堤堰洑名	庚申洞堤, 大同洑
喬桐郡	東面	堤堰名	靈山堤
	松家面	堤塘名	東垌, 西垌
安山郡	大月面	堤堰名	烏嘴堰
陽川郡			無
加平郡			無
陽城郡	德山面	洑名	下里洑
	九千里面	洑名	元洑
	孔梯面	洑名	石灘洑
	今通面	洑名	中洑, 漢洑
	九龍洞面	洑名	靑鴨洑
通津郡	郡內面	洑名	浦內洑, 五里亭洑
	月餘串	洑名	錦東伊洑
	所伊浦面	洑名	水谷洑, 堂浦洑, 汗橋洑
	迭田面	洑名	春隅洑, 野山洑,
	霞隱面	洑名	龜湍洑, 奉城洑, 水站洑
	陽陵面	洑名	機務池洑, 可麻池洑, 樓里洑, 陽陵前洑, 仲洑, 組開洑
	桑串面	洑名	두멍기방축, 흔천이방축, 김식원방축, 천싱방축, 신방축, 싀방축, 안방축, 何無時洑, 吾羅里洑, 中洑, 싀보, 망틔보, 셰다리보
	大坡面	洑名	秣馬地洑, 삭시방축, 갈믜울방축, 몽녕말방축, 쏘야방축, 어모루방축, 뱃방축, 싀방축, 큰방
	半伊村面	洑名	巨勿垈洑, 吾林里後洑, 長浦防築洑, 長林里洑, 佳辰浦中洑
龍仁郡	邑內面	洑名	龍岩洑
	西邊面	洑名	窟靑洑
	水眞面	洑名	水春洑
	駒興面	洑名	內村洑
	慕賢面	洑名	前洑(院村), 前洑(旺林), 上洑, 魍魎洑, 琵潭洑
	蒲谷面	洑名	上洑, 中洑, 墟門洑, 白鷹洑, 堂谷洑, 新洑, 都事洑, 後坪洑
	水余面	洑名	廣岩洑, 增巾洑, 舊川洑, 金建洑, 艾五里洑, 烏串洑, 九尾洑, 酒幕洑, 九龍洑, 中洑, 繋船洑, 九味洑
	上東面	洑名	玄首洑, 大方谷洑
	下東面	洑名	黿尾洑, 仝內洑
	南村面	洑名	眞木坪洑, 全宮洑(全宮), 湯飮洑, 雲井洑, 水城洑, 栗田洑, 全宮洑(放木)

군	면	種別	地 名
麻田郡	何新面	堤堰洑名	發岳洑
	東面	堤堰洑名	黃谷洑
	郡內面	堤堰洑名	防築洑
金浦郡	郡內面	堤堰洑名	羅津橋洑
	馬山面	堤堰洑名	劍在洑, 後谷洑
	黔丹面	堤堰洑名	如來里洑, 道橋洑
	蘆長面	堤堰洑名	加五里洑
	高蘭台面	堤堰洑名	東壽橋洑, 細浦洑, 杏山里洑
	臨村面	堤堰洑名	笠橋洑
陽智郡	高安面	洑名	高安洑, 種介洑, 中洑
	古北面	洑名	濠洲洑, 九夜味洑
	古東面	洑名	上洑, 下洑, 香林洑, 花山洑, 鳳凰洑
	古西面	洑名	香林洑, 舊川洑, 新洑, 九夜味洑, 勒洑
	木岳面	洑名	扶松洑, 洑坪洑, 松篒洑, 泥串洑, 石橋洑, 陳水洑, 九峰洑, 大洑, 沙洑, 龍岩洑, 낭써러지보, 下里洑
朔寧郡	南面	洑名	伍莊坪洑, 水春洑
	寅目面	堤堰名	防築堤堰
		洑名	仙壁洑, 三波洑, 蛙屯地洑, 馬后坪洑
高陽郡	沙里大面	洑名	宣禧宮洑
	元堂面	洑名	松崗洑, 浪灣洑, 上洑, 深川洑
	求知道面	堤堰名	枯弟垌, 江梅堰, 花水垌, 冷井里洑, 春橋洑, 加羅山洑, 大壯里洑, 內谷垌
	九耳面	洑名	柴畓洑, 郡畓洑, 大店橋洑, 바지랑이보, 梧野洞洑
	巳浦面	洑名	古里洑
	松山面	洑名	新垌, 校垌, 加里所垌, 沙垌, 渡江谷垌, 去洛垌
抱川郡	清凉面	堤堰名	新堰
		洑名	內洑, 超然臺洑, 後坪洑
	加山面	堤堰名	防築(馬山), 防築(金峴)
		洑名	上洑, 中洑, 新洑, 石浦洑, 廣村洑
	西面	堤堰名	負門谷 堤堰
		洑名	浮溪坪洑, 唐隅坪洑, 新洑坪洑, 院隅坪洑
	郡內面	洑名	洑阿池洑, 水踰洑,
	東村面	洑名	무둘외정보
	內洞面	洑名	等地巨里洑, 石校洞洑, 中洑, 渼樓沼洑, 眞木亭洑, 兒岩坪洑, 后加山坪洑, 乘鶴沼洑, 耆藏臺洑, 沙器幕洑
	內所面	洑名	島坪洑, 九隅坪洑, 老良築洑, 佳老里前坪洑, 禿坪洑, 中洑
	外所面	洑名	栗坪洑
	內北面	洑名	漢洑, 新坪洑, 斜川洑, 蒼鶴洑
	外北面	洑名	五里坪洑, 地方岩洑
	山內面	洑名	途長隅洑, 場垈洑, 酸梨洑,

郡	面	種別	地 名
抱川郡	青松面	洑名	哨村洑
驪州郡	召開面	堤堰洑名	司玉洑, 永登洑, 모통이洑, 압기물洑, 色軍梨洑
	加西面	堤堰洑名	들아리보, 古堂洑, 班垈洑, 살미보, 멀미보
	首界面	堤堰洑名	嚴子洑, 新洑, 一列田洑
	吉川面	洑名	內安洑, 梧根洑
	興谷面	洑名	獨洑, 三巨里, 新洑, 中洑
	等神面	洑名	物岩洑, 方吉이洑, 西屯之洑, 後坪洑, 巨其洑, 前坪洑
	北面	堤堰洑名	道場坪洑, 新洑, 毛梁洑, 桃李洑, 中洑, 獨洑, 雙川洑, 紅桂洑, 江桂洑
	池內面	堤堰洑名	前坪洑, 鵲洑, 外野洑, 石潭洑, 南城洑, 前坪洑, 陽地村坪洑, 後田坪洑, 長長夜味洑, 造山洑, 自望洑, 陳竹洑, 粟論洑, 上坪洑, 清水洑
江華郡	長嶺面	堤堰洑	赤北堰, 玉浦堰, 造山堰, 新洑, 青石橋洑
	仙源面	堤堰洑	加里堰, 滿月堰, 大清浦堰, 大清浦洑
	吉祥面	堤堰洑	船頭浦堰
	上道面	堤堰洑	嘉陵浦堰, 嘉陵浦洑
	位良面	堤堰洑	井浦堰, 長池浦堰
	內可面	堤堰洑	繁尾洑, 釣溪洞洑, 明沙洑
	良岾面	堤堰洑	烏橋洑
	兩寺面	堤堰洑	橋下洑
	北寺面	堤堰洑	郡下洞洑
	河陰面	堤堰洑	安可來洑, 長慶洑
	三海面	堤堰洑	多沭峴洑, 三間浦堰
	松亭面	堤堰洑	馬頭洑, 蝦橋洑
開城郡	東面	堤堰洑名	板積坪洑, 秸田坪洑, 大川堤, 七百兩堤
	青郊面	洑名	上坪洑
		洑名	襄城洑, 主乙武池洑, 中洑
	上南面	堤堰洑名	龍首洑, 中洑, 上洑
	下南面	堤堰名	應浦洞
	北西面	洑名	新安村洑
	江南面	堤堰洑名	山承坪洑, 馬山洑, 五宮洑
安城郡	加洞面	堤堰名	農村防築
		洑名	乾坪洑, 巨林里坪洑
	金谷面	洑名	內坪洑, 外坪洑
		堤堰名	舞魚山堤
	加士面	堤堰名	九士谷堤
		洑名	茅蒼洑, 康福驛洑, 加坪洑
	晚谷面	洑名	南山洑, 新洑
		堤堰名	龍頭里堤, 葛田里堤

군	면	種別	地 名
安城郡	松竹面	堤堰名	小逸堤堰, 蓮花堤堰, 南月堤堰
		洑名	後坪洑
	所村面	堤堰名	巨淸堤堰, 內所村堤
	竹村面	洑名	林川洑, 壬申洑
		堰名	內需司防築
	基佐面	洑名	㐃洑
	于谷面	堤堰名	謁天坪堤堰
	見乃面	洑名	蓮井坪洑, 南槙洑, 獨洑, 業德洑
	栗洞面	堤堰名	油加里堤, 分土里堤
	居谷面	洑名	賜給坪上洑, 賜給河洑, 槐木洑, 坪村洑
	德谷面	堤堰名	蓮花堤堰
	辰頭面	堤堰名	垈後堤堰
		洑名	後坪洑, 井洞里洑, 馬山里洑, 眞村洑
	木村面	堤堰名	勒洞堤, 保禮堤
	東里面	堤堰名	場基堤防, 東垈堤防
		洑名	東垈隅洑
永平郡	邑內面	洑名	松亭洑
	郡內面	洑名	居士東洑, 靑鶴洞洑
	一東面	洑名	內司洑, 鵝谷洑, 時雨洑, 三東洑, 中浦洑
	二東面	湺名	道屯山湺, 後屯湺
		湺名	九鼎東湺, 新湺
		湺名	鹿溪湺, 上都平湺, 合流湺
		湺名	鷹岩湺, 貴遊洞湺
		湺名	檜岩湺, 新湺, 女妓沼湺
		湺名	礪溪湺, 上洞湺, 通木洞湺
	北面	洑名	宮洞宮洑
始興郡	東面	堤堰名	所下谷坪堤堰
		洑名	觀音洑
	恕免	堤堰名	大沉里堤堰, 酒廳巨伊堤堰
		洑名	柳木亭洑, 長坪洑, 漢川洑
	南面	堤堰名	下梧坪堤堰
		洑名	水淸洑
	郡內面	洑名	忠勳府洑
長湍郡	津東面	洑名	書堂洑
	中西面	洑名	大野坪洑(都羅山里), 沙川洑(西場里)
	津北面	洑名	長安坪洑
	松南面	堤堰名	啓莫洞堤堰
		洑名	芬芝川洑(芬芝川里), 仙跡洑(仙跡里)
	西道面	洑名	湖坪洑
	江北面	堤堰名	聖登堤堰

군	면	種別	地　名
長湍郡	江西面	洑名	沃野坪洑, 九化坪洑, 新村洑
	江北面	洑名	楓樺洑
	長北面	堤堰名	杜密堤堰
	古南面	堤堰名	長佐洞堤堰
	長西面	堤堰名	防築堤堰
振威郡	郡內面	洑名	大行水洑
	二北面	洑名	新洑
	一北面	洑名	長安洑
		堤堰名	淸湖堤堰
	二西面	堤堰名	防築
	一炭面	洑名	尾水洑
	松庄面	洑名	漢浦洑
	城南面	洑名	蔚城洑
	丙坡面	洑名	栢梁洑
	五朶面	洑名	宮里洑
		堤堰名	防築堰
	餘方面	洑名	牛頭洑, 甲龍里洑
豊德郡	南面	洑名	中連洑, 石洑, 萬石洑, 鴇巖洑, 桂樹洑, 榛橋洑, 火扇洑
		堤堰	廣大晩堤堰
	東面	洑名	竹洞洑, 電浦洑, 烏山洑
	北面	洑名	茂垈洑, 儲水洑
	中面	洑名	水雲洑, 大垌洑, 西頭井洑, 鑰店洑
	郡中面	洑名	松隅洑, 圻垌洑, 池垌洑
	郡南面	洑名	廣坪洑, 三板洑, 艾橋洑
	西面	洑名	冷井洑
利川郡	邑面	堤堰洑名	安興堤堰, 於農洑, 舊川洑, 前川洑
	屯面	堤堰洑名	泥坪洑
	新面	堤堰洑名	宮洑, 金山洑, 飛也洑
	沙面	堤堰洑名	後堤
	柏面	堤堰洑名	蘗越洑, 新洑, 內村洑, 貢稅坪堰, 元良浦堰, 梨曾浦洑, 下梁洑, 巖洑, 上垌洑, 唐隅洑, 茶村洑
	鉢面	堤堰洑名	漢坪洑, 栗前洑, 大洑
	草面	堤堰洑名	沙場洑
	月面	堤堰洑名	德田洑, 金蓮洑, 越洑
	加面	堤堰洑名	中洑, 獨洑, 排甘洑, 葛幕洑
	大面	堤堰洑名	遠振堰, 卜大堰, 西陽堰, 錦城浦堰, 遠津洑, 卜大洑
	戶面	堤堰洑名	舊川堰, 杏堰, 彦浦堰
	長面	堤堰洑名	九肥堤, 求禮堤, 九萬洑, 讀坪洑, 金善鎭洑
	麻面	堤堰洑名	堂巨里洑, 艾洑, 屯田坪洑, 石洑, 中洑, 薛哥洑

군	면	種別	地 名
坡州郡	州內面	洑名	上洑, 中洑, 下洑, 鎭洑
	泉峴內面	洑名	龜論坪洑, 山多外洑, 道龍伊洑, 新洑, 書院洑, 儉田里洑, 馬場里洑
	條里面	洑名	鵂岩洑
	白石面	洑名	鷹岩洑, 絃岩洑, 白石洑
		堤名	堤堰防築
	烏里面	洑名	烏里洑
楊平郡	邑內面	堤堰洑名	新晚堤堰
	東終面	堤堰洑名	艮馬堤堰, 싀터방죽, 龍沼洑, 舊橋項洑
	西中面	堤堰洑名	宮坪洑, 後坪洑
	西宗面	堤堰洑名	松亭子洑, 石楊洑, 德峴洑, 貢仙洑, 街里坪洑, 長僧坪洑, 梅谷洑, 陽支洑, 案山洑, 松谷洑, 灰石洑, 中洑, 石同巨里洑, 蘆門洑, 永川洑, 樂村洑, 鳳岩沼洑, 尺同洑, 可馬沼洑, 上洑, 新洑, 馬轉洑
	西古邑面	堤堰洑名	防築洑, 中洑
	北下道面	堤堰洑名	上洑, 中洑, 下洑, 龍門川洑, 新坪洑, 倉後洑
	郡內面	堤堰洑名	田谷洑
	上西面	堤堰洑名	大洑, 馬轉洑
	下西面	堤堰洑名	龍潭洑, 氷庫洑, 廣岩洑
	上東面	堤堰洑名	月里洑, 龍頭洑, 無心飛洑, 中坪洑, 點丹洑, 農皐洑
	下東面	堤堰洑名	彭木洑
	下北面	堤堰洑名	鳳凰臺洑, 葛芝洑, 梨木坪洑, 石田坪洑
廣州郡	東部面	堤堰洑名	射廳洑, 密眉洑, 乾柳坪洑, 上堤堰, 下堤堰
	都尺面	堤堰洑名	守禦聽洑, 方登洑, 開壽坪洑, 長婪味洑, 大洑, 龍隅洑, 沙器所洑, 開陽地洑, 盤石洑, 早稻洑, 長林洑, 宋村洑, 餘水厓洑, 麗溪水洑, 生金洑, 鵲村洑, 里中洑, 射亭洑, 山內谷洑, 外村前洑
	細村面	堤堰洑名	侍天主洑
	突馬面	堤堰洑名	新洑, 水春洑, 炭川洑(곤술닉보), 炭川洑(슌닉보)
	樂生面	堤堰洑名	石洑, 宮內新洑, 漢江洑
	大旺面	堤堰洑名	大旺洑, 鄭琴坪洑
	彥州面	堤堰洑名	月山島堰, 줄왕둥이堰, 셤밧堰, 네게믹堰, 大洑
	中垈面	堤堰名	蓮花堰
仁川府	朱安面	洑名	上長橋洑
	舊邑面	堤堰名	內需司堤堰
	新峴面	堤堰洑名	沙峴防築
	田反面	堤堰洑名	石場洑, 召橋堰, 茂芝川堰
	黃等川面	洑名	炭坪洑, 食谷洑, 斗吉洑
	永宗面	堤堰名	備邊司(비변사방죽), 大防築, 가우리지방죽, 大旺坪(티왕평방죽), 南道防築, 小橋防築, 造山防築, 寒泉防築, 臥石防築, 鹽浦防築, 天生防築, 畓洞防築, 東江防築, 寒嶼防築, 石項防築, 同浦防築

군	면	種別	地　名
果川郡	郡內面	堤堰洑名	長僧坪洑, 薪坪前洑, 外店後洑, 候酒洑
	東面	堤堰洑名	瑞草里堤, 明達里堤, 獨古里洑, 中洑, 汝水洑, 剝二洑, 土橋洑
	上北面	堤堰洑名	三峴堤, 上洑, 中洑, 德坪洑, 新洑
	下西面	堤堰洑名	虎溪堤, 安養洑, 軍浦場洑
	南面	堤堰洑名	章千里堤, 堂井里堤, 槐谷堤, 僧房堤, 富谷堤, 獐項里洑, 坪村上洑, 求禮洑, 沙堰洑, 浦畓坪洑, 淸川洑

찾아보기

ㅇ

필자 소개

신종원　한국학중앙연구원 교수
정치영　한국학중앙연구원 조교수
허원영　한국학중앙연구원 장서각연구원
이건식　한국학중앙연구원 선임연구원
장장식　국립민속박물관 학예연구관
김흥삼　경기대 사학과 강사
정수환　한국학중앙연구원 연구원

필사본 『朝鮮地誌資料 경기도편』 연구

인쇄일 : 2010년 4월 12일
발행일 : 2010년 4월 23일

저　자 : 신종원 외
발행처 : 경인문화사
발행인 : 한정희
주　소 : 서울시 마포구 마포동 324-3
전　화 : 02-718-4831
팩　스 : 02-703-9711
홈페이지 : www.kyunginp.co.kr | 한국학서적.kr
이메일 : kyunginp@chol.com
등록번호 : 제10-18호(1973.11.8)
값　22,000원

ISBN : 978-89-499-0716-1　93910